상식으로 꼭 알아야 할 세계의 종교

JOSHIKI TO SHITE SHITTE OKI TAI SEKAI NO SANDAI SHUKYO
by REKISHI NO NAZO O SAGURU KAI
Copyright © 2005 REKISHI NO NAZO O SAGURU KAI
All rights reserved.
Originally published in Japan by KAWADE SHOBO SHINSHA Publishers, Tokyo.
Korean translation rights arranged with KAWADE SHOBO SHINSHA, Publishers, Japan
through THE SAKAI AGENCY and PLS Agency

상식으로 꼭 알아야 할

세계의 종교

역사연구모임 지음
최용훈 옮김

삼양미디어

- 서 문 -
현대를 더 잘 살아가기 위해서 배우는 역사적인 세계의 종교

불교, 기독교, 이슬람교 이 종교들은 민족의 장벽을 넘어 인류의 역사와 가치관에 큰 영향을 끼쳐 왔다. 종교가 없다고 하는 사람들도 자신도 모르게 불교의 관습을 따르고 기독교의 크리스마스를 뜻 깊게 보내려 한다. 이슬람교 또한 인류의 5사람 중 1사람이 이슬람교도로 알려져 있다. 이렇듯 종교가 지구를 몇 개의 문화권으로 나누고 시대를 움직여 왔음을 부정할 수는 없다.

종교는 인간에게 마음을 의지할 수 있게 해 준다. 평화로운 마음으로 살아가기 위해서도, 각기 다른 문화를 가진 사람들이 서로를 이해하기 위해서도, 종교에 관한 지식이 도움이 됨은 말할 필요도 없다. 우리나라는 종교인의 숫자가 어떤 나라보다 많지만 정작 종교에 대한 지식은 턱없이 부족한 아이러니를 빚고 있다.

〈상식으로 꼭 알아야 할 세계의 종교〉는 종교의 창시자부터 시작해 주요 경전과 교육법, 종파, 그리고 내세관까지 꼼꼼하게 짚어 주고 있다. 또한 이슬람 세계의 구체적인 모습과 기독교의 구약 세계를 비롯해 한국 불교의 역사와 특성에 대해서도 기술하고 있다.

섣부르게 해석하지 않고 주장보다는 방대한 자료를 통해 핵심만 요약해 주므로 독자들이 종교에 대한 기초 지식과 숨은 뜻을 파악하는 데 초점을 맞췄다. 이 책을 통해 종교 문맹을 떨쳐 버리고 좀 더 확실한 지식을 습득해 전 세계인들의 마음과 행동에 영향을 끼친 종교를 보다 깊이 있게 알게 되기를 바란다.

- 역사에 관한 수수께끼를 탐구하는 모임

차 례

서문   5
한눈에 알 수 있는 종교   14
(종교의 가르침 / 세계의 종교 분포 / 시조의 생애와 각 종교의 역사
 종교의 발전 / 세계의 종교 인구)

1 종교의 탄생
시조는 어떤 인물이며 어떻게 가르침을 전파했는가?

01. 불교의 시조, 부처의 생애   26
　_부처는 왜 가족을 버리고 출가했던 것인가?   26
　_부처는 어떤 수행을 했고, 어떻게 깨달음을 얻었는가?   29

02. 기독교의 시조, 예수 그리스도의 생애   33
　_예수 그리스도의 탄생과 일생   33
　_예수는 어떤 기적을 일으켰는가?   37
　_예수의 부활과 그 의미   40

03. 이슬람교의 시조, 마호메트의 생애   43
　_평범한 사람에서 예언자가 된 마호메트   43
　_이슬람교의 발전을 위해 살았던 반평생   44

Contents

불교 경전, 성경, 코란의 요지
성전, 경전에는 본래 무엇이 실려 있는가?

01. 다양한 불교 경전의 세계   52
   _불교 경전은 왜 3000개 이상이나 있는가?   52
   _구전으로 시작된 불전   54
   _'반야심경'에는 어떤 가르침이 담겨 있는가?   55

02. 구약, 신약의 두 개로 이루어진 기독교의 성경   63
   _성경은 어떻게 성립되었는가?   63
   _인류 창조에서부터 역사를 전하는 구약 성경   67
   _예수와 제자들에 관해 전하는 신약 성경   70
   _예수의 가르침을 전하는 4대 복음서   74

03. 이슬람교의 성전 '코란'이란 무엇인가?   78
   _코란의 특징과 내용   78
   _마호메트의 언행을 집대성한 하디스   80

차 례

신이란 무엇인가, 인간이란 무엇인가?
3대 종교가 우리에게 주는 가르침

01. 불교의 가르침과 교육법　　　　　　　　　　　86
_부처는 이 세계와 인생을 어떻게 생각했는가?　　　86
_부처가 전하는 4개의 성스런 진리 사성제四聖諦　　88
_열반의 경지에 이르기 위한 8개의 수행 팔정도八正道　89
_모든 것은 인과관계 안에 있다고 하는 근본 원리인 연기緣起　90
_불교도가 지켜야 할 엄격한 계율 오계五戒　　　　92

02. 기독교의 가르침과 교육법　　　　　　　　　　94
_ '삼위일체' 란 어떤 개념인가?　　　　　　　　　94
_기독교에서는 인간을 '육체+영혼' 의 존재로 생각한다.　96
_기독교에서 말하는 '3가지의 죄'　　　　　　　　98
_기독교의 행사와 의식　　　　　　　　　　　　101
_ '산상수훈' 에서 예수는 무엇을 가르쳤는가?　　103
_ '길 잃은 어린양' 의 비유　　　　　　　　　　105

03. 이슬람교의 가르침과 교육법　　　　　　　　　108
_알라란 어떤 신인가?　　　　　　　　　　　　108
_신앙심을 뒷받침하는 '육신오행六信五行' 이란?　　109
_신이 정한 엄격한 이슬람법 '샤리아'　　　　　　112
_이슬람 원리주의란?　　　　　　　　　　　　114

8

Contents

다양화된 종교의 역사
어떤 종파가 있고 그 차이는 어디에 있는가?

01. 불교 종파의 차이   118
    _상좌 불교와 대승 불교의 차이   118
    _밀교와 현교는 어떻게 다른가?   121
    _달라이 라마를 정점으로 하는 티벳 불교란?   122

02. 기독교 종파의 차이와 유대교와의 관계   125
    _기독교의 3개 종파   125
    _유대교와 기독교도는 무엇이 같고, 무엇이 다른가?   127
    _가톨릭과 개신교의 마리아에 관한 서로 다른 해석   129

03. 이슬람교 종파의 차이와 기독교와의 관계   132
    _실제로는 기독교와 형제 관계에 있는 이슬람교   132
    _이슬람교의 수니파와 시아파는 어떻게 다른가?   133

차례

5 종말관, 사생관의 요점
사후 세계는 어떻게 생각하고 있는가?

01. 불교의 사후 세계 140
　_죽은 자는 '황천길'을 떠난다 140
　_불교에서는 '환생'을 어떻게 생각하는가? 142
　_극락정토는 어떤 세계인가? 144
　_지옥에서 죽은 자가 받는 비참한 벌이란? 146

02. 기독교의 종말관 148
　_천사와 악마는 어떤 존재인가? 148
　_요한계시록에 그려진 무시무시한 세계 150
　_예수에 의한 최후의 심판은 어떻게 이루어지는가? 153

03. 이슬람교의 종말관 156
　_천국과 지옥을 어떻게 생각하는가? 156
　_내세에 대한 믿음 157
　_이슬람교의 장례 문화 158

Contents

이슬람교의 신앙과
생활의 구체적인 모습
한국인에게는 생소한 계율과 습관

01. 이슬람이란 무엇인가? 162
　_이슬람교는 왜 급속도로 전파되었는가? 162
　_왜 이슬람에는 다양한 호칭이 있는 것인가? 165

02. 생활에 뿌리를 내린 이슬람의 계율 166
　_왜 우상 숭배를 금지하고 있는가? 166
　_하루 5번의 '예배'는 어떻게 행해지는가? 167
　_희사喜事(자카트)는 이슬람교도의 중요한 의무 170
　_라마단(단식월)은 무엇을 위한 습관인가? 171
　_신도의 의무인 메카 순례에서는 무엇을 하는가? 172
　_왜 음주가 금지되어 있는가? 175
　_여성이 베일을 쓰는 이유는? 176
　_왜 일부다처제를 인정하는가? 178
　_성전(지하드)이란 어떤 것인가? 179
　_이슬람 사원(모스크)의 내부는 어떤 모습인가? 180
　_이슬람교에는 어떤 축제와 행사가 있는가? 182
　_왜 이슬람권 은행에는 이자가 없는가? 183

11

차 례

천지창조부터 모세의 십계까지
기독교의 원점, 구약 성경의 세계는?

01. 구약 성경이 전하는 인류의 역사   188
_천지창조 – 세계는 어떻게 창조되었는가?   188
_아담과 이브 – 창조주에 의해 창조된 최초의 인간   191
_카인과 아벨 – 인류 최초의 살인은 어떻게 일어났는가?   193
_노아의 방주 – 인류는 왜 한 번 멸망했는가?   195
_소돔과 고모라 – 신의 분노로 멸망한 도시   198

02. 모세의 활약과 이스라엘 민족   200
_모세 – 대체 어떤 인물인가?   200
_출애굽기 – 모세의 홍해의 기적은 실화였다?   203
_모세의 십계 – 모세는 신으로부터 어떤 계율을 받았는가?   205

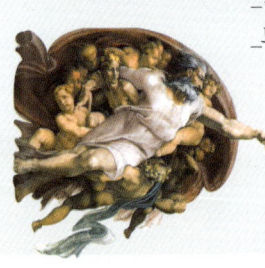

세계 3대 종교의 발전
종교는 어떤 과정을 거쳐 현재의 종교로 발전했는가?

01. 동양을 지배한 불교의 역사와 발전   210
_부처 이후의 초기 인도 불교   210
_가속이 붙은 교단의 분열   212

_초기 불교 발전에 공헌한 아소카왕　　　　213
　　_대승불교 시대의 개막　　　　　　　　　　214
　　_인도 불교 최후의 모습　　　　　　　　　　217
　　_실크로드를 나고 선파된 불교　　　　　　　219
　　_중국에 전해진 불교　　　　　　　　　　　223
　　_우리나라를 거쳐 일본으로 전해진 불교　　230
　　_동남아시아로 전해진 불교　　　　　　　　232
　　_부활을 외치는 현대 인도의 불교　　　　　238

02. 세계 최고의 종교로 발전한 기독교의 역사　240
　　_박해 속에서도 발전을 거듭한 초기 기독교　240
　　_로마의 국교로 급부상한 기독교　　　　　243
　　_기독교의 성장, 분열 그리고 타락　　　　　247
　　_속속 등장하는 종교 개혁의 움직임들　　　251
　　_가자! 전 세계로 – 세계로 전파되는 기독교　255
　　_우리나라에 들어온 기독교 역사　　　　　259

03. 세계로 뻗어나가는 이슬람교의 역사　　264
　　_초기 이슬람교의 발전 – 정통 칼리프 시대　264
　　_왕조 시대를 맞이한 이슬람 세력의 성장　　267
　　_칼리프 시대에서 술탄 시대로　　　　　　270
　　_오스만 제국의 등장과 이슬람 세계의 분열　272
　　_여러 나라로 전해진 이슬람교의 역사　　　275
　　_위기를 극복하고 다시 전 세계로 퍼져나간 이슬람교　280
　　_우리나라에 전파된 이슬람교　　　　　　　284

한국 불교의 역사와 종파
어떠한 과정을 통해 현재의 불교를 이룩하게 되었는가?

01. 한국 불교의 역사　　　　　　　　　　　290
02. 한국 불교의 종파　　　　　　　　　　　305

한눈에 알 수 있는 종교

종교의 가르침

먼저 종교의 가르침에 관한 기본을 알아 두자.

종교의 성립 조건으로는 숭배하는 대상이 있을 것, 교의와 계율, 이를 기록한 성전, 예배를 위한 종교 시설과 종교상의 성지, 종교에 관련된 일을 전업으로 하는 성직자의 존재 등을 들 수 있다.

물론 그 종교를 믿는 신도가 없이는 어떤 종교도 성립할 수 없다. 본서에 소개하는 3개의 종교가 크게 발전한 것은, 많은 사람들이 그 가르침을 매력적으로 받아들였기 때문일 것이다.

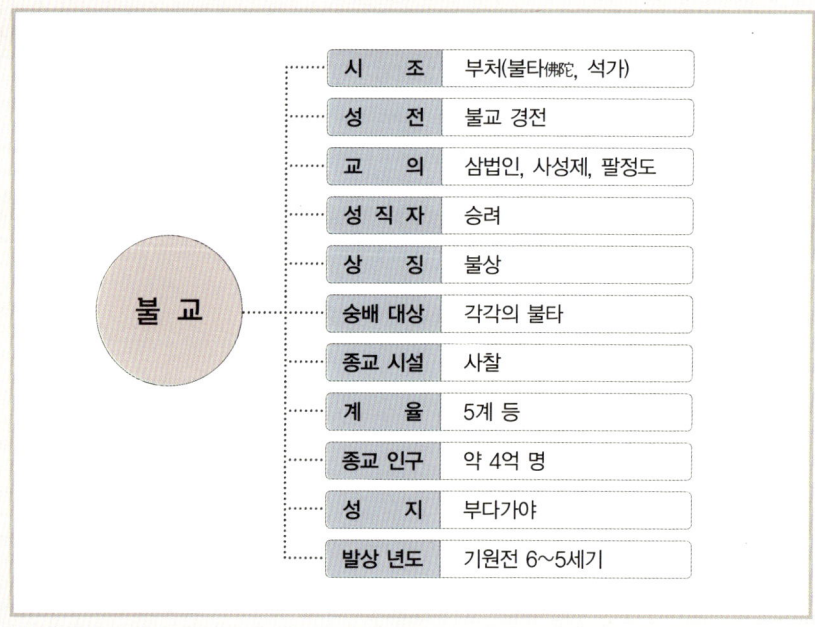

불교	
시 조	부처(불타(佛陀), 석가)
성 전	불교 경전
교 의	삼법인, 사성제, 팔정도
성 직 자	승려
상 징	불상
숭배 대상	각각의 불타
종교 시설	사찰
계 율	5계 등
종교 인구	약 4억 명
성 지	부다가야
발상 년도	기원전 6~5세기

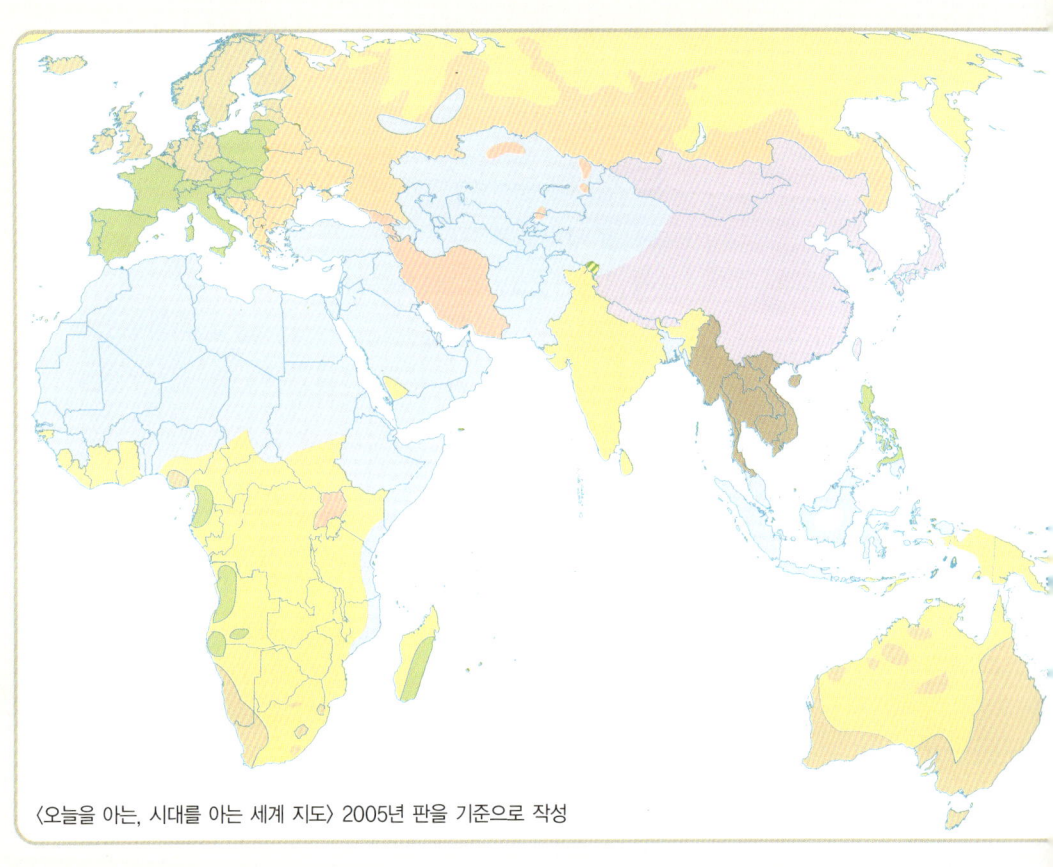

〈오늘을 아는, 시대를 아는 세계 지도〉 2005년 판을 기준으로 작성

세계의 종교 분포

　세계 지도를 살펴보자. 국가별로 색으로 구분한 세계 지도에 익숙해진 눈에는 종교에 의한 구분이 새롭게 보일 것이다.
　지도를 보면 기독교는 서유럽을 중심으로 구식민지에 퍼져 있다는 것을 알 수 있다. 또한 전에 공산권으로 불리던 동유럽을 중심으로는 동방 정교회가 퍼져 있다. 단 구소련 지역에는 이슬람교국이 된 국가도 많다.

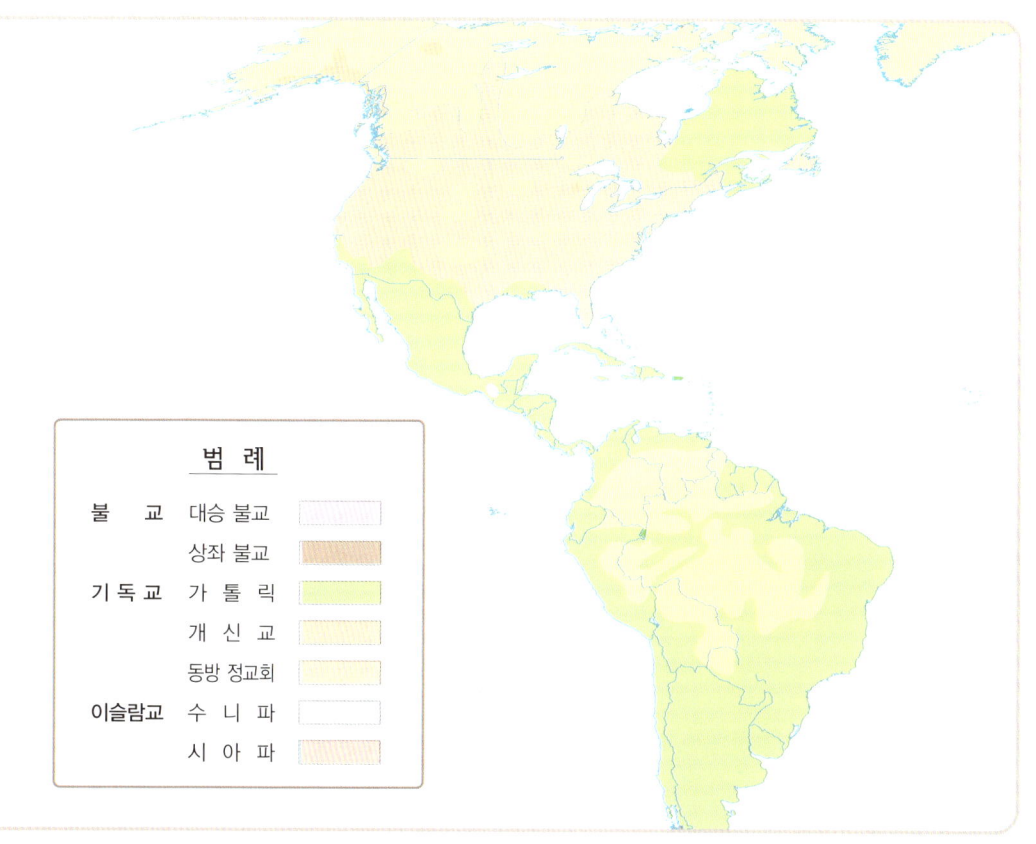

 우리가 이슬람교라는 말을 들으면 가장 먼저 떠올리게 되는 것이 아랍 국가이지만 실제로 이슬람권은 북아프리카에서 아시아까지 퍼져 있다. 우리에게는 생소한 이슬람교지만 실제로는 세계 인구의 20%, 인류의 5명 중 1명이 이슬람교도이다.

 불교의 발상지인 인도는 지금은 힌두교 국가로 불교도의 수는 적다. 그러나 불교는 동아시아 각지로 퍼져 그 뿌리를 내려 각각의 국가에서 발전했다.

시조의 생애와 각 종교의 역사

종교를 알기 위해서는 먼저, 각각의 종교 시조인 3명의 인물을 파악하는 것이 중요하다.

편안한 생활을 버리고 인류를 구원하기 위해 엄격한 수행을 견디고 깨달음을 얻은 부처. 겨우 수년 동안의 활동을 통해 많은 사람들의 마음에 남은 예수 그리스도. 예언자뿐만 아니라 정치가로도 수완을 발휘하여 아라비아 반도를 통일한 마호메트.

각각의 인물이 매력적임은 쉽게 상상할 수 있는 일로 그들이 죽은 후에도 유능한 후계자들이 나타나 각각의 종교를 발전시켜 온 것을 보면 잘 알 수 있다.

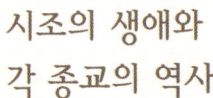

	기원전	
	560년경	룸비니에서 탄생
	16세	결혼
	29세	출가. 이후 수행의 여정
	35세	부다가야에서 깨달음을 얻음
	80세	쿠시나가에서 입멸
기원전 280년		상좌 불교와 대승 불교로 분열
기원전 1세기경		불교 경전의 성립
기원 372년		중국으로부터 불교 수용
907년		자생적 한국 불교 시작
1962년		대한 불교 조계종 탄생
1970년		태고종 창설

예수의 생애와 기독교의 역사

기원전 13세기경	모세, 애굽(이집트) 탈출
기원전 721년	이스라엘 왕국 멸망
기원전 4년경	베들레헴에서 예수 탄생
기원 28년	세례 요한으로부터 세례를 받음
30년	골고다 언덕에서 십자가형
60~90년	4복음서 성립
392년	로마 제국의 국교로 공인
1054년	동방 교회, 서방 교회 분열
1099년	십자군, 예루살렘 점령
1784년	한국 천주 교회 창설
1884년	한국 최초 교회 세움(황해도 소래 교회)

마호메트의 생애와 이슬람교의 역사

570년경	아라비아의 메카에서 탄생
25세	하디자와 결혼
610년	신의 계시를 받음
622년	메디나로 이주(히즈라)
624년	바드르 전투
630년	메카를 정복하고 우상을 파괴
632년	메디나에서 서거
632~661년	정통 칼리프 시대
1099년	십자군, 예루살렘 점령
1299년	오스만 투르크 건국
1923년	오스만 투르크 제국 멸망
1955년	한국 이슬람 협회 결성

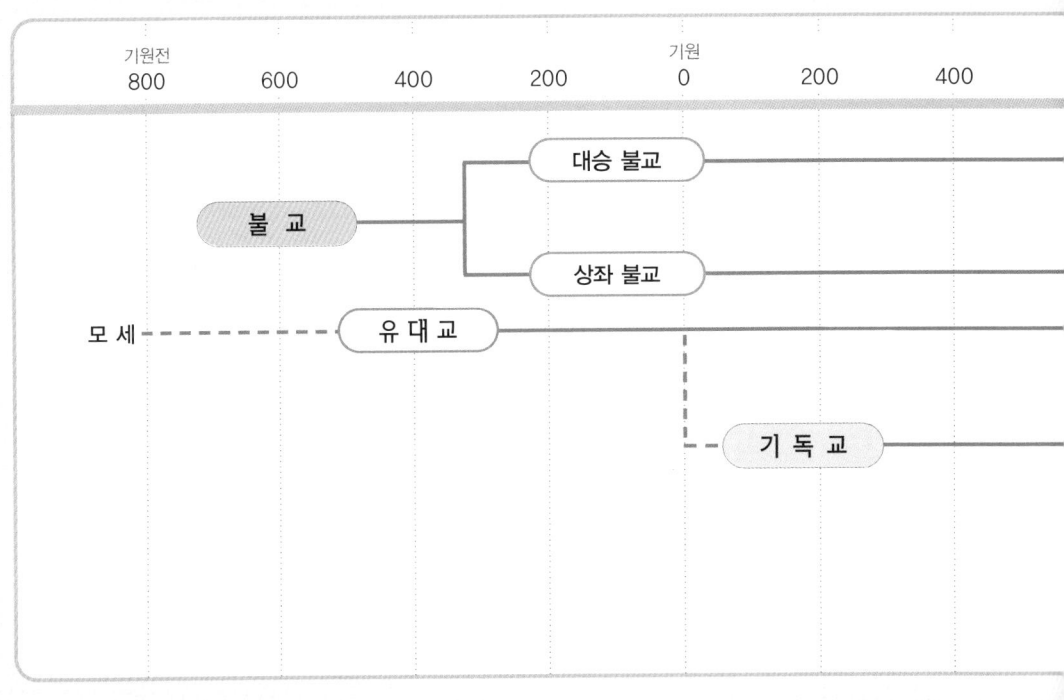

종교의 발전

시대의 흐름과 함께 경전과 시조 등을 보는 해석의 차이로 인해 각 종교도 다양한 종파로 분열해 왔다.

불교의 가장 커다란 2개의 흐름이라고 한다면 대승 불교와 상좌 불교를 들 수 있다. 한국이나 일본에 전해진 것은 대승 불교(북전 불교)로, 불교를 믿는 이들은 모두 평등하게 죽은 후 부처가 된다고 한다. 이에 반해 태국이나 미얀마에 퍼져 있는 상좌 불교(남전 불교)는 출가를 하고 수행을 해서 깨달음을 얻는 자가 구원을 받는다고 한다.

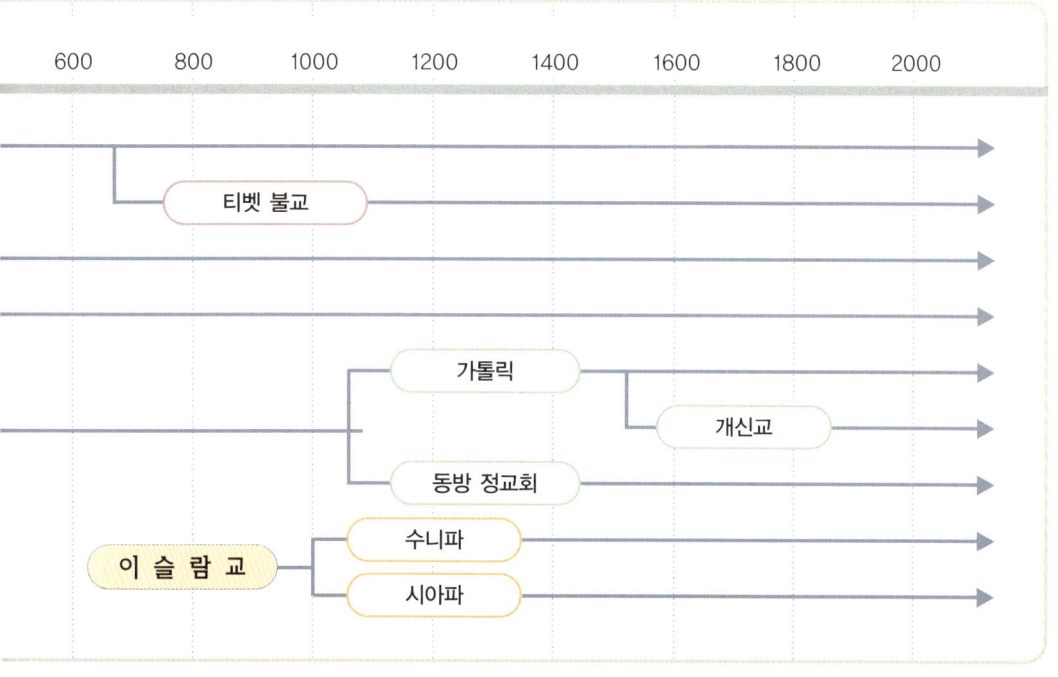

　기독교는 가톨릭과 개신교로 나뉘어 있는데, 그 이전에 갈라진 동방 정교회도 커다란 세력을 갖고 있다. 가톨릭은 로마 교황을 정점으로 하는 기독교 최대의 교파이다. 한편 중세에 부패한 가톨릭을 개혁하기 위해 탄생한 것이 개신교이다. 동방 정교회는 그리스 정교회, 러시아 정교회 등 동유럽을 중심으로 하여 국가별로 성립되어 있고, 기독교의 전통적인 흐름을 내포하고 있다.

　이슬람교의 커다란 2개 세력은 수니파와 시아파이다. 이는 주로 지도자에 따라 나뉘며, 이슬람교도의 90%는 수니파이며 나머지 10%가 시아파이다. 시아파의 국가로 유명한 곳은 이란이다.

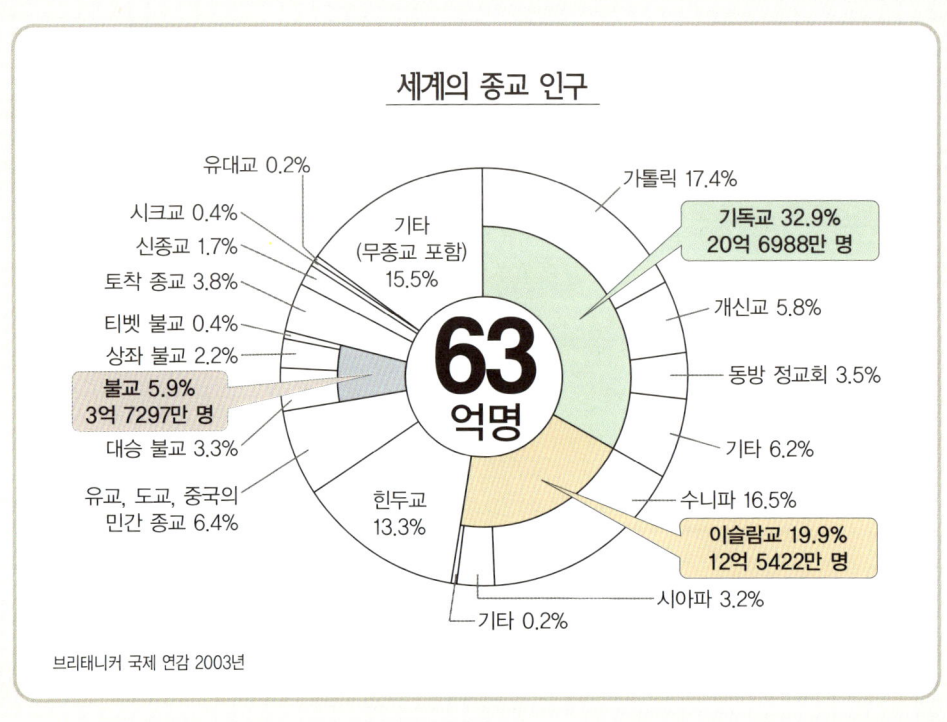

브리태니커 국제 연감 2003년

세계의 종교 인구

세계의 종교 인구 비율을 보면 인류의 절반은 기독교 혹은 이슬람교도이다. 오늘날의 세계 정세를 이해하는 데 있어 이 점은 도움이 될 것이다. 그리고 인구만을 생각하면 힌두교가 제3위지만, 보다 많은 국가에 퍼져 있다는 점에서 불교를 종교에 넣는 것이 바람직할 것이다. 유대교는 기독교, 이슬람교와 인연이 깊은 종교이지만, 유대인들만 믿기 때문에 신도 수는 적다. 종교가 없는 사람들도 많은 수에 달하지만, 세계 인구의 대부분은 어떤 형태로든 신앙에 마음을 의지하고 있음을 알 수 있다.

왕자의 신분을 과감히 벗어 던지고 인생의 진리를 찾아 나선 싯다르타 석가모니는 부다가야의 보리수 나무 아래에서 깨달음을 얻고, 목수의 아들로 태어나 짧은 사역 기간 동안 수많은 기적과 이적을 행하며 진리를 전파한 예수는 죄 없이 십자가에 달린다. 메카에서 태어나 대상 무역을 하다가 부유한 처녀와 결혼해 평범한 삶을 살던 마호메트는 천사의 가브리엘을 통해 신의 계시를 듣고 인간에게 전하는 예언자가 된다.

1
종교의 탄생

시조는 어떤 인물이며 어떻게 가르침을 전파했는가?

종교의 탄생

01 불교의 시조, 부처의 생애

부처는 왜 가족을 버리고 출가했던 것인가?

카필라성

카필라성은 약 2600여 년 전 카필라국에 있던 성으로 지금의 네팔 지방에 있는 히말라야산 남쪽(북인도)에 자리 잡은 곳이다.

부처가 태어난 것은 여러 가지 설이 있지만 기원전 560년경으로 보인다. 그는 현재의 네팔과 인도의 국경 부근에 있었던 **카필라성**을 중심으로 하는 샤키아족 소국가의 왕자로 태어났다. 정반왕淨飯王과 왕비 마야 부인이 다스리던 곳으로 농업과 상업을 하며 살아가던 넉넉한 왕국이었다. 고타마 싯다르타 부처가 태어난 것은 왕비 마야가 출산을 위해 고향인 인접국 코리야국으로 돌아가던 중 룸비니 동산에서였다. 마야가 사라수 가지를 잡으려 왼손을 뻗는 순간, 갑자기 산기가 일어나 산도가 아닌 왼쪽 겨드랑이 밑으로 부처를 낳았다고 한다. 부처는 태어나자마자 일곱 걸음을 걷고, 오른손으로 하늘을 가리키고 왼손으로는 땅을 가리키며 '천상천하유아독존天上天下唯我獨尊'을 외쳤다고 전해진다.

'천상천하'란 하늘과 땅 사이라는 의미로 대우주를 가리킨다. '유아독존'이란 그 안에서 내가 가

장 존엄하다는 뜻인데 이는 자신의 위대함을 자랑하는 것이 아니라 인간성의 존엄함을 나타내는 말로 해석되고 있다. 부처는 어릴 때부터 부친인 슈도다나왕(정반왕)에게 왕이 되기 위한 각종 학문을 전수받으며 소국이지만 왕자로서 부족함 없는 생활을 하고 있었다.

그러나 궁전을 한 발 나서면 국민의 대다수가 기아에 허덕이고 있었다. 길가에 누운 채 움직이지도 못하는 이가 있는가 하면 굶어 죽은 이의 시체도 있었다. 그런 비참한 광경을 직접 눈으로 지켜보면서 부처는 가여운 사람들을 어떻게 하면 구원할 수 있는지에 대해 골몰하게 된다.

당시의 **인도**는 몇 개의 국가가 군웅할거하고 있었다. 각각의 국가가 상대국의 틈을 노려 국왕을 죽이거나 국민의 반란이 있으면 즉시 침략을 시도하는 시대였다. 부처의 국가 역시 인접하는 인도 최대의 국가, 코실라의 세력에 항상 두려움에 떨고 있었다.

부처는 16살 때 사촌 자매인 야소다라와 결혼해서 아들 라훌라를 얻는다. 가족과의 생활은 행복했다. 하지만 마음속엔 '인간은 어떻게 하면 고뇌를 극복할 수 있을까' 라는 생각이 떠나지 않고 세월이 지날수록 깊어만 갔다. 당시는 깨달음을 얻기 위해 출가하는 사람들이 많았다. 부처 역시 가족을 버리게 되더라도 언젠가는 수행 생활을 하고 싶다고 생각했다.

부처가 출가한 것은 29세가 된 때였다. 출가란 문자 그대로 집을 나오는 것을 말하는데, 집을 나와 인생의 진리를 찾아 수행한다는 점에 있어서 소년들이 하는 '가출'과 다르다.

인도
중국 다음으로 가장 많은 사람들이 살고 있는 인도는 면적이 약 316만km²에 달하며 세계에서 일곱 번째로 큰 국토를 가지고 있다. 문명의 발상지로 독특한 문화를 형성하고 있으며 우리나라에는 천축天竺국이란 이름으로도 알려져 있다.

부처는 처자를 뒤로 하고 집을 나왔다. 당연히 샤키아족의 왕자였던 부처는 출가함으로써 왕위 계승권까지 버리게 된 것이다. 이렇게까지 부처의 마음을 충동시킨 것은 기아와 질병에 괴로워하는 이들을 바라보면서 갖게 된 인간의 고뇌에 관한 의문에서였다. 시녀들은 왕자의 출가를 막기 위해 그 앞에서 음악을 연주하며 춤을 추어 집을 나가지 못하게 했다.

어느 날 밤, 부처가 눈을 떠 보니 주위에는 시녀들이 춤을 추다 지쳐서 혼곤히 잠들어 있었다. 그는 오늘 밤이야말로 출가를 하리라, 결심을 하고 부인과 아이가 잠들어 있는 방으로 가 이별을 고했다. 그때부터 부처는 백마 칸다카를 타고 시종 찬다카와 함께 꼬박 하룻밤을 달렸다. 갠지스강 근처까지 왔을 때 어슴프레 여명이 밝아오고 있었다. 그는 몸에 지니고 있던 옷과 장식품을 찬다카에게

부처가 태어나고 활약한 지역

주고 혼자 걷기 시작했다. 부처의 출가로 인해 남겨진 부인과 아이도 부처가 깨달음을 얻은 후에 출가했다. 특히 아들은 10대 제자 중의 하나에 들만큼 위대한 종교가로 성장을 했다.

부처는 어떤 수행을 했고, 어떻게 깨달음을 얻었는가?

부처가 깨달음을 얻은 것은 출가해서 6년이 지난 35세 때였다. 그동안에 그는 괴로운 수행에 도전하며 죽음에 직면하는 일을 겪기도 했다. 출가한 부처는 먼저 마가다국의 수도 라자그리하로 향했다. 라자그리하는 기존의 바라문교의 가르침에 의문을 품은 자유로운 종교가들이 모여 바라문의 승려들과는 다른 독자적인 수행을 하고 있는 곳이었다. 부처는 먼저 **알라라칼라마**라는 수행자의 제자가 되었다. 그리고 깊은 명상을 통해 번뇌를 없애는 수행을 배우는데 아주 짧은 시간에 스승의 경지에 도달하게 되었다. 이어서 부처는 **우다카 라마푸타**라는 선인에게서 또 다른 명상을 배우는데 역시 단시간에 그 경지에 도달하여 바로 스승의 곁을 떠난다. 이렇게 스승의 가르침에 만족할 수 없었던 부처는 다른 수행자들과 만나 산에 칩거하며 엄격한 고행을 시작한다.

당시 인도에서는 육체에 고통을 가하고 그 고통을 견딤으로써 초인적인 힘을 얻는다고 믿고 있었다. 수행자들은 단식이나 호흡을 멈추는 등의 수행에 전념했다. 그들이 입에 대는 것이라고는 약간의 과일과 구근, 풀 정도가 전부였다. 그래서 몸이 쇠약해져 죽음

알라라칼라마와 우다카 라마푸타

알라라칼라마(Alara Kalama) : 무소유처無所有處를 추구했으며 그 뜻은 정신을 잘 차려 무소유를 기대하면서 거기에는 아무 것도 존재하지 않는다고 생각함으로써 번뇌의 흐름을 건너는 것을 말한다.

우다카 라마푸타(Uddaka Ramaputta) : 비상비비상처非想非非想處를 추구했으며 그 뜻은 있는 그대로 생각하는 자도 아니고, 잘못 생각하는 자도 아니며, 생각이 없는 자도 아니고, 생각을 소멸한 자도 아니며, 이렇게 행하는 자의 형태는 소멸하는데 무릇 세계가 확대되는 의식은 생각을 조건으로 하여 일어나기 때문이라고 보는 것을 말한다.

직전의 상황까지 가는 경우도 있었다. 이런 고행을 6년 동안이나 계속한 탓에 부처는 피골이 상접한 몰골이 되고 만다. 결국 그는 신체를 괴롭히는 것만으로 깨달음을 얻을 수 없다는 결론에 도달하게 된다. 몸도 마음도 허약해진 부처는 산을 내려와 나이란자나 강에서 몸을 깨끗이 닦는다. 그리고 터벅터벅 걸어가다가 촌장의 딸 수자타에게 우유죽을 공양받았다고 전해진다.

체력을 회복한 부처는 부근에 우거져 있던 큰 나무 아래에서 동쪽을 향해 앉는다. '깨달음을 얻기까지는 이곳을 떠나지 않겠다' 고 결심한다. 그리고 바로 명상에 들어간다. 그때 악마의 대군이 덮쳐왔다고 전해지는데, 이는 번뇌와 부처의 싸움을 표현한 것이라고 한다. 부처는 해가 질 때까지 모든 번뇌를 극복하고 다음날 12월 8일 새벽, 명왕성이 빛을 발할 때쯤 드디어 우주와 인생의 진리에 대한 깨달음을 얻었다.

부다가야의 보리수

석가모니가 깨달음을 얻었다는 부다가야의 마하보디 사원 보리수 아래에서 구도의 열정을 태우는 스님들의 모습

불교에서는 해탈한 자를 '불타(부처)'라고 부르는데 고타마 싯다르타는 처음으로 '불타'가 된 것이다. 해탈을 이루었을 때 부처가 앉아 있던 큰 나무는 범어로 '보디'라고 하는데 '혼란을 끊고 깨달음을 얻었다'라는 의미로 그 뒤 '보리수菩提樹'로 불리게 되었다. 이 장소는 인도 북동부, 갠지스강의 남쪽에 있으며 현재는 **'부다가야'**라고 불리고 있다. 깨달음을 얻은 부처는 자신의 생각을 전파하고자 포교 활동을 시작한다.

처음 설법을 한 곳은 부다가야 근처의 사르나트라고 하는 장소로, 5명의 비구(수행자) 앞에서 이루어졌다. 이를 계기로 점점 제자들이 늘어나고 신자가 된 각지의 왕후나 상인들로부터 기부를 받게 된다. 그중에서도 유명한 것이 코살라국의 대부호인 기타태자가 선물한 **'기원정사'**라는 장대한 정원이다. 부처는 이 기원정사를 마음에 들어 해서 많은 제자들을 데리고 설법을 했다고 한다.

부처는 80세에 세상을 떠나는데 그때까지 각지를 순회하며 자신이 깨달은 가르침을 계속 전파한다. 당시로서는 꽤 장수한 편에 속한다. 35세에 해탈한 이후로 편안한 마음으로 살았기 때문이라는 설과 불교를 전파하고자 했던 사명감이 있었기 때문이라는 설이 전해진다. 불교에서는 부처의 죽음을 '입멸'이라고 부른다. 나이가 들어가면서 체력이 떨어져 육체가 쇠약해진 부처는 작은 시골 마을 쿠시나가라의 사라수 아래에서 머리를 북쪽으로 하고(이것이 북쪽 베개의 기원이다) 왼쪽 반신을 아래로 하여 영원한 잠에 빠져들었다고 한다.

기원정사

최초의 사원인 죽림정사와 함께 2대 정사로 알려져 있으며 부처가 25안거를 한 곳이라고 전해진다. 기수급고독원을 줄여 기원정사라고 불렀는데 기수祇樹는 기타태자의 숲이란 뜻이고, 급고독원給孤獨園은 수달장자가 외롭고 불우한 사람들에게 보시하기를 즐겨하여 붙여진 이름이다.

여래 10호(부처의 공덕을 찬양하는 대표적인 다른 이름)

① **여래**如來 : 참된 진리에서 나와 세상에 진리를 보여 준 사람
② **아라한**阿羅漢 : 번뇌가 없어 존경과 공양을 받을 만한 사람
③ **정변지**正遍知 : 바른 깨달음을 얻어 모든 지혜를 갖춘 사람
④ **명행족**明行足 : 밝은 지혜와 실천을 이룩한 사람
⑤ **선서**善逝 : 피안의 언덕으로 잘 간 사람
⑥ **세간해**世間解 : 세상의 일을 모두 알고 있는 사람
⑦ **무상사**無上士 : 더없이 높은 최상의 사람
⑧ **조어장부**調御丈夫 : 거친 자를 모두 다스리는 사람
⑨ **천인사**天人師 : 하늘과 인간들의 스승인 사람
⑩ **세존**世尊 : 세상에서 가장 존귀한 사람

한편 부처에겐 다양한 이름이 있는데 '부처'라는 호칭은 '불타'에서 유래한 것으로 불타란 진리에 눈을 떠 깨달음의 경지에 이른 사람을 말한다. 이 불타라는 호칭에서 '불佛'이라는 말도 생겨났다. 부처는 또한 '석가모니세존'으로도 불리고 있는데 석가란 지금의 인도, 네팔 국경 부근에 있는 '석가족'을 말하며, '모니'란 인도 말로 성자를 의미한다. '세존'은 세상에서 가장 존경받는 신성한 사람을 가리키므로, 석가모니세존이란 '석가족 출신의 성자로 세상에서 가장 존경받는 위대한 사람'이라는 의미가 된다.

부처의 본명은 '고타마 싯다르타'로 '고타마'란 '가장 훌륭한 소'라는 의미로 인도에서는 소가 신이 타는 생물로서 신성시되고 있는 것과 관련이 있다. '싯다르타'란 '목적 성취'라는 의미로 왕인 아버지가 후계자의 탄생을 기다려 왔기 때문에 붙여진 이름으로 보인다. 부처는 깨달음을 얻기 전까지 고타마 싯다르타라는 이름으로 불렸고 깨달음을 얻고 나서는 몇 개의 존칭이 붙여지게 되어 단숨에 호칭이 늘어났다.

종교의 탄생

02 기독교의 시조, 예수 그리스도의 생애

기독교에 대한 이해를 돕기 위해서는 그 시조인 예수 그리스도를 알아야 한다. 신약성경을 통해 예수의 생애를 살펴보자.

기원전 7~4년경의 어느 별이 빛나는 밤, 베들레헴의 한 마구간에서 남자아이가 울음을 터트렸다. 약속된 신의 아들, 예수가 탄생한 것이다. 예수의 어머니 처녀 마리아가 성령으로 잉태해서 낳았다는 것은 너무나 잘 알려진 사실이다. 양치기들과 3명의 동방박사들에게 축복을 받은 예수였지만 그의 생애는 태어난 직후부터 파란만장의 연속이었다.

'유대의 왕이 태어났다'는 소문을 들은 유대왕 헤롯은 자신의 지위를 위협받을 것이라는 두려움에 휩싸였다. 헤롯왕은 '베들레헴과 그 주변의 2살 이하의 남자 아이를 전부 죽이라'는 명령을 내

예수 그리스도의 탄생과 일생

동방박사의 경배 (벨라즈퀴즈의 1619년 작)

1장 _종교의 탄생 33

세례 요한의 탄생

늦도록 아이를 갖지 못하던 즈가리아는 어느 날 천사에게 아내 엘리사벳이 남자 아이를 잉태하게 될 것이라는 얘기를 듣는다. 그 아이의 이름을 요한이라 지어 부르라고 했으며 앞으로 이스라엘 백성을 전도하는 일을 하게 될 것이라고 예언한다. 요한은 예수보다 몇 개월 빨리 태어났다(누가복음 1장 5~25절).

예수의 세례(무리요의 1655년 작)

렸다. 갓난아기인 예수는 즉시 아버지 요셉과 어머니 마리아와 함께 이스라엘을 탈출하여 이집트로 가게 된다.

이윽고 기원전 4년 헤롯왕이 죽자 일가는 고향인 나사렛으로 돌아와 평화로운 생활을 하기 시작한다. 예수에게는 야곱, 요셉, 시몬, 유다 등의 형제와 2명의 자매가 생긴다. 마리아를 '성모'의 위치에 놓고 있는 가톨릭은 마리아가 평생 처녀였다고 하지만 마리아를 특별한 존재로 보지 않는 개신교에서는 예수를 낳은 후 요셉과의 사이에 자녀를 더 두고 있다고 전한다.

고향 나사렛으로 돌아온 예수는 30세가 될 때까지 목수인 부친의 일을 도우면서 그 지방에서 살았다. 유대교의 예언서와 율법에 예수가 정통하게 된 것도 이때의 일이다.

그런데 기원 26년경 예수의 인생을 바꾸는 놀라운 일이 일어난다. 바로 요한과의 만남이다. 성경에는 몇 명의 요한이 등장하는데 지금 말하려는 요한은 '세례 요한'이다. 세례 요한은 요단강 연안에서 '회개하고 세례를 받으면 죄를 용서 받는다'고 전하며 사람들에게 세례를 베풀었다. 사람들은 그를 메시아처럼 존경하고 있었지만 정작 세례 요한은 "나보다 뛰어난 이가 온다"고 말했다.

마침내 세례 요한 앞에 한 남자가 나타나는

데 그가 바로 예수이다. 예수가 신의 아들임을 깨달은 세례 요한은 "세례를 행하라"는 예수의 말에 주저하다가 이내 예수에게 세례를 행한다. 성경에 따르면 그 순간 하늘이 열리고 하늘에서 비둘기의 형태를 한 성령이 내려온다. "이는 나의 사랑하는 아들, 내 기뻐하는 자"라는 목소리가 하늘에서 들려온다.

세례를 받은 예수는 그 후 성령의 인도에 따라 광야로 가 40일간 단식을 한다. 이때 예수 앞에 사탄이 나타나 3번에 걸쳐 유혹을 하지만 예수는 이를 다 물리쳤다. 단식을 끝낸 예수는 고향을 떠나 본격적으로 선교 활동을 시작한다.

이때부터 예수가 처형되는 **골고다** 언덕에 이르기까지 시간은 겨우 3년간이다. 예수는 선교 활동에 들어가자 병자를 고치고 악령을 쫓는 등 차례로 기적을 일으키기 시작하는데 이런 소문은 점점 퍼져나갔고 예수를 따르는 자들이 늘어 갔다.

갈릴리 호수를 바라보는 언덕에서 '산상수훈' 설교를 한 것도 이 일련의 과정 중의 하나이다. 예수는 이 산상수훈을 마친 후 베드로, 요한 등을 열두 제자로 삼으며 자신의 가르침을 사람들에게 전하게 한다.

이미 유대교도의 분노와 미움을 사고 있

골고다
예루살렘 북쪽 교외에 있는 예수가 십자가형을 당한 언덕으로 갈바리아 언덕(Calvaria)이라고도 한다. 라틴어 칼바리아(calvaria : 해골)에서 나온 말인데, 이 언덕의 모양이 해골과 비슷하다고 한다.

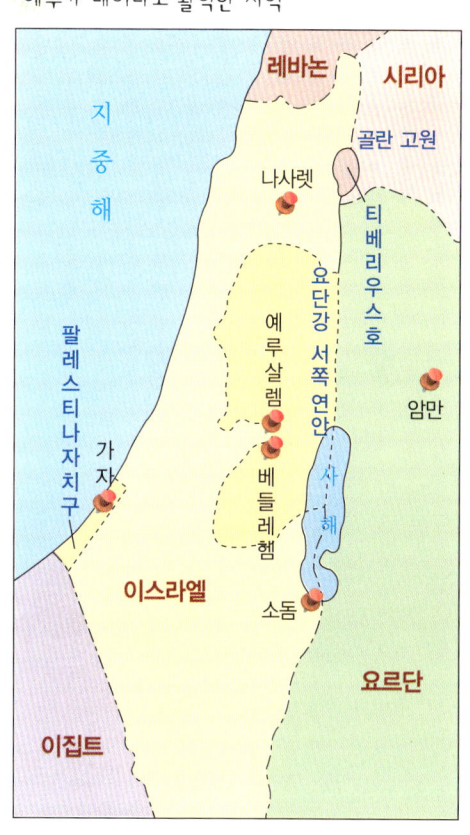
예수가 태어나고 활약한 지역

유월절

과월절(過越節, Passover)이라고 하는데 과월이란 '지나치다' '그냥 넘어가다' 라는 뜻으로 이스라엘 백성의 집을 그냥 지나쳤다는 데서 유래했다. 유월절에는 니산월(유대력의 1월) 10일에 처음 난 어린 양을 골라 두었다가 14일 밤에 잡아 그 피를 문설주에 바르고 고기는 구워서 먹고 이튿날인 15일부터는 1주일을 누룩 없는 떡을 먹으며 이 절기를 예수가 십자가에 달리기 전날 밤에 예루살렘 성내에서 유월절을 지켰는데 이것이 최후의 만찬이 되었다.

십자가
(수르바란, 1650년 작)

던 예수의 수난의 날은 바로 앞까지 다가와 있었다. 이윽고 예수는 '유월절'을 지키기 위해 제자들과 함께 유대인들의 성도 예루살렘에 들어간다.

'최후의 만찬'은 바로 이 유월절이 배경이 된 만찬의 한 장면이다. 예수는 열두 명의 제자들 앞에서 "이 중의 한 사람이 나를 배신하려 한다"고 말하고 '이것이 제자들과 함께 하는 마지막 식사'임을 알린다. 만찬을 끝낸 예수는 제자들과 올라간 겟세마네에서 유대교의 제사장들과 관료들에게 잡히는데 배반자는 가룟 유다였다. 날이 밝자 예수는 최고 법원으로 끌려가 로마 총독인 빌라도 앞에 서게 된다. 빌라도는 예수에게서 죄를 찾아내지 못하지만 "예수를 죽이라"는 군중들의 목소리가 커지자 어쩔 수 없이 "원하는 대로 하라"고 예수의 처형을 명했다.

예수는 가시관을 쓰고 무거운 십자가를 짊어진 채 골고다 언덕으로 힘겨운 걸음을 떼기 시작했다. 십자가형은 목숨이 끊어질 때까지 괴로움을 겪는 잔혹한 형으로 강도 살인을 저지른 자들이 받는 극형이다. 옷이 벗겨지고 손과 발에 못이 박힌 예수는 십자가에 달린 채 "아버지여! 어찌하여 절 버리셨나이까!"라며 비통하게 외치다가 끝내 숨을 거뒀다. 예수의 유체는 골고다 언덕의 기슭 유대인의 묘지에 매장되는데 그 후 예수는 부활하고 제자들과 40일간을 보낸 후 승천했다고 성경에 기록되어 있다. 오늘날 기독교에서 크리스마스와 함께 중시되는 이스터 즉, 부활절은 예수의 부활을 기리는 행사이다.

예수는 승천하면서 제자들에게 "전 세계 모든 사람들에게 복음을 전하라"라고 말했고 그 명령에 따라 제자들은 복음을 전해 오늘날의 세계 각국에 기독교가 퍼져 나가게 된 것이다.

예수는 어떤 기적을 일으켰는가?

예수의 가르침이 당시 사람들에게 널리 퍼져 나간 이유를 생각하는 데 있어 놓쳐서는 안 될 포인트는 그가 행한 '기적'이다. 이 기적이 있었기 때문에 예수가 사람들에게 지지를 받았다고 해도 과언이 아닐 것이다. 예수가 단순히 좋은 가르침만을 전한 것이라면 그같이 큰 영향력은 없었을 것이다.

예수가 행한 것으로 알려진 대표적인 기적들을 짚어 보자. 예수가 최초로 행한 기적은 **가나의 혼인 잔치**에서였다. 요한복음에 따르면 어느 날 예수는 어머니 마리아와 제자들과 함께 혼인 잔치에 초대된다. 그런데 그곳에 곤란한 일이 발생한다. 잔치는 무르익었는데 손님들에게 대접할 포도주가 바닥이 나고 만 것이다. 마리아에게 그 얘기를 전해 들은 예수는 하인에게 항아리 가득 물을 담고 손님들에게 내도록 명한다. 그러자 바로 그 물이 최고 품질의 포도주로 변한 것이다.

예수는 이외에도 음식과 관련된 기적들을 일으켰다. 갈릴리 지방에서 5000명 이상의 군중이 예수의 가르침을 듣기 위해 모인 때의

가나의 혼인 잔치
(다비드의 1503년 작)

이스라엘의 12지파

창세기 49장을 보면 야곱이 자신의 12아들을 축복해 주는 장면이 나온다. 이스라엘의 12부 지파는 여기에서 근거한 것으로 르우벤, 시므온, 레위, 유다, 스불론, 잇사갈, 단, 갓, 아셀, 납달리, 요셉, 베냐민 지파를 가리키며 나중에 레위 지파가 빠지고 요셉 지파 대신 그의 아들 지파인 에브라임과 므낫세 지파가 더해진다. 신약 시대 예수가 제자를 12명으로 삼은 것은 이 12지파에 따른 것이다.

일이다. 저녁을 먹을 때가 가까워졌는데 먹을 거라고는 소년 1명이 갖고 있던 빵 5개와 물고기 2마리가 전부였다. 그것으로 5000명이나 되는 사람들이 배를 채울 수는 없는 건 불을 보듯 뻔한 일이었다. 그러나 예수는 동요하지 않았다. 빵과 물고기를 손에 들고 하느님께 감사 기도를 드린 다음 그것을 군중에게 나누어 주었다. 모인 모든 사람들이 빵과 고기를 배불리 먹고도 빵이 12광주리나 남았는데[오병이어 五餠二魚의 기적] 여기서 '12'라는 숫자는 이스라엘 12지파를 상징하는 수이다.

무엇보다 예수가 행한 기적 가운데 가장 드라마틱한 것은 죽은 이를 부활시킨 일이다. 성경 안에서 예수는 야이로의 딸과 나인성

과부의 아들 그리고 나사로 등을 살아나게 한다. 그중, 특히 유명한 것은 **나사로**를 소생시킨 이야기일 것이다. 나사로는 베다니 출신으로 예수의 친구였던 인물이다. 요한복음에 따르면 이 나사로가 병으로 위독하다는 소식을 들은 예수는 "이 병은 죽음으로 끝나지 않을 것이다. 신의 영광을 위한 것이다. 신의 아들이 그것을 통해 영광을 받기 위한 것이다[11장 4절]."라고 했다고 한다. 그렇지만 예수가 베다니를 방문했을 때 나사로는 이미 죽어 4일간이나 묘지에 묻혀 있었다.

죽음을 슬퍼한 가족은 "만약 여기에 계셨다면 내 형제는 죽지 않았을 텐데[11장 21절]"라며 통곡했다. 예수는 나사로가 묻힌 무덤으로 가 동굴을 닫고 있던 돌을 치우도록 명했다. 사람들이 명한 대로 돌을 치우자, 예수는 "나사로야, 나오너라!" 큰소리로 외쳤다. 그러자 손발과 머리를 천으로 감싼 죽은 나사로가 무덤에서 걸어나왔다.

이를 목격한 유대인들이 예수를 하느님의 아들로 믿은 것은 말할 필요도 없다. 이외에도 예수는 수많은 환자들을 고치고, 물 위를 걷고[마태복음 14장 외], 풍랑을 잠재워 배가 침몰하는 것을 막는[마태복음 8장 외] 등 믿기 어려운 기적을 계속 행한다.

나사로의 부활(델 피옴보의 1517~19년 작)

예수의 부활과 그 의미

성경을 보면 예수는 부활하여 제자들 앞에 나타났다. 이 '예수의 부활'에 관한 일화는 기독교에 있어 예수가 신의 아들임을 증명하는 중요한 사건이다. 기독교에서 크리스마스와 함께 중시되는 부활절(이스터)은 예수의 부활을 축하하는 의식으로 기독교를 둘러싼 축제 중 가장 오래된 것이다. 예수가 처형된 것은 유대교의 안식일 전날인 금요일의 일이었다. 안식일은

예수의 부활
(라파엘로의 1520년 작)

업무와 노동이 일체 금지되어 있는 날이다. 그래서 시신의 정식 매장은 안식일이 끝나기를 기다렸다가 행해지게 되었다.

다음 날 일요일 아침 일찍 막달라 마리아와 수명의 여자들이 예수의 시신을 닦기 위해 향유를 갖고 무덤에 갔다. 그런데 무덤을 막고 있던 돌이 치워져 있는 것이 눈에 띄었다. 시신을 도난당했다고 여긴 여자들은 슬피 울기 시작했는데 갑자기 땅이 흔들리더니 그녀들 앞에 천사가 나타난다. 새하얀 옷을 입은 천사는 "당신들이 찾고 있는 예수는 여기에 없다. 그분은 부활하셨다. 제자들에게 돌아가 예수는 당신들과 갈릴리에서 만날 것이라고 전하라"라고 말한다. 그 말대로 예수는 부활한 모습으로 나타나 제자들과 40일간을 함께 지낸다.

도마의 의심
(카라바조의 1602~1603년 작)

그런데 열두 제자 중의 하나인 **도마**는 예수가 부활한 순간을 보지 못했다며 "내가 그 손의 못 자국을 보고 내 손가락으로 그 못 자국을 만지며 내 손을 그 옆구리에 넣어 보지 않고는 믿지 못하겠다[요한복음 20장 25절]"고 부활의 소식을 의심했다.

8일 후 도마 앞에 예수가 나타나 "네 손가락을 이리 내밀어 내 손을 만지고 네 손을 내밀어 내 옆구리에 넣어 보라. 그리하여 믿음 없는 자가 되지 말고 믿는 자가 되라[동 27절]"고 강한 어조로 충고했다. 그리고 덧붙인다. "나를 보아야만 믿느냐? 보지 않고도 믿는 자는 복되도다[동 29절]." 확실히 '보지 않고 믿는' 태도는 신도에게 빠뜨릴 수 없는 덕목임을 알 수 있다.

부활한 예수는 그 뒤 제자들이 보는 앞에서 승천한 것으로 알려져 있다. 이때 천사가 나타나 "예수는 지금 너희가 본 그대로의 모습으로 다시 오실 것이다"라고 했다. 이 말로 인해 기독교의 재림 사상이 싹텄는데 재림이란 승천한 예수가 다시 이 세상으로 돌아와 최후의 심판을 내린다는 얘기이다. 이 사상은 그리스도를 믿는 자는 물론 믿지 않는 자들도 최후의 심판을 받기 위해 부활할 것이라고 말한다. 아울러 재림을 믿고 예수가 돌아오는 날을 기다리는 사람들을 기독교 안에서도 특히 어드밴티스트 즉, 재림파라고 부르고 있다.

종교의 탄생

03 이슬람교의 시조, 마호메트의 생애

평범한 사람에서 예언자가 된 마호메트

왕가 등 유서 깊은 출신이거나 어릴 때부터 신동으로 유명했던 인물을 제외하면 탄생부터의 기록이 확실히 남아 있는 사람은 드물다. 이슬람교의 창시자 마호메트의 경우도 유명해진 것은 중년이 되고 나서부터다. 그 이전의 탄생에 관련된 이야기로는 그를 임신했을 때 그의 어머니 아미나가 "네가 임신한 아이가 민족의 지배자가 되고 예언자가 될 것이다"라는 음성을 들었다는 것이다. 이렇게 마호메트는 아라비아 반도의 번영한 도시 **메카**에서 태어났다. 확실한 탄생 연도는 분명하지 않지만 서기 570년 전후로 추정되고 있다.

마호메트의 집안은 명문 부족으로 아버지 압둘라는 그가 태어나기 전에 죽고 어머니도 6살 때 사망한다. 그래서 할아버지가 키우게 되는데 조부가 죽자 숙부 슬하에서 살게 된다. 마호메트 일족은 상인으로 마

메카

메카(아랍어 : مكة المكرمة 또는 مكة)는 사우디아라비아에 있는 도시로 이슬람에서 가장 신성시하는 곳이다. 구약의 아담과 이브가 만년에 살았던 곳으로 아브라함의 아들 이스마엘과 그의 어머니 하갈(아브라함의 아내 사라의 여종으로 그녀가 나이 들도록 아이를 얻지 못하자 하갈을 통해 이스마엘을 낳음)이 살았던 곳이기도 하다. 5세기 말 무렵에 코라이슈족族이 장악하였으며, 570년경에 그 지파支派인 하심가家에서 마호메트가 태어나 이슬람교를 창도하였다.

1장 _ 종교의 탄생 **43**

호메트도 대상 무역에 종사하게 되는데 이 대상 무역을 하면서 부유한 여성 하디자를 알게 된다. 당시 40세 전후의 실업가였던 하디자는 25세의 청년 마호메트와 결혼을 하게 되고 15년을 같이 살면서 3남 4녀를 두게 된다. 고생도 했지만 누가 봐도 평범한 인생의 마호메트였다. 기적도 없고 전설도 없었다. 그런데 610년 마호메트의 운명, 그리고 세계사를 크게 바꾸는 사건이 일어났다.

그 즈음 마호메트는 명상에 빠지는 일이 잦았고 습관처럼 산에서 칩거했다. 어느 날 한참 명상에 빠져 있던 마호메트는 갑자기 몸이 묶이는데 순간 한 음성을 듣는다. 그 목소리의 주인공은 천사 가브리엘이었다. 가브리엘은 "읽으라"라고 말한다. 마호메트가 고통스러워하며 "무엇을 읽는가?" 물으니 계시가 내려졌다고 한다. 그 순간부터 마호메트는 신의 목소리를 듣고 그것을 인간에게 전하는 예언자가 되었다.

마호메트

이슬람교의 발전을 위해 살았던 반평생

마호메트는 어느 날 갑자기 신의 계시를 받고 예언자가 되었다. 이런 상황에 가장 놀란 것은 다름 아닌 마호메트 자신이었다. 이렇듯 혼란에 빠진 마호메트에게 용기를 준 것은 그의 부인 하디자였다. 그녀는 그것이 신의 계시임을 믿었으며 최초로 이슬람교 신자가 되었다. 그로부터 3년 사이에 사촌 형제들과 친구들도 마호메트의 가르침을 따르는 신자가 되었다.

이처럼 당초 포교의 대상은 주변 사람들에 한정되어 있었다. 그러다가 점점 자신을 믿어주는 사람이 늘자 자신감이 생긴 마호메트는 포교 활동을 개시한다. 신흥 종교로 눈에 띄는 활동을 개시하자 기존 종교 사이에 알력이 생기기 시작한다. 메카의 권력자들은 마호메트의 가르침 가운데 우상 숭배 금지 등 당시 관습을 부정하는 내용을 용인하지 않고 탄압하기 시작했다.

당시 메카는 다신교 신앙이 매우 유행해서 많은 신전이 있었고 신자들이 자주 방문하는 종교 도시였다. 또한 대상 무역의 중계 지점으로 상업 도시로도 번성하고 있었다. 사람과 물건과 돈이 모이는 거리로 빈부의 격차는 점점 심해져 가고 있었다. 마호메트의 가르침은 모든 사람은 평등하다는 내용으로 이것은 사회에 대한 강한 개혁의 의미를 포함하고 있었다. 권력자들은 그의 가르침을 위험 사상이라며 격심하

마호메트가 태어나고 활약한 지역

이슬람력

이슬람력은 회교력 또는 마호메트력이라고도 한다. 순태음력純太陰曆으로, 1년은 12개월이고 그중 11개월은 서로 교대로 30일의 달(6회)과 29일의 달(5회)인데, 12월만은 29일 또는 30일의 어느 쪽이 된다. 그 어느 쪽이 되는 것은 법칙이 있어서 30년 중 30일의 경우가 11회, 29일이 19회 있다. 따라서 1년은 354일 또는 355일로 태양력에 비하여 10일 이상 짧으므로, 연초도 각 월도 계절과 점점 어긋나게 된다. 그러나 이 달력의 30년, 360개월은 1만 631일로, 실제의 360 삭망월朔望月에 대단히 가까우므로, 달에 대해서는 30년에 거의 완전히 일치한다. 이 달력의 원기元期는 헤지라, 즉 마호메트가 메카로부터 메디나로 도주한 해의 아라비아력의 연초를 취한다.

게 탄압을 가하기 시작했다. 619년 마호메트는 유력한 지지자인 아내와 숙부를 잃게 되었다. 박해도 더욱 심해져 결국 메카를 떠나 북서로 400킬로미터 떨어진 메디나(당시 이름은 야스리브)로 향하게 되었다.

서기 622년 7월 16일 즉, **이슬람력**인 헤지라력의 원년 1일 마호메트는 메디나에 도착하는데 이 이주를 '성천(헤지라)'이라고 한다. 도시 이름도 야스리브에서 '빛을 발하는 도시'라는 의미의 '메디나 무나와라'로 바뀌었고 이것이 오늘날의 메디나가 되었다. 메디나에 안주한 마호메트는 예언자뿐만 아니라 정치, 군사, 지도자로서의 역할도 겸하게 되었다.

당시 메디나에는 아우스족과 하즈라지족이 살고 있었는데 대립 상태였으며 게다가 유대교도까지 합세해 갈등의 골이 깊었다. 그런 상황에 마호메트의 일행이 더해진 것이다. 마호메트는 각 세력을 조정하고 도시 전체를 하나의 공동체로 하는 협정을 체결한다. 그 기본이 된 것이 상호 부조와 협력 관계의 개념으로 그 이전까지 혈연으로 연결되어 있던 부족 사회를 신앙을 토대로 한 하나의 사회로 변혁한 것이다. 그 신앙 공동체를 '운마'라고 한다.

이리하여 마호메트는 메디나인들을 이슬람교로 포섭했고 다음 목표를 메카로 잡았다. 메카의 권력을 잡고 있었던 것은 다신교 신들을 섬기고 카바 신전을 수호하는 코라이슈족이었다. 그들은 자신들의 권위와 이권이 위협받을 것을 염려하여 마호메트를 박해하고 메카에서 쫓아냈다. 코라이슈족은 메디나에서 성공한 마호메트에게 큰 위협을 느끼고 그를 쓰러트려야 한다고 생각했다.

이런 움직임을 미리 알아챈 마호메트는 먼저 그들을 습격하기로 마음을 먹는다. 메디나는 대상이 통과하는 길목에 있었기 때문에 대상을 공격하는 데 매우 유리한 입장에 있었다.

서기 624년 전쟁은 시작되고 코라이슈의 대상은 이슬람군의 습격을 받고 커다란 타격을 입는다. 이에 코라이슈족은 복수에 나선다. 그들의 군사는 약 1000명이었고 맞서 싸우는 이슬람 병사는 300명 정도였다. 양쪽은 바드르란 곳에서 대격전을 벌이는데, 이 바드르 전투에서 마호메트 군은 세 배가 넘는 적을 격파해 대승리를 거두었다. 그리고 이듬해 우후드 전투에서 무승부를, 2년 후의 참호 전투에서는 이슬람군이 또 다시 승리를 했다.

군사적 승리를 배경으로 마호메트는 630년 드디어 메카에 입성한다. 마호메트는 많은 신들이 공존하는 카바 신전에 들어가 숭배되고 있던 우상을 모두 파괴하고 "진리가 와서 거짓된 것은 사라졌다"고 외쳤다. 마호메트의 완전한 승리를 안 아라비아 반도의 각 부족은 차례대로 이슬람교로 개종하고 반도는 통일되었다.

그렇지만 그에겐 이미 시간이 얼마 남지 않았다. 메카 점령 후에도 메디나에서 살고 있던 마호메트는 죽음이 얼마 남지 않았음을 깨닫고 메카로의 순례를 시작한다. 이때 함께 간 신도는 12만 명으로 기록되는데 '이별의 순례'라고 불리는 그것이다. 그리고 서기 632년 마호메트는 메디나에서 죽는다. 40세에 신의 계시를 받고 나서 22년이 지난 62년의 생애를 살다간 것이다.

마호메트의 생애

570년	• 사우디아라비아의 메카에서 귀족 가문인 코라이슈 부족의 하심 가문에서 유복자로 출생 • 아버지는 압둘라, 어머니는 아미나로 베드윈족의 전통에 따라 유목민의 유모 할리마가 6살까지 사막에서 키움
576년	• 어머니 죽음 • 할아버지 압둘 무탈립이 키움
578년	• 할아버지 사망 • 낙타 대상이었던 작은 아버지 아부 탈립이 키움 • 작은 아버지에게 무역을 배워 대상이 됨 • 메카의 거상이었던 과부 하디자의 무역 대리인으로 활약
595년	• 하디자와 결혼 • 결혼 후 물질적·정신적으로 안정을 얻은 마호메트는 인생에 대한 고뇌를 시작 • 메카 인근의 히라 동굴에서 명상 시작
610년	• 가브리엘 천사로부터 계시 • 가까운 가족부터 시작해서 메카에서 이슬람 선교 시작 • 메카 귀족들의 위협과 박해
622년	• 메카에서 메디나로 히즈라 시작 • 메디나에서 이슬람 선교 성공 • 바드르, 우후드, 한닥 전투를 통해 메카에서 승리
630년	• 메카 무혈 입성 • 역사상 최초로 아라비아 반도 통일 • 이슬람을 바탕으로 신정일치(신의 대변자가 통치하는 정치) 국가 창설
632년	• 63세의 일기로 사망 • 후계자 아부 바크르 승계

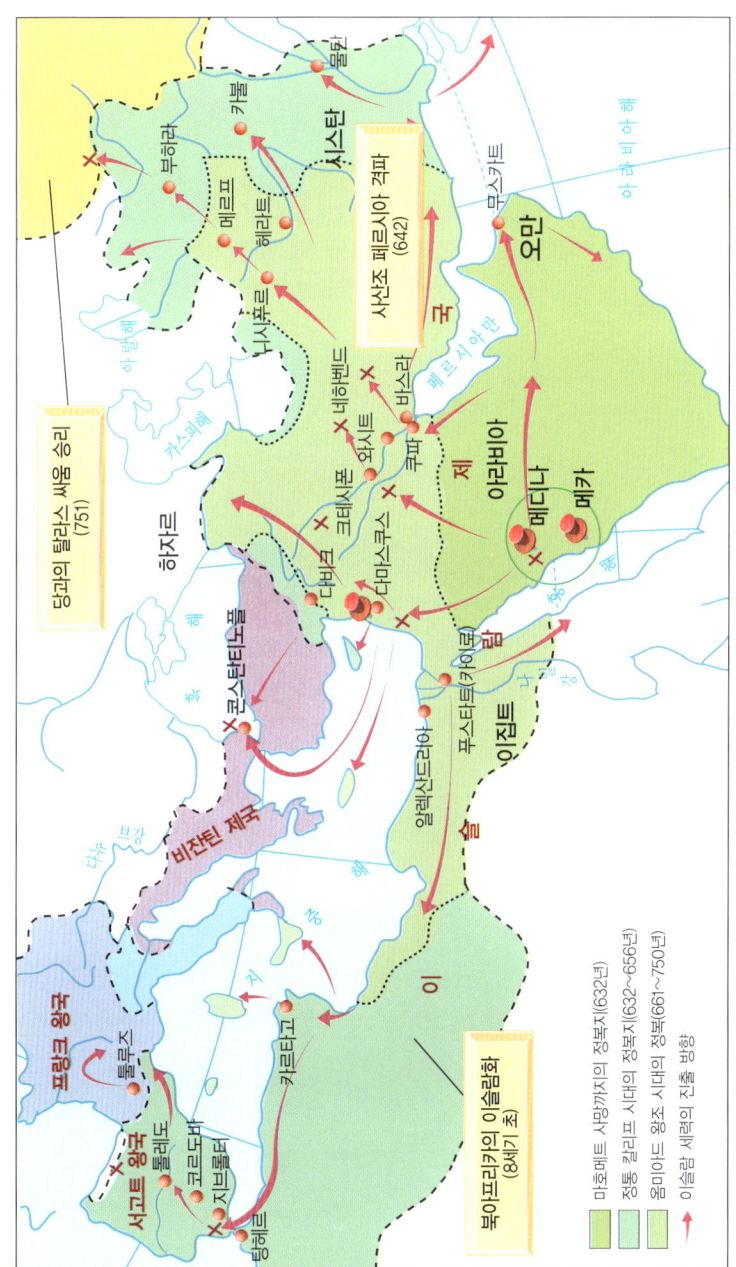

1장 _종교의 탄생 49

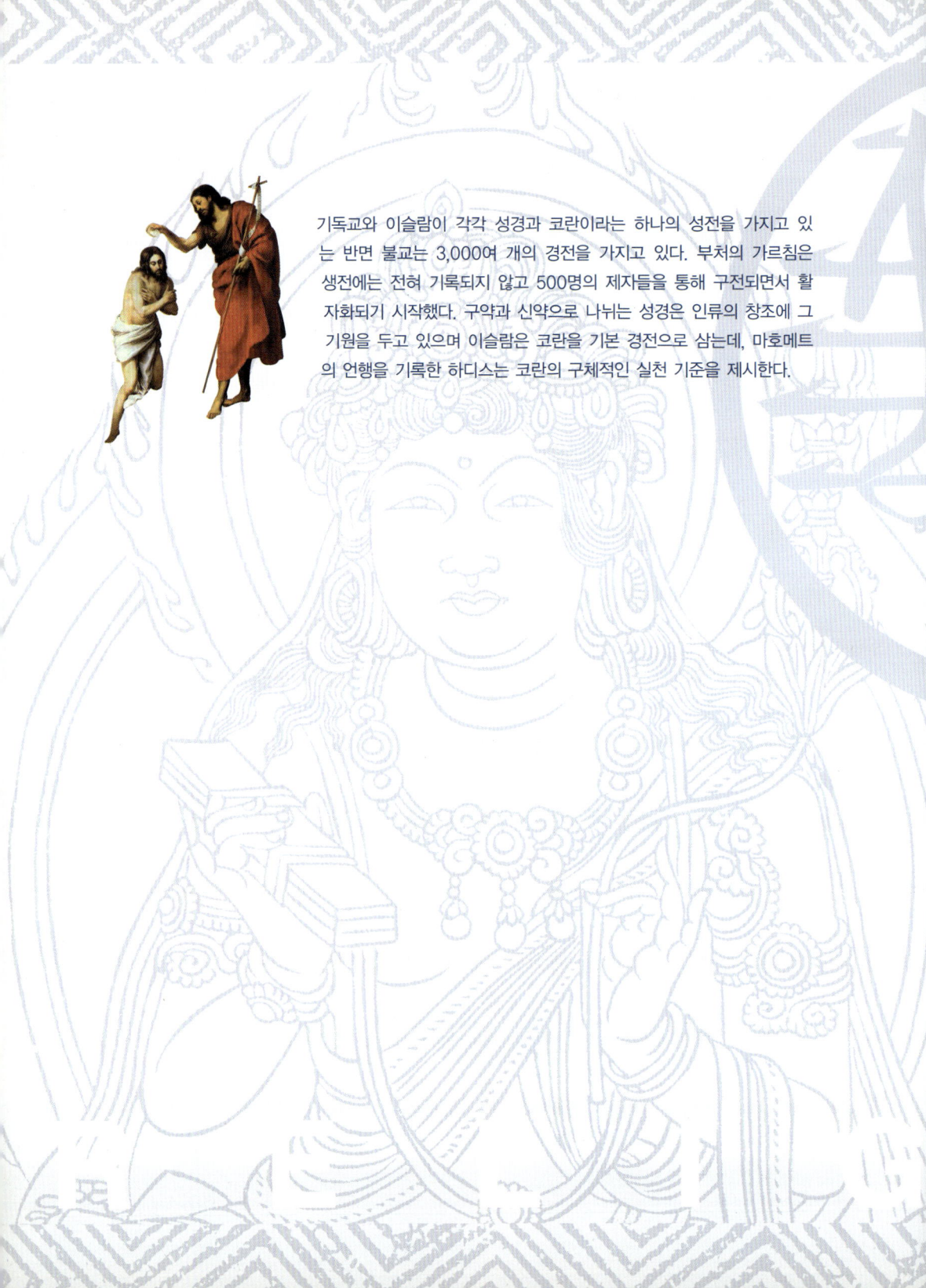

기독교와 이슬람이 각각 성경과 코란이라는 하나의 성전을 가지고 있는 반면 불교는 3,000여 개의 경전을 가지고 있다. 부처의 가르침은 생전에는 전혀 기록되지 않고 500명의 제자들을 통해 구전되면서 활자화되기 시작했다. 구약과 신약으로 나뉘는 성경은 인류의 창조에 그 기원을 두고 있으며 이슬람은 코란을 기본 경전으로 삼는데, 마호메트의 언행을 기록한 하디스는 코란의 구체적인 실천 기준을 제시한다.

2
불교 경전, 성경, 코란의 요지

성전, 경전에는 본래 무엇이 실려 있는가?

불교 경전, 성경, 코란의 요지

01 다양한 불교 경전의 세계

불교 경전은 왜 3000개 이상이나 있는가?

영산회상도

법화경法華經의 변상을 압축, 묘사한 것으로 대웅전의 석가후불화로 봉안되거나 영산회상도를 봉안하기 위하여 특별히 지은 영산전의 후불화로 모셔진다. 따라서 석가후불화와 영산회상도는 따로 구분할 수 없고, 다만 영산회상도가 석가후불화보다 좀 더 그 내용이 풍부하고 설명적으로 묘사한 경우가 보통이다. 대웅전 후불화의 구도는 삼존불 형식(三尊佛形式 : 중앙에 석가불, 왼쪽에 약사불, 오른쪽에 아미타불을 봉안한 형식)과 독존불 형식이 있다.

기독교에는 성경, 이슬람교에는 코란 이렇게 두 종교에 성전은 하나밖에 없다. 기독교의 경우 개신교와 가톨릭 등 종파가 나뉘어 있어도 동일한 성경을 하나의 성전으로 하고 있다. 그런데 불교는 지금까지 전해지고 있는 불전이 무려 3000개 이상이나 있다. 중국에서는 4~5세기에 걸쳐 불전의 번역 사업이 이루어졌는데, 당시만 해도 이미 3000개 이상 있었던 것으로 알려진다. 장례식 등에서 들을 수 있는 '반야심경'이나 '법화경'은 그 중 하나인데, 이렇게 많은 불전으로 나뉜 것은 부처의 가르침이 전부 8만 4천 개나 있기 때문이라고 한다.

생전의 부처는 자신의 가르침을 제자들에게 들려주었는데, 상대의 이해력에 따라 화법이나 단어를 바꿨다. 그로 인해 부처의 가르침은 방대한 양으로 늘어나게 되었고 그가 죽은 뒤 가르침을 연구하던 제자들 사이에 그 해석을 둘러싼 대립이 일어나게 되었다. 이 같은 교의를 둘러싼 해석의 차이가 이후의 상좌 불교(남전 불교)와 대승 불교(북전 불교)의 분파를 가져왔고 불전은 더욱더 늘어나게 된다.

이후 동남아시아에 전파된 상좌 불교에서는 부처의 말이 원본에 가까운 형태로 전승되어 온 불전이 중시되고, 이를 근거로 부처처럼 출가하여 욕망을 절제한 생활을 실천하고 부처의 경지에 가까워지는 것을 이상적으로 보게 되었다.

한편 대승 불교에서는 출가한 자신만이 구원을 받는다는 것은 편협한 생각으로 '좁은 마차'라고 비판했다. 출가 여부에 관계없이 널리 대중을 구원하고자 한 부처의 생각에 따라 깨달음을 구하는 것이 중요하다고 생각했다. 이런 입장에서 부처의 가르침을 해석하고자 기원 전후부터 10세기 경까지 '반야심경', '화엄경', '아미타경' 등의 대승경전이 만들어졌다. 그러니까 대승경전은 후세의 불자의 체험을 통한 부처의 사상과 설법에 관한 것이다. 이렇게 새로운 불전이 만들어졌기 때문에 불교의 불전이 점점 늘어나게 된 것이다.

이외에도 두 개의 분파와는 별도로 대일여래가 전한 가르침을 성전으로 하는 **밀교**에서도 '대일경', '금강정경'과 같은 불전이 편찬되었다.

하지만 불전이 다르다 해도 불교의 근본적인 가르침이 바뀌는 것은 아니다. '모든 것은 변하고 실체가 없기 때문에 그것에 집착하지 않고 살아가자'는 가르침은 모든 불전에 살아 있다.

밀교

불교를 구분하는 가장 큰 틀은 현교顯敎와 밀교密敎이다. 현교란 일반적으로 말하고 있는 불교의 대부분을 말하며 밀교란 비밀 불교密佛敎 또는 밀의密儀 불교의 약칭이다. 흔히 밀교하면 탄트라(힌두교, 불교 등의 종파에서 하는 일의적 수행법 또는 경전, 섹스, 주문呪文 등을 연상하고 인도에서 불교가 망하다시피까지 된 주 원인으로 지목받기도 하는데 그것은 밀교 말기에 힌두교의 탄트라(tantra) 신앙과 결합되어 나타난 좌도 밀교左道密敎를 일컫는 것이다. 정통 밀교는 대승 불교의 대를 이어 7세기 경에 성립되었으며 소의경전으로는 대일경大日經과 금강정경金剛頂經을 기본으로 하는데 주불主佛은 비로자나이다.

구전으로 시작된 불전

부처의 말은 생전에 문자로는 일체 기록되지 않았다. 부처는 자신의 생각을 문자로 남기는 대신 제자들에게 이야기로 들려주었다. 요즘의 강연이나 강의와 같은 것으로 제자들은 그 가르침을 암기하고 자신들의 마음속에 기록해 두었다. 제자들이 진실로 깨달음을 얻은 것은 부처가 숨을 거두고 나서인데 자신들의 기억이 애매해지면 앞으로 부처의 가르침이 잘못 전해질 우려가 있다는 것을 인지한 것이다. 제자 마하가샤파는 부처가 죽고 100년 후 올바른 가르침과 계율이 언제까지나 지켜지도록 집회를 열었다.

이때 약 500명의 제자들에게 전해진 부처의 가르침이 신도들의 기억을 바탕으로 재확인되었고 현재의 불전은 이때의 제자들의 기억을 기록한 것이 기초가 되고 있다. 하지만 이때도 문자로 기록된 것이 아니라 출석자들이 암기하고 그것을 신도들에게 전하는 방법을 취했다. 부처의 가르침은 제자들이 몸으로 지키고 전해 가는 것을 당연하게 여겼으므로 그 후에도 승려에서 승려로, 승려에서 신도로 구전을 통해 전해졌다.

불전이 처음으로 문자화된 것은 그 뒤로도 200년이 지난 기원전 1세기경으로 스리랑카의 알비라에 승려와 신도가 모이기 시작한 시기이다. 인도 이외의 국가에서도 제자와 신도가 늘어났고 가르침을 공유하기 위해서 불전으로 정리할 필요성이 대두되었기 때문이다. 이때 편찬된 불전류를 '원시불전', 또는 '아함경'이라고 하는데 '아함경'이란 그런 이름의 불전이 있었던 것이 아니라 수많은 불전

☀ 수타니파타

사품蛇品(뱀의 章)·소품 小品(작은 장)·대품大品(큰 장)·의품義品(여덟 편의 시의 장)·피안도품彼岸道品의 5장으로 이루어져 있다. 사품은 12경으로 되어 있으며 제경에 "비구는 뱀이 허물을 벗듯이 이 세상도 저 세상도 다 버린다"는 구절이 되풀이되고 있어 사경이라고도 불린다. 소품은 비교적 짧은 경 14개로 되어 있고, 대품은 상당히 긴 경 12개로 되어 있다. 의품은 8게품八偈品이라고도 하는데 이는 여덟 편의 시로 이루어진 경이 많기 때문이다. 피안도품은 전체적으로 통일성을 지니고 있는데 16명의 학생들이 순서대로 석가에게 물으면 이에 답하는 형식으로 되어 있다.

을 총칭한 것이다. 그중에서도 잘 알려져 있는 것이 '법구경(담마파사)'과 '경집(수타니파타)'이다.

법구경은 자기, 분도, 애집 등 26개의 구체적인 테마로 나뉘고, 423의 시구로 이루어져 있어 불교의 가르침을 알기 쉽게 기술하고 있다.

수타니파타는 원시 불교의 경전 중 가장 오래된 것으로 팔리어語로 기록된 남방 상좌부上座部의 경장經藏에 수록되어 있는 경전이다. 한역해서 경집經集이라고도 하며 하나의 시집인데 산문도 조금 포함되어 있다. 또한 부처와 제자의 대화로 이루어진 1149개의 가르침이 적혀 있어 부처가 직접 전한 말에 가장 가까운 것으로 알려져 있다.

'반야심경'에는 어떤 가르침이 담겨 있는가?

손오공이 활약하는 '서유기'에는 많은 마물이 등장하는데 그 마물을 격퇴하는 수단이 된 것이 반야심경이다. 위험에 직면한 삼장법사는 여러 가지 경을 시도해 보지만 전혀 효과가 없었다. 그런데 반야심경을 외치자 마물은 일순간 흩어지게 된다. 반야심경은 옛날부터 부적으로 쓰이는 경으로 믿어져 왔으며 26 문자 안에 대승 불교의 정수가 응집되어 있다. 장례식이나 법요에

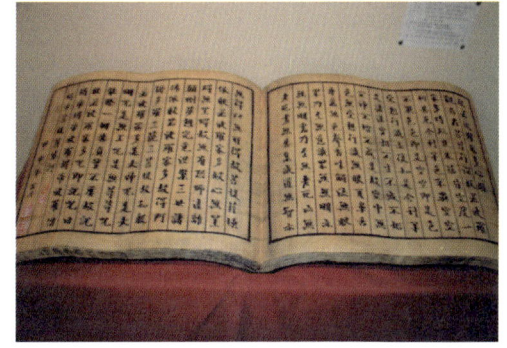
반야심경

서 '마하반야바라밀다심경'으로 시작되는 불경을 들어 본 것을 상기해 보면 잘 알 수 있을 것이다.

그런데 가장 널리 알려져 있는 이 불경은 중국어로 번역되어진 것이 그대로 전해졌을 뿐만 아니라 중국어로 그대로 읽혀지고 있어 그 의미를 확실히 알 수 없다. 도대체 어떤 것이 적혀져 있는 것일까?

이 불경은 관음보살이 주인공으로 **부처의 10대 제자** 중 하나인 샤리프트라(사리불)에게 가르치고 있는 구성으로 이루어져 있다. 덧붙여 보살이란 깨달음을 얻을 능력이 있음에도 불구하고 오히려 한 발 뒤에 머물러 대중 안에서 대중을 구원으로 이끄는 존재이다.

'반야심경般若心經'의 내용은 다음과 같다.

부처의 10대 제자
① 사리불(舍利弗, riputra)
② 목건련(目建連, Maudgalyayna)
③ 가섭(迦葉, Kyapa)
④ 수보리(須菩提, Subhti)
⑤ 부루나(富樓那, Prna)
⑥ 가전연(迦延, Ktyyana)
⑦ 아나율(阿那律, Aniruddha)
⑧ 우바리(優波離, Upli)
⑨ 라훌라(羅羅, Rhula)
⑩ 아난(阿難, nanda)

　　마하반야바라밀다심경 摩訶般若波羅蜜多心經
　　관자재보살觀自在菩薩 행심반야바라밀다시行深般若波羅密多時
　　(세상의 모든 것들이 생겨나고 없어지는 이유를 불법에 의지하여 자유자재로 보고 행하려는 사람이 크나 큰 지혜를 얻고자 할 때)

　　조견오온개공 照見五蘊皆空
　　도일체고액 度一切苦厄
　　(자신의 눈으로 사물을 보고 귀로 온갖 소리를 들으며 코로 모든 냄새를 맡고 혀로 온갖 음식의 맛을 보며 뜻으로 생각하고 몸으로 부딪히게 되는 모든 것들로부터 보고 느껴 생각하게 되지만, 이 몸의 다섯 가지 기관들은 모든 것들의 참된 모습을

볼 수 없다는 것을 깨달아야만 크나 큰 지혜를 얻게 되어 모든 것들의 참된 모습을 볼 수 있고 태어나고 늙어 가며 병들어 죽게 되는 것과 몸으로 받게 되는 온갖 괴로움과 불행으로부터 벗어날 수 있느니라.)

사리자 舍利子

(이 몸의 다섯 가지 기관들은 모든 것들의 참된 모습을 볼 수 없다는 것을 알고 그것들로부터 벗어나서 크나 큰 지혜를 얻고자 하는 사람아!)

색불이공 色不異空

(눈에 보이는 모든 사물의 참된 모습은 있는 듯하지만 그 실체는 없는 것이며)

공불이색 空不異色

(모든 사물의 실체가 없다고 하지만 모습으로 눈에 보여 그것으로 판단하게 되니)

색즉시공 色卽是空

(그 모습은 실체가 없어서 눈으로 볼 수 없는 것이면서도)

공즉시색 空卽是色

(볼 수 없는 것이 또한 눈에 보이는 온갖 것들이니라.)

수상행식 受想行識
역부여시 亦復如是

반야심경 내용 요약

관음보살은 명상을 통해 인간의 육체와 정신을 비롯해 세상의 모든 존재와 현상은 불멸하는 것이 아니라 항상 변화하고 있음을 확실히 깨달았다. 그 깨달음을 통해 모든 고통과 재해로부터 자유로울 수 있었다. 세상의 모든 존재와 현상은 실체가 없는 '공'이다. 모든 것은 '공'이며 실체가 없으므로 사는 것도 죽는 것도 아니다. 또한 늘어나는 것도 줄어드는 것도 아니다. 나아가 '공'의 입장에 서면 감각 기관도 인식 대상도 없고 괴로움도 없어진다. 관음보살은 이런 진리를 확실히 깨달았다. 그렇기 때문에 마음에 걸리는 것이 없어 공포를 느낄 일도 없고 영원히 평안의 경지에 이를 수 있다. 이 심원한 지혜 '반야바라밀다'는 더할 수 없는 진리이며 모든 괴로움을 없애는 진리의 말이다.

2장 _ 불교 경전, 성경, 코란의 요지

(이 몸이 태어나서 지금에 이르기까지 사물을 보고 생각하며 알게 되었고 또 이 몸이 어떻게 움직이는가를 잘 알고 살아왔다 생각하겠지만 그것들의 실체는 모습으로 보이지 않으면서도 모습으로 나의 눈에 보이게 되었느니라.)

사리자 舍利子

(이 몸의 다섯 가지 기관들은 모든 것들의 참된 모습을 볼 수 없다는 것을 알고 그것들로부터 벗어나서 크나 큰 지혜를 얻고자 하는 사람아!)

시是 제법공상 諸法空相

(모든 법의 참된 모습은 육신의 눈으로는 보이지 않으니 지혜를 얻기 전에는 볼 수 없고 설령 그 지혜를 얻었다고 하더라도)

불생불멸 不生不滅

(그 모습의 실체는 생겨나는 것도 아니고 없어지는 것도 아니니)

불구부정 不垢不淨

(더럽게 되어 보이는 것도 아니고 깨끗하게 되어 보이는 것도 아니니)

부증불감 不增不減

(지혜를 얻어 모습을 보게 되어도 늘어나는 것도 아니며 줄어드는 것도 아니라는 것을 알아야 하느니라.)

시고是故 공중무색 空中無色

무수상행식 無受想行識

(이렇게 모습이 없어서 볼 수가 없는 모든 것의 실체들은 사물을 보고 생각하는 이 몸의 다섯 가지 기관인 눈, 귀, 코, 혀, 생각들로는 모든 것들의 모습을 바르게 볼 수 없는 것이니)

무안이비설신의 無眼耳鼻舌身意

무색성향미촉법 無色聲香味觸法

(지혜를 보는 눈이 없으면 사물을 똑바로 볼 수 없고, 지혜의 귀가 없으면 모든 것들의 참된 소리를 들을 수 없으며, 지혜의 코가 없으면 모든 것들의 참된 냄새를 맡을 수 없고, 지혜의 혀가 없으면 모든 것들의 참된 맛을 볼 수가 없으니 지혜를 얻을 수 있는 마음을 깨닫지 못하면 몸으로 모든 것들의 실체를 부딪히게 되어도 올바르게 생각할 수가 없게 되느니라.)

무안계 無眼界 내지 乃至 무의식계 無意識界

(또 눈으로 볼 수 없는 세상과 생각으로 미칠 수 없는 세상에 이르면)

무무명 無無明
역무 亦無 무명진 無明盡

(어리석은 것도 소용이 없으며 지혜로움도 아무 소용이 없게 되나 이것들은 다 살아오면서 배운 온갖 지식들이 걸림이 되면서도 그것으로 인해 지혜를 얻게 하는 발판이 된다는 것이니)

내지무노사 乃至無老死 역무 亦無 노사진 老死盡

(크나 큰 지혜를 얻게 되면 늙어서 죽는 것도 아무 소용이 없고 늙어 죽음을 안다는 것조차 소용이 없게 되니)

무고집멸도 無苦集滅道 무지역무득 無智亦無得
이무소득고 以無所得故

(살아가는 동안 몸으로 받게 되는 고통을 없애는 길도 없고 지혜를 얻었다고 생각되어도 얻어지는 것이 없으며 얻어진다는 사실조차 없게 되는 것이니 태어나고 늙어 가며 병들어 죽게 되는 육신의 괴로움을 받게 되어도 빨리 이 크나 큰 지혜를 얻지 못하면 그 고통들을 없애지 못하는 것이니라.)

보리살타菩提薩陀 의반야바라밀다依般若波羅密多 고故

(그러나 굳고 단단한 마음의 깨달음을 가져야 눈에 보이면서도 볼 수 없는 모든 것들의 참된 모습을 볼 수 있는 크나 큰 지혜를 많이 펼칠 수가 있게 되니, 그렇게 되어야만 비로소 가장 깊은 깨달음을 얻을 수 있느니라.)

심무가애心無罣碍

(이 크나 큰 지혜를 많이 펼칠 수 있도록 이 몸을 부지런히 닦아 나가야만 세상의 모든 것들이 마음에 걸리지 않게 되고)

무가애고無罣碍故

(마음에 걸리지 않게 되어야만 지혜로 보게 되어 모든 것들이 존재하게 되며)

무유공포無有恐怖 원리전도몽상遠離顚倒夢想

구경열반究竟涅槃

(모든 것들의 참된 모습이 있고 없다 생각하던 사물의 실체를 보게 되고 몸으로 느끼게 되는 두려움과 그릇된 생각으로부터 벗어나게 되어 마침내 열반에 들게 되나니)

삼세제불三世諸佛 의반야바라밀다 고依般若波羅密多 故

득아뇩得阿耨 다라삼多羅三 막보리藐菩提

(과거와 현재와 미래의 모든 부처님들도 세상의 모든 것을 볼 수 있는 이 크나 큰 지혜를 얻고 행하게 되어, 태어나고 늙어가며 병들어 죽는 모든 괴로움으로부터 벗어나 가장 깊은 깨달음을 얻었느니라.)

고지반야故知般若

바라밀다波羅密多

(그러므로 이 크나 큰 지혜를 얻어 펼치고자 하면 이 주문을 알아야 하나니)

시대신주 是大神呪

(이 주문이 지니고 있는 힘이 너무 커서 하늘과 땅의 모든 신들이 늘 외우는 주문이며)

시대명주 是大明呪

(지혜를 얻게 해 주는 것이니 이것보다 더 밝을 것이 없는 주문이며)

시무상주 是無上呪

(지혜를 얻은 후에는 이것보다 더 높을 것이 없게 되는 주문이며)

시무등등주 是無等等呪

(이와 똑같은 주문은 그 어디에도 없는 주문이니)

능제일체고 能除一切苦
진실불허 眞實不虛

(늘 외우게 되면 모든 괴로움을 없애 주고 또 진실하여 그 공덕이 없어지지 않는 것이니)

고설 故說 반야바라밀다주 般若波羅密多呪
즉설주왈 卽說呪曰

(이제 크나 큰 지혜를 많이 펼칠 수 있는 주문을 말하리라.)

아제 揭諦 아제 揭諦 바라아제 波羅揭諦 바라승아제 波羅僧揭諦
모지사바하 菩提娑婆訶

(높고 또 높아 더 이상 펼칠 것이 없는 지혜를 얻어 행하며 살아가는 사람이 되도록 크나 큰 지혜의 깨달음을 얻게 되기를 바라나이다.)

본래 불교에서는 인생의 괴로움으로부터 구원받기 위해서는 번뇌를 인식해야 하는 것이 우선이다. 그리고 그것을 초월하기 위한 수행이 중요하다. 반야심경에서는 여기에서 한 발 더 나아가 모든 것이 '공'이라는 입장에 서면 집착과 번뇌를 끊기 위한 길조차도 사라져 버리고 만다고 한다. 즉, 번뇌를 초월하지 않으면 안 된다고 하는 것도 엄밀하게는 집착에 해당하며, 진정한 의미에서 모든 집착에서 멀어지는 한 단계 차원 높은 '공'의 경지를 이야기하고 있다.

02 구약, 신약의 두 개로 이루어진 기독교의 성경

불교 경전, 성경, 코란의 요지

인류 역사상 최고의 베스트셀러라고 하는 성경은 누가 언제 쓴 것인가?

먼저 구약 성경부터 살펴보자. 성경은 구약 성경과 신약 성경의 2부로 구성되어 있다. 이 중 먼저 형성된 구약 성경은 아담과 이브, 바벨탑, 노아의 방주 등 귀에 익숙한 '창세기'를 비롯해 역사서, 예언서, 시편 등 39권으로 구성되어 있다.

가장 오래된 기술은 기원전 1100년경의 것이고 가장 근래의 것은 기원전 150년경이다. 구약 성경은 1000년 이상의 오랜 세월을 거쳐 완성된 것으로 오래된 만큼 그 작자에 관해서는 거의 확실하지가 않다. 천지창조로 시작되는 5서(창세기, 출애굽기, 레위기, 민수기, 신명기)는 일설에 따르면 모세가 기술

성경은 어떻게 성립되었는가?

구약 시대의 이스라엘 지도

했다고도 하는데, 모세의 죽음에 관한 기술이 있는 점으로 미루어 보아 모세 본인이 모든 것을 기술한 것이 아님이 분명하다.

이 밖에도 '사무엘서'는 예언자 사무엘이 '열왕기서'는 바빌론 포로 시대의 대예언자 예레미아가, '잠언', '전도서', '아가서'는 이스라엘의 지혜로운 왕 솔로몬이 기록한 것으로 되어 있다. 하지만 모두 전승에 의한 것일 뿐 진위 여부는 확실하지 않다. 구약 성경 중의 많은 부분이 기원전 597년의 바빌론 포로 시대 이후에 성립된 것이라고 한다. **바빌론 포로 시대**란 유대인의 귀족, 유력자 등이 신바빌로니아군에 잡혀서 바빌론으로 강제 이주된 사건을 말하는데, 이러한 민족 존망의 위기가 신앙과 정체성에 관한 의식을 고양시켜 많은 문서들을 작성하게 했음은 상상하기 어려운 일이 아니다. 이어서 신약 성경에 대해 살펴보자.

바빌론 포로 시대의 경로

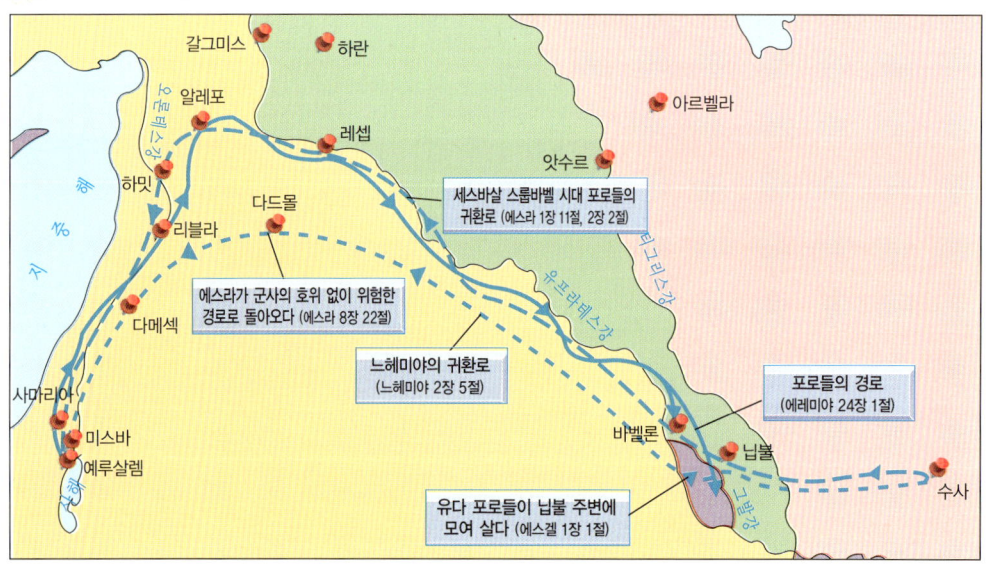

신약 성경은 예수의 생애와 그가 남긴 말들을 전하는 '복음서', 예수의 제자들의 활동을 엮은 '사도행전', 바울을 비롯한 제자들이 각 교회에 보낸 '편지', 아마겟돈으로 알려진 '요한계시록' 등 모두 27권으로 이루어져 있다. 이 가운데 신약 성경의 중심을 이루는 것은 마태, 마가, 누가, 요한에 의한 4개의 복음서이다.

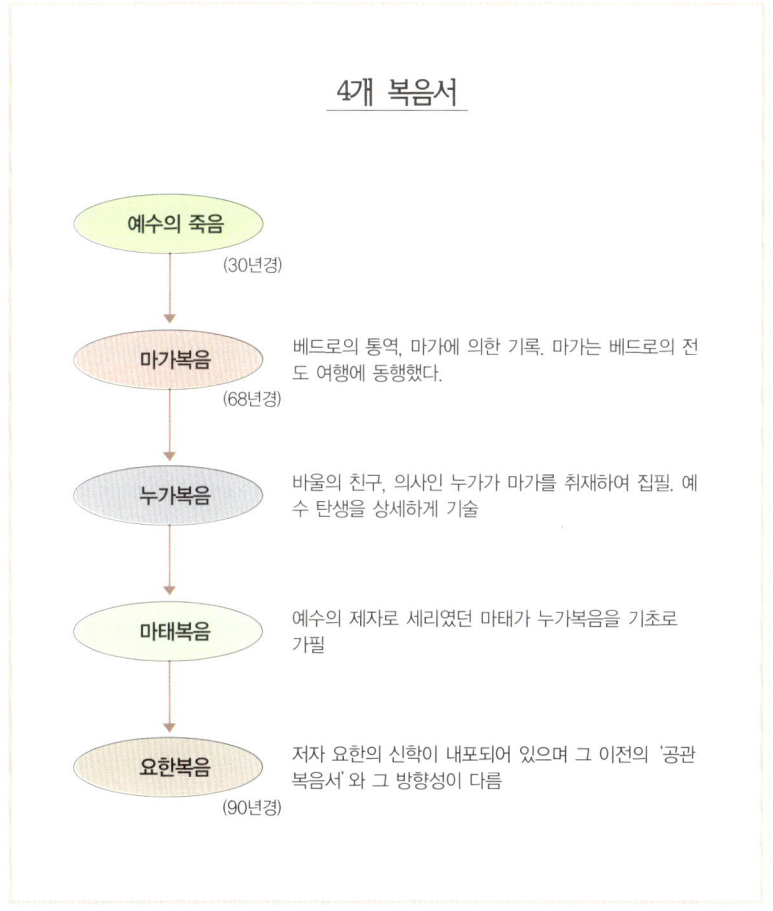

그중에서도 '마가복음'은 가장 빠른 기원 68년경에 쓰여진 것으로, 그 후 '마태복음', '누가복음'도 이를 근거로 기록되었다. 또한 저자인 마가는 베드로(예수의 열두 제자 중 한 사람)의 통역을 담당했던 인물이며 마태는 예수의 제자로 세리였다. 누가는 바울(예수를 핍박하다 예수가 죽은 뒤 그를 메시아로 인정하며 일생을 선교에 주력한 사도)의 친구이며, 의사였던 인물로 알려져 있다. 마지막으로 '요한복음'은 예수가 가장 사랑했던 제자, 사도 요한에 의해 기원 90년대에 기술된 것으로 알려져 있다. 이 요한을 '요한계시록'의 기자記者(성경에서 말하는 기자란 기록하는 사람이란 뜻으로 선지자들도 해당된다)와 동일한 인물로 보는 견해도 있지만, 다른 사람으로 보는 경우가 더 많다. 왜냐하면 천변지이天變地異나 수수께끼 같은 암호가 산재한 요한계시록과 요한복음과는 그 성향이 전혀 다르기 때문이다.

마태, 마가, 누가복음서는 구조와 내용, 문체, 단어가 일치하는 경우가 많아 공관복음이라고 한다. 요한복음은 공관복음과 장소와 시간, 언어상의 용법, 관점, 전체 구조 면에서 많은 차이점을 보이고 있다. 시간상으로 공관복음은 한 번의 유월절만을 언급하여 예수님의 공생애公生涯 기간이 1년인 것 같은 인상을 주는 데 반해, 요한복음은 네 번[2:13, 5:1, 6:4, 13:1] 언급하여 공생애 기간이 3년 이상이었음을 암시해 주고 있다. 공관복음에서 특징적인 표현 형식은 비유인데 교훈적인 진술을 가미한 짧고 생생한 구절들과 쉽게 기억될 수 있는 간단한 사건들이 많이 담겨 있다. 반면에 요한복음에 기록된 예수님의 교훈은 긴 강론 형식으로 되어 있다.

인류 창조에서부터 역사를 전하는 구약 성경

'구약'이라는 말을 들으면 낡고 딱딱한 내용을 떠올릴지 모르지만 사실은 그렇지 않다. 구약 성경에는 아담과 이브의 낙원, 노아의 방주, 모세의 십계 등 친숙한 인간 드라마가 다수 등장하여 읽기에 상당히 재미있는 내용이다. 여기서는 구약 성경의 구성과 내용을 소개하고자 한다.

구약 성경은 앞에서 언급한 것처럼 39권으로 구성되며 내용에 따라 '오서', '역사서', '시와 지혜 문학', '예언서'의 4파트로 크게 분류된다. 이 가운데 '창세기', '출애굽기', '레위기', '민수기', '신명기'로 이루어진 5서에는 이 세상이 창조되는 순간부터 이스라엘 민족이 고난의 여행길에 오를 때까지의 과정이 적혀 있다. 또한 신의 계율(율법)이 많이 기재되어 있는 것도 5서의 특징이다.

구약 성경의 스토리

천지창조	신이 하늘과 땅을 창조한다.
아담과 이브의 창조	신은 인간의 남성 아담과 여성 이브를 만들었다.
낙원 추방	아담과 이브가 낙원에서 추방당해 지상의 인류가 증가했다.
노아의 방주	노아의 일족 이외의 인류는 멸망한다.
이스라엘 민족의 탄생	노아의 자손들이 이스라엘 민족이 된다.
모세의 십계	모세가 이집트 민족을 이끌고 이집트를 탈출하여 신으로부터 십계를 받는다.
이스라엘 왕국	예언자의 시대에서 왕이 지배하는 시대가 된다.

5서 중 창세기에는 천지창조, 아담과 이브, 카인과 아벨, 바벨탑, 노아의 방주 등 사람들에게 잘 알려진 이야기들이 실려 있다. 이어지는 출애굽기, 민수기, 신명기에서는 모세의 인도로 이집트를 탈출한 이스라엘 민족이 수많은 난관을 극복하고 약속의 땅(현재의 이스라엘, 팔레스티나)에 이를 때까지의 과정을 그리고 있다. 그 유명한 '모세의 십계'가 나오는 것도 출애굽기이다. 나머지 레위기는 제사장직(창조주와 인간의 중간자)에 관한 규정을 모은 것이다.

다음으로 2파트인 역사서에 관해 소개하고자 한다. 역사서는 약속의 땅에 도착한 이스라엘 민족의 역사를 기록한 것으로 '여호수아', '열왕기서', '역대서', '룻기', '에스라', '느헤미야', '에스더'가 이에 해당한다. 이 가운데 여호수아부터 느헤미야까지는, 모세의 후계자로 약속의 땅에 들어간 여호수아의 생애부터 유대인이 바빌론에 포로로 끌려가 귀환할 때까지의 이스라엘 역사를 연대순으로 기록한 것이다. 실제 사건이나 인물들도 많이 등장해 역사서로도 즐길 수 있다. 하프 연주가 능숙했던 양치기 소년 다윗이 거인 골리앗을 쓰러뜨리고 이스라엘 통일 왕국의 왕이 되는 이야기나 그 아들 솔로몬이 '통곡의 벽'으로 알려진 신전을 건설한 이야기 등은 '열왕기서'에 실려 있다. 나머지 '에스더'는 목숨을 걸고 이스라엘 민족을 구한 왕비 에스더를 주인공으로 한 이야기다.

3파트인 시와 지혜 문학으로 옮겨가 보자. '욥기', '시편', '잠언', '전도서', '아가'의 5권으로 이루어진 이 부분은 전체가 시의 형태로 적혀져 있고 인간에게 인생에 관한 조언이나 지혜를 주는

욥의 탄식
(푸케의 1452~60년 작)
이제는 내 마음이 내 속에서 녹으니 환난 날이 나를 잡음이라. 밤이 되면 내 뼈가 쑤시니 나의 몸에 아픔이 쉬지 아니하는구나. 하느님의 큰 능력으로 하여 옷이 추하여져서 옷깃처럼 내 몸에 붙었구나. 하느님이 나를 진흙 가운데로 던지셨고 나로 티끌과 재 같게 하셨구나[욥기 30장 16절 ~ 19절].

내용으로 이루어져 있다. 특히 유명한 것은 올바르고 정의로운 백성 욥이 신이 준 시련으로 인해 계속되는 불행을 겪는 욥기이다. 주인공 욥의 "왜 신은 바르게 살아가는 자신을 괴롭게 만드는가?" 하는 탄식은 인생의 부조리에 대한 영원한 물음으로 마음에 깊이 다가온다.

마지막으로 4파트인 예언서이다. '이사야서', '예레미야서', '에스겔서', '다니엘서' 등 17개의 문서로 이루어진 예언서에는 예언자(신의 계시를 받아 백성에게 전하는 사람)가 전하는 신의 의지와 신과 인간 사이에 낀 예언자의 내면의 고뇌 등이 실려

이사야의 예언
- 이새의 줄기에서 한 싹이 나며 그 뿌리에서 한 가지가 나서 결실할 것이요[11장 1절].
- 보라 처녀가 잉태하여 아들을 낳을 것이요. 그 이름을 임마누엘이라 하리라[7장 14절].
- 그가 찔림은 우리의 허물을 인함이요. 그가 상함은 우리의 죄악을 인함이라. 그가 징계를 받음으로 우리가 평화를 누리고 그가 채찍에 맞음으로 우리가 나음을 입었도다[53장 5절].

인간 사이에 낀 예언자의 내면의 고뇌 등이 실려 있다. 수많은 예언자들 중에서 특히 유명한 것은 이사야의 예언으로 예수 출현과 처녀 마리아가 예수를 출산하는 일, 그리스도가 죄 없는 몸으로 처형당하는 일 등이 확실히 적혀 있다.

예수와 제자들에 관해 전하는 신약 성경

신약 성경은 기원 50~150년경에 완성된 기독교의 독자적인 성전으로 크게 '복음서', '역사서', '서간', '예언서'의 4파트로 나뉜다. 우선 복음서부터 살펴보기로 하자. '마태복음', '마가복음', '누가복음', '요한복음'의 4권으로 이루어진 복음서는 예수의 생애와 그 가르침을 엮은 것이다. '복음'이란 '기쁜 소식'을 뜻하며 사람들이 1000년 이상을 기다려온 구세주가 마침내 오셨다는 것을 가리킨다.

4개 복음서 중 가장 이른 시기에 성립된 마태복음과 마가, 누가복음서는 역사적인 순서로 이야기를 엮어 나가는 비슷한 구조를 이루고 있는 반면(이 3개 복음서를 공관복음이라고 함) 요한복음은 좀 더 신학적 측면에서 예수를 설명하고 있으며 예수의 가르침이 관념화되는 경향을 비판하고 있는 점에서 다른 복음서와 다르다.

역사서에 포함되는 것은 '사도행전' 1권뿐으로 그 안에는 예수가 죽은 후 제자들의 활동을 비롯해 박해받는 모습, 교회의 분열 등 초기의 기독교회를 둘러싼 다양한 갈등이 그려져 있다. 저자는 복음서의 기자이기도 한 누가이다.

신약 성경의 성립

신약 성경 전27권

복음서
예수의 전기인
마태 복음, 마가 복음,
누가 복음, 요한 복음
총 4권

신도 언행록
제자들의 활동 기록으로
누가의 저서에 의한
단 1권

서간집
신앙이나 생활에 대해
바울 등의 신도들이
기록한 것

계시의 책
이 세상의 마지막에 대한
예언으로 요한계시록
단 1권

이 사도행전 가운데 특히 유명한 바울의 회심에 관한 이야기를 소개하겠다. 열렬한 유대교도로서 기독교를 탄압하고 있던 바울이 어느 날 신도들을 탄압하기 위해 길을 가던 도중이다. 갑자기 하늘에서 강한 빛이 비추고 "어찌하여 나를 핍박하는가"라는 신비한 음성이 들려온다. "당신은 누구십니까?" 하고 묻는 바울에게 음성은 "나는 네가 핍박하고 있는 예수다"라고 답한다. 그와 동시에 바울은 시력을 잃고 앞을 볼 수 없게 된다.

그리고 3일 후 예수의 계시를 받은 아나니아라는 인물이 바울의 집을 방문한다. 아나니아가 바울에게 손을 올리고 기도하자 바울의 눈에서 비늘 같은 것이 벗겨지고 다시 눈이 보이게 된다. 이 사건에서 우리가 잘 아는 '눈에서 비늘이 떨어진다'고 하는 관용 표현이

유래된 것이다. 바울은 이 날을 시작으로 기독교의 위대한 전도자로 변신하게 된다.

다음으로 '서간'에 관해 소개하고자 한다. 신약 성경에는 '로마서', '고린도서', '야고보서', '베드로서' 등 21개의 편지가 들어 있다. 신도들이 어떻게 신앙을 가져야 하며 어떻게 생활을 해야 하는지에 관해 전도 중에 있는 사도들이 쓴 질타와 격려의 내용이 주를 이루고 있다. 또한 이들 중 13통의 편지는 바울이 쓴 것으로 그의 생애를 아는 데 중요한 역사적 자료라고 할 수 있다.

마지막으로 '예언서'이다. 신약 성경에 수록되어 있는 예언서는 '요한계시록' 단 하나이다. 천변지이와 인류의 멸망 위기, 최후의 심판 등의 모습이 그려져 있다. 노스트라다무스의 대예언이 요한계시록을 바탕으로 하고 있음은 말할 필요도 없을 것이다.

계시록의 일곱 교회의 위치

교회(성경 명칭)	현재 명칭	그리스도의 모습
에베소(2장 1~7절)	셀주크	오른손에 일곱 별을 붙잡고 일곱 금 촛대 사이를 다니는 이
서머나(2장 8~11절)	이즈미르	처음이요 나중이요 죽었다가 살아난 이
버가모(2장 12~17절)	베르가마	좌우에 날선 검을 가진 이
두아디라(2장 18~29절)	아키사르	눈이 불꽃같고 발이 빛난 주석과 같은 이
사데(3장 1~6절)	살리히리	일곱 영과 일곱 별을 가진 이
빌라델비아(3장 7~13절)	알라세히르	거룩하고 진실하사 다윗의 열쇠를 가진 이
라오디게아(3장 14~22절)	라오디케아	충성되고 참된 증인이요, 하느님의 창조의 근본인 이

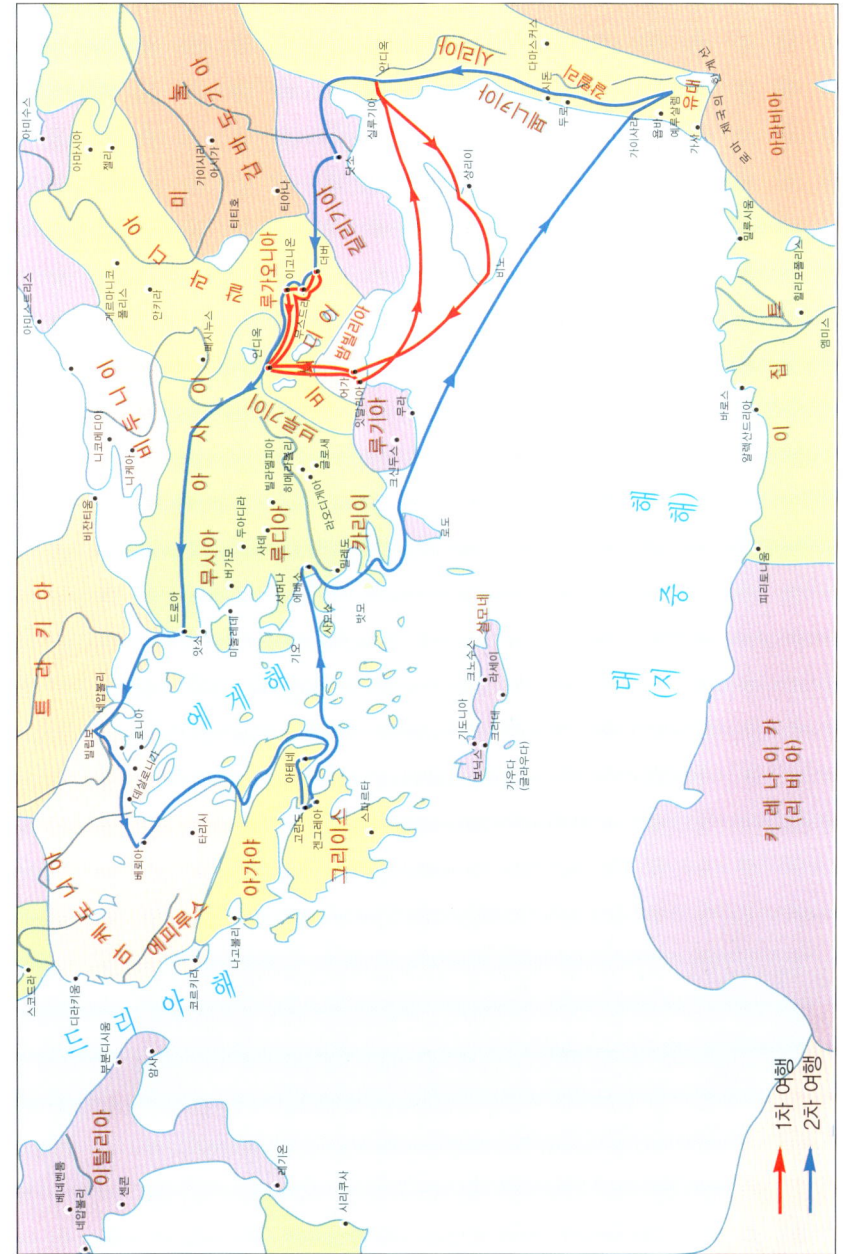

2장 _불교 경전, 성경, 코란의 요지

예수의 가르침을 전하는 4대 복음서

신약 성경의 전반에 수록되어 있는 복음서는 성경 안에서도 특히 중요한 부분으로 여겨지고 있다. 왜냐하면 역사서나 서간이 주로 사도의 활동을 기록한 것에 대해 복음서는 예수가 직접 가르친 것을 기록한 것이기 때문이다. 여기서는 4개 복음서의 특징을 각각 자세히 살펴보기로 하자.

먼저 마가복음은 앞에서 언급한 것처럼 68년경에 완성된 것으로 4개의 복음서 중에서도 가장 빨리 작성되었다. 이름에서도 알 수 있는 것처럼 기자는 베드로의 통역을 담당했던 마가이다. 베드로는 예수의 12제자 중 리더로 이후에 예수의 예언대로 세 번이나 예수를 부인하지만 깊이 회개하고 복음을 전하는 데 앞장섰으며 예수로부터 천국의 열쇠를 부여받았다. 바티칸의 시스틴 성당에 가면 미켈란젤로가 그린 대벽화, '최후의 심판'을 볼 수 있는데 이 그림 안에서 커다란 열쇠를 갖고 있는 인물이 바로 베드로이다. 바티칸 가톨릭의 총본산, 산 피에트로 사원은 베드로의 무덤 위에 세워졌다고 전해진다.

마가복음을 살펴보면, 이 복음서의 대부분은 베드로의 증언에 따라 기술되고 있다. 기자인 마가는 베드로 옆에서 이야기를 들을 기회가 많았을 것이다. 아울러 마가는 바울의 전도 여행에 동행했는데 가혹한 지중해 항해와 박해를 견디지 못해 도중에 돌아와 버리고 말았다고 한다. 그 뒤 두 번째 전도 여행에 동행하려고 했는데 바울에게 거부당했다고 한다.

신약 성경의 형성 과정

신약 성경의 형성 과정은 크게 나사렛 예수(BC 6~AD 30년), 공동체(대략 AD 30년에서 70년 사이), 저술(대략 70년에서 100년 사이)로 나눌 수 있는데 이는 다시 1. 예수의 설교와 삶 2. 예수의 죽음과 부활 3. 증거 4. 교회공동체 5. 저술의 다섯 단계로 세분된다. 먼저 1단계는 예수의 삶에 관한 것으로 진리를 전하고 기적을 행하는 일련의 활동을 말한다. 2단계는 십자가형을 당하고 사흘만에 부활한 이야기이고 3, 4단계는 예수 승천 후 제자들이 공동체의 생활을 하며 예수의 죽음과 부활에 대해 증거하는 것이다. 5단계는 교회 공동체의 신앙을 위해 저술 활동이 이뤄지게 된 것이다. 저서들의 편집은 대략 70년에서 100년 사이에 이뤄졌으며 4명의 신학자가 이미 형태를 갖춘 전승들을 모아서 예수에 대해 증언을 한 것이다.

신약 시대의 예루살렘

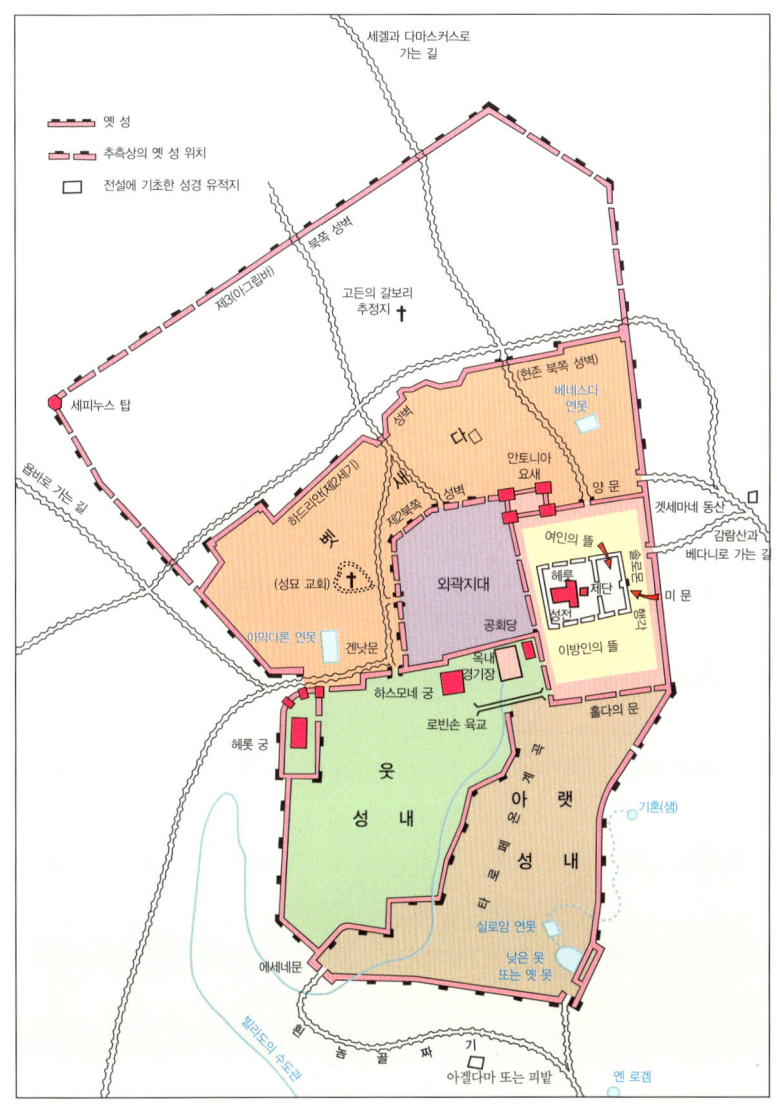

누가복음은 이미 기록된 마가복음을 바탕으로 기자였던 누가(바울의 친구로 의사이기도 함)가 추가 취재하여 완성한 것이다. 누가복음에는 예수의 탄생 상황이 자세히 기술되어 있는데 이 부분이 다른 복음서에서는 볼 수 없는 특징이다. 예수의 탄생을 축하하는 크리스마스에 언제나 이 복음서가 이용되는 이유도 여기에 있다.

마태복음은 누가복음을 기본으로 하여 더욱 자세한 내용을 추가하여 만들어진 것이다. 기자인 마태는 예수의 제자로 세리였다. 이 복음서의 5~7장에는 유명한 **산상수훈**이 수록되어 있다. **산상수훈**은 예수가 갈릴리호 근처의 언덕에서 제자들과 군중을 앞에 두고 한 설교를 말한다. "심령이 가난한 자는 복이 있나니 천국이 저희 것임이요", "누구든지 네 오른편 뺨을 치거든 왼편도 내어 주라" 등 간결하고 시와 같이 마음을 흔드는 성경의 하이라이트 같은 말들이 담겨 있다.

마지막으로 '요한복음'이다. 이 복음서는 기자인 요한이 신학자 입장에서 예수의 생애를 기록하

산상 수훈

심령이 가난한 자는 복이 있나니
천국이 저희 것임이요.
애통하는 자는 복이 있나니
저희가 위로를 받을 것임이요.
온유한 자는 복이 있나니
저희가 땅을 기업으로 받을 것임이요.
의에 주리고 목마른 자는 복이 있나니
저희가 배부를 것임이요.
긍휼히 여기는 자는 복이 있나니
저희가 긍휼히 여김을 받을 것임이요.
마음이 청결한 자는 복이 있나니
저희가 하느님을 볼 것임이요.
화평케 하는 자는 복이 있나니
저희가 하느님의 아들이라 일컬음을 받을 것임이요.
의를 위하여 핍박을 받는 자는 복이 있나니
천국이 저희 것임이라.
나를 인하여 너희를 욕하고 핍박하고 거짓으로 너희를 거스려 모든 악한
말을 할 때에는 너희에게 복이 있나니
기뻐하고 즐거워하라 하늘에서 너희의 상이 큼이라.

고 있다는 점에서 보고 들은 대로 기록한 공관복음서와는 다르다. 이를 확실히 알 수 있는 것은 이 복음서를 기술한 목적에 관해 "오직 이것을 기록함은 너희로 예수께서 하느님의 아들 그리스도이심을 믿게 하려 함이요. 또 너희로 믿고 그 이름을 힘입어 생명을 얻게 하려 함이니라[20장 31절]"라고 적혀 있는 부분이다. 요한복음이 이런 의도에 근거하여 기록되었다는 점에서 다른 복음서와는 다른 성격을 갖는 것이다.

03 이슬람교의 성전 '코란'이란 무엇인가?

불교 경전, 성경, 코란의 요지

코란의 특징과 내용

이슬람교의 성전은 '코란'이라 불린다. 정확한 발음은 '쿠르안'에 가깝고 **아랍어** 의미로는 '독송되어야 할 것'이다. 그러므로 신도는 묵독하는 것이 아니라 소리를 내어 읽어야 한다. 또한 '번역'을 해서도 안 되며 아랍어로 소리를 내어 읽지 않으면 코란을 읽었다고 할 수 없다. 물론 영어 번역도 있고 한국어 번역도 있지만 그것들은 '번역'이 아니라 '해설'일 뿐이라는 것이다.

신약 성경을 그리스도 자신이 쓰지 않은 것처럼 코란 역시 마호메트 자신이 기술한 것이 아니다. 코란은 불전이나 성경과 마찬가지로 시조의 사후에 편찬된 것이다. 코란의 내용은 모두 마호메트가 말한 것이라고 하며, 그것들은 그가 천사 가브리엘을 통해 신으로부터 받은 계시이다. 즉 '신 → 천사 가브리엘 → 마호메트'라고 하는 경로로 전해진 신의 말씀이다. 이 계시는 한 번에 주어진 것이 아니라 20년 이상에 걸쳐 마호메트에게 조금씩 전해졌다. 이를 신도들이 기록하여 그

아랍어

셈어족에 속하는 말로 고전 아랍어와 현대 문어체 아랍어로 분류되는데, 전자는 코란의 아랍어를 말하는 것으로 시대적 차이가 심하지 않기 때문에 현대문을 이해하는 사람이라면 고전 아랍어도 해독할 수 있다. 일상 생활에서 쓰이는 아랍어는 8세기 코란이 편찬된 이후, 1200년 동안 변해 왔지만 문어체는 그렇지 못하다. 코란과 함께 완성된 문어체 아랍어가 변할 경우 코란 해석에 오류가 생길 수 있다는 무슬림들의 생각 때문이다. 그래서 가정이나 거리에서 쓰는 구어체 아랍어(혹은 생활 아랍어)와 각급 학교에서 배우고 라디오나 텔레비전, 신문과 책을 쓰기 위한 아랍어를 문어체 아랍어라고 따로 지칭하기도 한다.

가 죽은 후에 문서로 정리한 것이다. 모두 114장으로 이루어져 있으며 최초의 장은 '개경장', 즉 '서문'과 같은 것이다. 이후는 내용에 관계없이 장의 길이가 긴 순으로 되어 있다. 따라서 전체를 읽지 않으면 이해하기 어려운 구성으로 되어 있다.

내용은 천지창조, 종말, 심판, 천국과 지옥, 예언자에 관한 것 등 종교로서의 교의와 예배법, 단식, 순례, 터부, 성전(지하드)에 관한 것 등 신도로서의 의무가 있다. 나아가 일상 생활에 대한 규칙이나 도덕에 관해서도 적혀 있다. 천지창조나 최후의 심판 등은 구약 성경과 같고, 그중에는 신약 성경의 영향을 받은 것으로 보이는 부분도 있다.

그렇다면 성경과 코란과는 어떤 관련이 있을까? 이슬람교에서는 구약 성경도 신약 성경도 모두 신의 말씀을 기록한 것으로 그 존재를 인정하고 있다. 모세나 예수도 마호메트와 마찬가지로 예언자로 인정하고 있으므로 당연하다고도 할 수 있다. 그러나 마호메트는 '최후의 예언자'이며 그 이전까지 신의 예언이라고 했던 것은 잘못된 것으로 최후의 예언을 기록한 코란이야말로 올바른 것이라고 한다.

코란

마호메트의 언행을 집대성한 하디스

코란이 헌법이라고 한다면 '하디스'는 법률이나 판례집에 해당되는 것으로, 마호메트가 생전에 이야기한 것, 행동한 것을 기술한 것이다. 하디스의 원래의 의미는 '말하다', '행하다'라고 하는 일반 단어이지만 오늘날에는 마호메트의 언행을 기록한 것이라는 고유 명사로 쓰인다. 코란에 적혀 있는 것은 마호메트를 통한 신의 계시이다.

정확성을 인정받고 있는 6가지 하디스

사 람	내 용
이맘 말리크 (메디나 학파 창시자)	무왓타라는 최초의 하디스를 편찬. 이성보다는 순전히 구전되는 그대로를 집대성. 메디나 학파는 주로 북부 아프리카와 이집트 북부에 분포
아부 하니파 (하나피 학파 창시자)	제자들이 편찬한 무스나드로 유명. 이 학파는 오늘날 파키스탄, 이라크, 인도, 터키 이집트에 분포
이맘 샤피(샤피 학파 창시자)	이맘 말리크의 제자. 최초로 하디스의 판정 기준의 원칙론을 기술. 이 학파는 남부 아라비아, 이집트, 인도네시아, 말레이시아, 인도, 파키스탄 일부 지역에 분포
이맘 아마드 이븐 한발(한발리 학파 창시자)	샤피 학파와 반대 입장 고수. 18세기 초 와하비파로 재편되어 중북부 아라비아에 분포
이맘 부카리	부카리 하디스는 97권으로 분류 • 계시, 신앙 및 지식에 관한 장 – 3권 • 세정, 예배, 희사, 순례 및 단식에 관한 장 – 30권 • 상거래, 고용 조건, 법적 문제에 관한 장 – 22권 • 지하드(Jihad)에 관한 장 – 3권 • 선지자의 생애, 이주(Hijrah)에 관한 장 – 4권 • 메디나에서의 선지자에 관한 장 – 1권 • 코란의 이해에 관한 장 – 2권 • 결혼, 이혼에 관한 장 – 3권 • 음식, 의복에 관한 장 – 27권 • 코란과 전승에 관한 장 – 1권 • 신의 유일성에 관한 장 – 1권
이맘 무슬림	부카리 다음으로 정확성과 권위를 가진 하디스 집대성

그러나 마호메트가 하루 24시간 내내 신의 계시를 받는 것은 아니었으므로 당연히 일반인으로 지내는 상태가 더 길었다. 그런 일상 속의 마호메트는 정말 평범한 인물로 화를 내기도 하고 웃기도 했다. 따라서 생전의 마호메트는 자기 자신의 언행과 신의 계시를 엄격하게 구별하여 자신의 일상에 대해 기록하는 것을 금지했다.

그런데 마호메트가 살아 있는 동안에는 판단하기 어려운 일이 있으면 그에게 물어보면 되었는데 그가 죽은 뒤에는 신도들이 코란에만 의지하여 판단하기가 어려웠다. 신의 계시에는 추상적인 부분이 많고 시대가 변함에 따라 새로운 사태도 생겨난다. 그리하여 생전의 마호메트의 언행에 따르기로 한 것이다. 마호메트가 어떤 때 무엇을 했는지 정리하는 작업이 시작된 것이다. 그래서 모아진 전승이 100만 개에나 달했다고 한다. 단 전승이기 때문에 거짓이나 과장도 섞이게 된다. 그것을 고증하고, 진실이라고 생각되는 것만을 기록한 것이 하디스이다. 결과적으로는 약 1만 개가 정식 하디스로 인정되었다. 이것이 700년 전후의 일로 보인다.

초기 하디스 편찬에 참여했던 사람들은 선지자의 말 하나하나를 비평적으로 시험하여 선지자의 입에서 나온 말들을 직접 들은 사람들을 연대적으로 찾아 올라가 직접 들은 근거를 입증할 수 있는 것만 수록하였고, 또한 전달의 출처에 앞뒤 모순이 없어야 하며 지적知的, 도덕적으로 문제가 없는 것들만을 수록하였다.

모든 하디스에는 그 전승을 누구로부터 들었는지가 기록되어 있다. 당연히 한 사람이 아니라 'A가 B에게 말하고, 이를 B가 C에게 전하고, C가 D에게 전한 것'이라는 형태로 되어 있다. 이를 '전승자의 계보'라고 하며 이것이 없는 하디스는 존재하지 않는다. 이 최초의 A가 정말로 마호메트의 곁에 있었던 사람이라면 신빙성은 더욱 높아진다. 또한 같은 내용의 전승이 여럿 있으면 증명된 것이므로 신뢰성이 높아진다.

이와 같이 하디스를 집대성할 때는 미리 정해 둔 조건과 규정들이 있었다. 우선 선지자의 말을 실제로 들은 사람은 그것을 명백히 파악하고 있을 만큼 선지자와 가까운 관계에 있었으며 선지자의 말을 전달한 선지자 사후의 보고자들은 뛰어난 기억력의 소유자였다는 것이다. 또한 그들은 그 내용의 뜻을 완전히 이해할 만한 지성의 소유자였으며 선지자의 말을 와전시킬 의도가 전혀 없는 정직한 자들이었다는 것이다. 아울러 비난받을 만한 성격의 소유자가 아니었음은 물론이다.

하디스 분류의 기준

명칭	내용
하디스 사히 (Sahih)	가장 신뢰할 수 있는 하디스로, 기억력이 뛰어난 저술자에 의해서 전달된 것을 말한다.
하디스 하산 (Hassan)	우수하지만 하디스 사히보다는 그 신뢰성이 낮은 하디스로, 그 소급은 완전하지만 한가지의 결점을 가진 하디스를 말한다.
하디스 다이프 (Da'eef)	신뢰성이 낮은 하디스로, 저술자의 연쇄성이 불완전한 하디스를 말한다.

이렇게 해서 수집이 되면 그것을 수록하기 전에 코란과 모순이 되는 부분이 없는가를 대조와 검토를 하고 다시 그것이 선지자의 입에서 직접 들은 다른 사람들에 의해 재확인되어야 하며 후세 전달자들에게 전해져 통과를 해야만 비로소 인정을 받는 것이다.

다른 종교에서는 과장이나 거짓을 적극적으로 받아들여 교조를 신격화하고 전설화하는 경향이 있지만 이슬람교에서는 그 부분에 있어서 과학적인 태도를 관철한다. 이렇게 수집되어 인정된 1만 개의 하디스는 오늘날 '계시에 관한 전승', '신앙서', '지혜서', '예배서' 혹은 '매매서' 등 항목별로 분류되어 있다. 마호메트는 상인이었기 때문에 매매서라고 하는 상법에 해당하는 것도 있고 계약이나 거래, 부채, 담보에 관해서도 기술되어 있다.

그 밖에도 형법에 해당하는 살인, 강도 등의 범죄에 대한 처벌은 어떻게 해야 하는지, 민법에 해당하는 혼인과 이혼, 유산 상속에 관한 마호메트의 생각을 기록한 것도 있다. 이처럼 하디스의 내용은 다방면에 걸쳐 있으며 종교에 직접 관계가 없는 사회나 비즈니스, 가족 제도에 이르기까지 대부분의 인간 생활을 망라하고 있다.

부처는 4성제四聖諦라는 진리를 전파했고 8정도八正道라는 수행 과정을 통해서 열반에 이를 수 있다고 했다. 예수는 삼위일체를 내세우며 비유를 통해 말씀을 전했는데 갈릴리 언덕에서 전한 산상수훈은 신약 성경의 진수로 요약된다. 이슬람은 6개의 신앙과 5개의 행위가 의무화되고 있으며 알라가 정한 이슬람법 샤리아가 종교와 생활의 기준이 된다.

3
신이란 무엇인가, 인간이란 무엇인가?

3대 종교가 우리에게 주는 가르침

01 불교의 가르침과 교육법

신이란 **무엇**인가, 인간이란 **무엇**인가?

부처는 이 세계와 인생을 어떻게 생각했는가?

해외에 나가면 "어떤 종교를 갖고 있습니까?"라는 질문을 종종 받는다. 종교가 없다고 대답하는 사람도 있는데 외국인에게 종교가 없다고 말하면 상당히 놀라워한다. 종교란 단적으로 말해 '마음의 안식처'이다. 그러므로 종교가 없다고 대답하면 그들은 마음의 안식처 없이도 살아갈 수 있을까? 하며 깜짝 놀라는 것이다.

불교를 믿는다고 답하는 사람들에게는 "그럼 불교란 어떤 종교입니까?"라는 질문을 던지기도 하는데 아무 대답을 못하는 이들이 있다. 그런 때는 불교에서 말하는 '삼법인'을 기억해 두면 좋다. 부처가 이 세계와 인생을 어떻게 생각하고 있었는지 알 수 있는 3개의 기본 원리다.

먼저 불교의 특징은 '제행무상'이라는 말에서 단적으로 나타난다. "기원정사의 종소리는 제행무상의 울림이다"라는 말로 시작되는 평가平家 이야기에도 나오는 제행무상이란, 우주 만물은 항상 돌고 변하여 잠시도 한 모양으로 머무르지 않는다는 의미이다. 부처는 먼저 이 진리를 인식하라고 말한다. 예를 들어 생일날이 되어야, 또 한 살 먹었다고 한탄하는 사람이 있다고 하자. 그러나 모든 것은 항상 변하며 당연히 육체도 변화해 간다. '또 한 살 먹었다'고 한탄하기 전에 언제까지나 젊을 수는 없다는 사실을 인식하라는 것이다.

두 번째는 '제법무아'라는 말에 나타난다. 이는 모든 것은 인연에 의해 생겨나는 것으로 실체가 없으며, 영원히 변하지 않는 것은 존재하지 않고 다른 것과의 관계로부터 독립된 '자기'는 존재하지 않는다는 뜻이다. 이를 '사람은 나이를 먹는다'라는 예에 비추어 보면 사람이 늙어 가는 것도 태어났기 때문인 것이다. 육체가 쇠약해져 가는 것도 태어난 이상 피할 수 없는 것임을 인정하라는 것이다.

세 번째는 '열반적정'이라는 말에 나타난다. 이는 번뇌를 멸한 열반(깨달음의 경지)은 평온하다는 의미이다. 사람이 나이를 먹는 것은 당연한 일인데 젊음에 연연하기 때문에 나이를 먹는 것을 한탄하는 것이다. 젊음에 연연하는 마음을 버리면 평온한 기분이 된다는 것이다. 즉, 불교의 기본적인 가르침이란 "모든 것은 항상 변화하고 실체가 없는 것이 진리인데 언제나 변하지 않는다고 착각하고, 집착하기 때문에 고뇌가 생긴다. 그러므로 무지와 욕망이 고뇌의 원인이라는 것을 깨닫고 그 무지와 욕망을 끊어버려야 한다"는 것이다.

'3'이라는 숫자의 상징적 의미

'3'이란 숫자는 불교와 인연이 깊다. 삼법인三法印을 비롯해 부처의 법신法身·보신報身·응신應身을 가르키는 삼신三身이 대표적인 경우이다. 불교의 목적인 열반에 도달하기 위해 배우고 실천해야 할 세 가지 덕목 또한 계戒·정定·혜慧의 삼학三學이다. 부처가 살았을 당시 인도에서 유행하던 여러 가지 외도 사상을 세 가지로 나누어 비판한 숙작인론宿作因論, 존우론尊祐論, 무인무연론無因無緣論을 묶어 삼종외도三種外道라고 한다. 법회를 봉행할 때 제일 먼저하는 것이 삼귀의三歸依이다. 삼귀의는 부처의 제자라면 마땅히 귀의할 대상인 불佛·법法·승僧 삼보에 귀의한다는 내용이다. 불법승 삼보三寶는 더러움에 물들지 않고, 위의威儀와 덕德이 있는 '존귀한 존재'로 최상의 것이 변하지 않기에 세간의 보배와 같다고 하여 삼보라 한다.

부처가 전하는 4개의 성스런 진리 사성제 四聖諦

사르나트

석가모니가 처음으로 설법을 한 곳

깨달음을 얻은 부처가 최초로 설법을 행한 것은 인도 북동부의 사르나트라는 곳이다. 힌두교의 성지 바라나시 근처에 있는 작은 마을로 그 지역에는 현재, 5명의 제자들과 빙 둘러 앉아 설법을 하는 부처의 모습이 인형으로 재현되어 있다. 이때 부처가 제자들에게 가르친 것이 '4성제'라고 불리는 가르침이다.

'제諦'라는 문자가 사용되고 있는데 여기서는 '체념하다'라는 의미가 아니라 '진리'라는 뜻이다. 이 4개의 성스런 진리는 '고제苦諦', '집제集諦', '멸제滅諦', '도제道諦'로 이에 따라 수행하는 것이 중요하다고 설명하고 있다. 예를 들어 일이 계획대로 풀리지 않아 매일 초조하게 보내고 있을 때 먼저 자신이 초조해하고 있음을 자각하는 것이 고제이다. 이때 인생은 생각처럼 되지 않고 괴로운 것이라는 진리를 깨닫는 것이 중요하다고 가르치고 있다. 그리고 그러한 초조함의 원인이 무엇인가를 인식하는 것이 집제이다. 예를 들어 그 사람이 돈을 벌고 싶다는 생각으로 일하는 것이라면 그 욕망이 초조함의 근본적인 원인이 되고 있음을 자각한다. 나아가 근본적인 원인인 욕망을 끊으면 평안한 기분이 된다는 것을 깨닫는 것이 멸제이다. 그리고 그 괴로움의 원인이 되는 욕망을 버려 마음이 편안해지는 경지에 이르는 것이 '열반'의 경지이다.

마지막으로 열반의 경지에 도달하기 위해서는 수행의 길이 있음을 알고 수행에 들어가는 것을 도제라고 한다.

'사고팔고'라는 말이 있는데, 불교에서 말하는 고통이란 먼저 생고, 노고, 병고, 사고의 사고에, 애별이고, 원증회고, 구불득고, 오음성고의 사고를 더하여 팔고라고 한다. 즉, 인간과 관련된 모든 것이 고통이며 그로 인해 인생 그 자체를 고통으로 본다. 이 고통에 직면하여 초월하는 것이 불교의 수행이라고 사성제에서는 가르치고 있다.

사고팔고(四苦八苦)
- 생고生苦 : 태어날 때의 고통
- 노고老苦 : 늙어가는 고통
- 병고病苦 : 병이 드는 고통
- 사고死苦 : 죽을 때의 고통
- 애별이고愛別離苦 : 사랑하는 이와 이별하는 고통
- 원증회고怨憎會苦 : 원망스럽고 미운 것을 만나야 하는 고통
- 구불득고求不得苦 : 구해도 얻지 못하는 고통
- 오음성고五陰盛苦 : 온몸은 성한데도 좋은 생각이 나지 않는 고통

불교의 모토는 '항상 바르고, 맑게'이다. 이렇게 이상적인 생활을 하면 삶의 고통으로부터 해방된다고 부처는 가르친다. 사성제의 네 번째 항목인 도제는 욕망을 버리고 평온한 경지(열반)에 도달하기 위한 수행의 길을 알고, 그 수업에 들어가는 것이다.

그러면 구체적으로 어떤 수행을 하면 될까? 부처는 수행의 내용에 관해 '팔정도'라고 하는 8개의 실천 방법

열반의 경지에 이르기 위한 8개의 수행 팔정도八正道

사성제와 팔정도

8정도 八正道

인도 바라나시 근처의 녹야원鹿野苑에서 석가모니가 최초로 행한 설법에서 가르친 교리이다. 유물론자들의 감각적 쾌락과 고행주의자들의 고행이라는 양 극단을 떠난 길을 제시하므로 중도中道라고도 한다. 이 팔정도의 고귀한 길을 따르는 사람은 인간 존재의 본질적 부분인 괴로움으로부터 자유로워져 궁극적으로는 열반, 즉 깨달음에 이르게 된다.

을 가르친다. 먼저 '정견正見'으로 올바른 견해를 갖는 것이다. 부처의 가르침을 바로 이해하고, 그에 따라 사물을 있는 그대로 보는 것이다. 다음이 '정사正思'로, 정견을 바탕으로 사물의 도리를 바르게 생각하는 것이다. 세 번째가 '정어正語'로 거짓이나 나쁜 말을 하지 않고 항상 올바른 말을 하도록 하는 것이다. 네 번째는 '정업正業'으로 살생, 도둑질 등의 나쁜 일을 하지 않고 정견과 정사를 바탕으로 노인을 공경하는 등 항상 바른 행동을 하는 것이다. 다섯 번째는 '정명正命'으로 부정한 생활 태도를 개선하고 올바르고 깨끗한 생활을 하는 것이다. 여섯 번째가 '정정진正精進'으로 깨달음의 경지를 향해 항상 노력하는 것이다. 일곱 번째는 '정념正念'으로 사념을 버리고 항상 올바른 길을 가도록 노력하는 것이다. 여덟 번째는 '정정正定'으로 정신을 집중해서 명상함으로 마음을 평안하게 하는 것이다. 이 팔정도가 이후 수행의 기본이 되었다.

예를 들어 중년의 비즈니스맨이 갑자기 일을 쉬고 절로 수행을 하러 들어간다. 최소한의 옷을 입고 간단한 식사와 청소 등의 일만 하며, 나머지 시간은 명상에 잠겨 자기 자신을 돌아본다. 즉, 이 팔정도에 따라 언제나 올바르고 깨끗한 생활을 하기 위해 노력하는 것이 불교의 수행이다.

모든 것은 인과관계 안에 있다고 하는 근본 원리인 연기緣起

차를 마실 때 차 줄기가 서면 길조라고 한다. 입시 시험장을 가는 도중에 길에서 미끄러지면 불길하다라고 생각한다. 연기란 부처가 보리수 아래서 깨달은 '연기의 이법理法'에서 나온 말로 불교의 근본 원리이다. 부처는 해탈을 구하며 열락과 고행의 중간 길(중도)을 취하고 명상에 의한 정신 통일에 힘썼다. 그 속에서 얻은 생각이 부처를 평안의 길로 인도했는데 그 깨달음의 내용이야말로 고통과 원인에 관한 연기의 이법이었다.

> **연기의 12가지 요소**
> ① 무명無明 : 진리에 대해 모르는 것
> ② 행行 : 어리석은 행동을 하는 것
> ③ 식識 : 인식하는 것
> ④ 명색名色 : 정신적인 것과 물질적인 것
> ⑤ 6입六入 : 눈, 귀, 코, 혀, 몸, 의지로 자각하는 것
> ⑥ 촉觸 : 느끼고 깨닫게 되어 생기는 것
> ⑦ 수受 : 촉觸을 이룬 뒤 느끼는 것
> ⑧ 애愛 : 욕망의 만족을 바라는 것
> ⑨ 취取 : 갖고 싶은 마음
> ⑩ 유有 : 취取에 의해 생기는 행동
> ⑪ 생生 : 유有로 인해 성립되는 존재
> ⑫ 노사老死 : 태어나서 늙고 죽는 모든 고통

부처의 생각에 따르면 모든 것은 독립하여 존재하지 않는다. 항상 다른 존재와 관계를 맺고 있다. 그리고 조건에 따라 항상 변한다. 이런 생각을 부처는 '연기'라고 불렀다. 연기란 '이것에 의해 생긴다(의존하고 현상한다)'고 하는 의미이다. 이 원리를 단적으로 표현하는 것이 '이것이 있으면 그것이 있고, 이것이 생기면 그것이 생긴다. 이것이 없으면 저것이 없고, 이것이 멸하면 저것도 멸한다'라는 말이다. 예를 들어 불은 원인으로써 종이와 나무 같은 가연물이 없으면 타지 않고 조건으로 산소도 필요하다. 만약 산소가 없어지면 불은 꺼져 버린다.

그러므로 원인을 '인因', 조건을 '연緣'이라고 하며, 모든 사물은 인과 연에 의해 결과結果로 성립된다는 생각이다. 그리고 부처는 '인생은 고통이다'라는 것의 원인을 연기에서 비롯된다고 보고 그것은 결국 '무명(무지, 혼란)'이라고 생각했다. 사람은 무지한 까닭에 혼란에 빠지고 혼란하기 때문에 사물에 대해 사랑(애증)을 품고 사물

에 집착한다. 집착하기 때문에 고통스러운 것이라는 것이 부처가 얻은 결론이었다. 요약하면 연기의 이법이란 고통을 가져오는 인과의 계열을 거슬러 올라가 고통의 근원을 '무명無明'이라 하며, 이를 멸함으로써 인생의 고통을 해소하고자 하는 것이다.

불교도가 지켜야 할 엄격한 계율
오계五戒

무재칠시無財七施

하루는 어떤 이가 석가모니를 찾아가 호소를 했다. "저는 하는 일마다 제대로 되는 일이 없으니 무슨 이유입니까?" 석가는 남에게 베풀지 않았기 때문이라고 말한다. "저는 아무것도 가진 게 없는 빈 털털이입니다." 이렇게 말하자 그렇지 않다며 "아무 재산이 없더라도 줄 수 있는 7가지는 있는 것이다"라고 말한 데서 유래한 가르침이다.

① 화안시和顔施 : 얼굴에 화색을 띠고 부드럽고 정다운 표정으로 남을 대하는 것
② 언시言施 : 사랑의 말, 칭찬의 말, 위로의 말, 격려의 말, 양보의 말, 부드러운 말로 남에게 베푸는 것
③ 심시心施 : 마음의 문을 열고 그 안에 있는 따뜻함을 나눠주는 것
④ 안시眼施 : 호의를 담은 눈으로 사람을 바라보는 것
⑤ 신시身施 : 몸이 수고하여 베푸는 것으로 남의 무거운 짐을 들어준다거나 어려운 일을 돕는 것
⑥ 좌시座施 : 때와 장소에 맞게 편안하고 좋은 자리를 내 주어 양보하는 것
⑦ 찰시察施 : 사람들이 묻기 전에 상대의 마음을 헤아려 그가 원하는 것을 알아서 도와주는 것

불교 국가인 태국에서는 젊은 남성이 결혼 전에 출가하여 절에서 수행을 하는 관습이 있다. 또한 일반인이 출가하여 불문에 귀의하는 것도 흔한 일이다. 그만큼 승려가 친숙한 존재인 태국인에게 "한국에서는 출가하는 사람이 적다"고 하면 깜짝 놀라는 얼굴을 한다. 혹여 승려에게 자식이라도 있다고 말할라치면 정말 이해할 수 없다는 표정을 짓는다.

상좌 불교인 태국에서는 출가하여 불문에 들어간 승려는 결혼이 불가능하다. 뿐만 아니라 욕망을 절제하기 위해 여성과의 섹스는 물론 여성과 접촉하는 것도 금지되어 있다. 그러므로 태국인에게 승려에게 자식이 있다고 하는 것은 믿을 수 없는 일이다. 상좌 불교가 오늘날에도 그

런 엄격한 계율을 지키고 있는 것은 본래 불교에서는 불사음계不邪淫戒라고 하여 음란한 성관계를 맺는 것을 금지하고 있기 때문이다.

태국에서는 부처의 시대에 만들어진 불교의 계율이 지금까지도 엄하게 지켜지고 있다. 그들은 한국 영화 속의 승려가 술을 마시는 장면을 보면 깜짝 놀란다. 불교에서는 '불음주계飮酒戒'라 하여 술을 마시는 것도 금지하고 있기 때문이다. 나아가 살생을 하지 않는 '불살생계不殺生戒', 도둑질을 하지 않는 '불유도계不偸盜戒', 거짓을 말하지 않는 '불망어계不妄語戒'를 포함하여 '5계'라고 하여 출가하지 않은 신자가 지켜야 할 5개의 금계를 두고 있다. 이 5개의 계율은 언뜻 보면 간단히 지킬 수 있는 것처럼 보이지만 막상 일상 생활을 해 나가다 보면 하나조차 지키기 어렵다는 것을 깨닫게 된다.

예를 들어 모기가 발등에 앉아 피를 빨고 있어도 잡아 죽여서는 안 된다. "자, 어서 내 피를 빨아먹어라"고 하진 못하더라도 쫓아내는 정도로 끝낼 수 있어야 한다. 실제로 태국에서는 지금도 쓸데없이 모기를 죽이지 않는 사람이 많다. 본래 출가한 승려는 250, 비구승은 348개에 달하는 계율을 지키도록 되어 있다. 그러나 보살계菩薩戒만을 지키면 보살승이 된다고 하여 반드시 모든 계율을 지키지 않는 나라들도 있다.

02 기독교의 가르침과 교육법

신이란 무엇인가, 인간이란 무엇인가?

'삼위일체'란 어떤 개념인가?

성삼위 일체(루블레프의 1410년 작)

기독교를 이해하기 위해서는 우선 '신神'이란 개념을 이해해야 한다. 자연계의 신비나 죽은 자의 영혼 등 눈에 보이지 않는 초자연적인 존재가 신이 아니다. 기독교에서 말하는 신은 그런 막연한 존재가 아니라 절대 유일의 존재 'God(개신교에서는 하나님으로, 천주교에서는 하느님으로 부른다)'을 말한다. 'God = 이 세상의 모든 존재를 창조한 창조주'라는 의미로 한정된다.

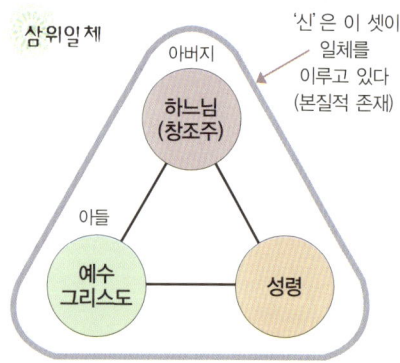

삼위일체

아버지
하느님(창조주)

아들
예수 그리스도

성령

'신'은 이 셋이 일체를 이루고 있다 (본질적 존재)

94

기독교는 예수를 믿는 종교로 생각하고 있는 이가 있을 수 있는데 이는 정확한 것이 아니다. 기독교에는 '창조주', '예수', '성령' 세 종류의 신이 있다. 그런데 왜 신을 '절대 유일한 존재'라고 하는 것일까. 여기에 등장하는 것이 '삼위일체'의 개념이다.

수태고지(푸생의 1655년 작)

삼위일체란 '신은 그 본질적 존재에 있어서는 하나지만 그 안에 아버지, 아들, 성령이라는 세 개의 성격이 존재한다'는 뜻이다. 이 경우, '아버지'는 창조주, '아들'은 구세주 예수를 가리킨다. 그러면 나머지 성령이란 무엇인가? 극히 단순하게 말하면 성령은 기적을 일으키는, '입증하는 분'이라고 볼 수 있다. 성경에는 처녀 마리아가 예수를 임신하거나, 흙에서 전 인류의 선조인 아담을 탄생시키는 등 과학적으로 설명하기 어려운 장면이 자주 등장한다. 기독교에서는 이런 기적을 일으키는 것이 성령으로 되어 있다. 성령이 등장하는 유명한 장면을 소개하면 십자가 위에서 죽음을 당한 예수가 3일 후에 부활하고 제자들 앞에서 다시 승천할 때의 일이다.

"너희들은 몇 날이 못 되어 성령으로 세례를 받으리라[사도행전 1장 5절]."

예수는 이렇게 약속하고 제자들이 보는 앞에서 하늘로 올라간다.

이윽고 유대교의 명절인 오순절이 돌아와 제자들이 모여 앉았을 때의 일이다.

"홀연히 하늘로부터 급하고 강한 바람 같은 소리가 있어 저희 앉은 온 집에 가득하며 불의 혀같이 갈라지는 것이 저희에게 보여 각 사람 위에 임하여 있더니 저희가 다 성령의 충만함을 받고 성령이 말하게 하심을 따라 다른 방언으로 말하기를 시작하니라[사도행전 2장 2~4절]."

이후 성령의 힘을 빌린 제자들은 이전과 비교할 수 없을 정도로 열심히 예수의 가르침을 전하기 시작하여 하루에 3000여 명에 이르는 사람들을 전도하고 다녔다. 이 일을 두고 후에 사상가 아우구스티누스(354~430, 『고백』, 『삼위일체론』의 저자)는 이 기적의 날을 '교회의 탄생일(디에스 나탈레스)'이라고 명명한다.

기독교에서는 인간을 '육체+영혼'의 존재로 생각한다

기독교를 이해하는 데 있어 가장 중요한 점은 "인간은 육체와 영혼으로 이루어져 있다"고 하는 성경의 인간관이다. 육체+성령이라고 하는 인간관을 전제로 성경을 읽으면 여러 가지 일들을 이해할 수 있다. 바울이 쓴 고린도후서를 보자. "저가 또한 우리에게 인印치시고 보증으로 성령을 우리 마음에 주셨느니라[1장 22절]" "이러므로 우리가 항상 담대하여 몸에 거할 때에는 주와 따로 거하는 줄을 아노니[5장 6절]" "우리가 담대하여 원하는 바는 차라리 몸을 떠나 주와 함께 거하는 그것이다[5장 8절]"라고 기록되어 있다. 여기에서 알 수 있는 것은 인간의 육체는 '임시 거처'이며 본질은 '영혼'에 있다고 하는 점이다.

이 '영혼이 주어짐으로써 육체가 살게 된다'고 하는 가르침은 성경의 다음 부분에서도 확실히 알 수 있다.

야이로의 딸을 살림(폴레노프의 1871년 작)

"저가 그 죽은 것을 아는 까닭에 예수를 비웃더라. 예수께서 아이의 손을 잡고 불러 가라사대 아이야 일어나라 하시니 그 영이 돌아와 아이가 곧 일어나거늘[누가복음 8장 53~55절]."

이처럼 기독교에서는 사람이 죽으면 육체는 멸하지만 영혼은 그곳을 빠져나와 영속한다고 생각한다. 육체의 만족이 아니라 영혼의 만족을 구하라는 가르침인 것이다. 또한 박해를 예고한 예수가 제자들을 격려하기 위해 이야기한 다음과 같은 말에도 '영혼이야말로 본질'이라는 생각이 확실히 나타나 있다.

"몸은 죽여도 영혼은 능히 죽이지 못하는 자들을 두려워하지 말고 오직 몸과 영혼을 능히 지옥에 멸하시는 자를 두려워하라[마태복음 10장 28절]."

기독교의 긴 역사 가운데 많은 신도들이 죽음을 두려워하지 않고 순교할 수 있었던 것도 이처럼 육체보다 영혼에 본질이 있다고 믿었기 때문이다.

기독교에서 말하는 '3가지의 죄'

기독교를 이해하는 데 있어 놓쳐서는 안 될 또 하나의 포인트는 '죄'에 관한 개념이다. 죄라고 하면 보통 우리는 법률적인 '범죄'를 떠올리는데, 성경에서 말하는 죄는 그것과 다르다. 영어로 범죄는 crime이지만 성경에서 말하는 죄는 'sin'이다. 성경에서 말하는 죄와 범죄는 동일한 개념이 아니다. 그렇다면 sin이란 도대체 어떤 의미일까? 성경을 살펴보자.

먼저 신약 성경의 원어인 헬라어로 죄는 '하마르티아'로 표현되고 있다. 하마르티아는 '과녁을 빗나가다'가 본래의 의미이다. 이렇게 볼 때 성경에서 말하는 죄란 '나쁜 행위'라기보다는 '신의 계획에서 멀어지는 것'을 가리키고 있음을 알 수 있다. 그러면 '신의 계획으로부터 멀어지는 것'이란 어떤 것을 말하는 걸까? 성경을 읽어보면, '신의 계획에서 멀어지는' 죄란 다음과 같은 3중 구조를 이루고 있음을 알 수 있다.

3중 구조를 이루는 죄의 중심에 위치하고 있는 것은 '원죄(original sin)'이다. 원죄는 인간이 처음으로 저지른 죄를 말하며, 아담과 이브가 선악을 알게 하는 나무에 열린 열매를 먹어버린 것을 가리킨다. 열매를 먹었다는 행위 자체는 작은 일이지만 신의 명령을 어긴 둘의 죄는 무겁다. 아담과 이브는 그 벌로 신의 나라(에덴동산)에서 추방되고 만다.

기독교의 3개 죄

원죄

아담과 이브가 선악을 아는 열매를 먹어 버린 죄

행동의 죄

살인, 도둑질 등 신의 율법을 깨는 죄

생각의 죄

마음속으로 상대를 미워하거나 욕망을 느끼는 죄

십계명 + 誡命

'모세의 십계' 또는 '십계'로 불리는데 하느님이 시나이산山에서 모세를 통해 이스라엘 백성에게 준 10가지 계명을 말한다. 이스라엘 율법의 근간이 된 것으로 이집트에서 탈출한 이스라엘 민족이 가나안 땅으로 들어가 그 지역의 토착민들과의 대결에서 자기들의 사회 의식, 종교 의식, 윤리 의식 등 고유 전통을 보존하는 데 중요한 역할을 했다. 오늘날까지 기독교의 기본 생활 규범이 되고 있으며 원본인 돌비는 '언약의 궤(법궤)'에 담아 예루살렘 성전의 지성소에 소장되었다[205쪽 참조].

뿐만 아니라 둘의 자손인 인간 모두가 태어나면서부터 죄를 진 존재가 돼 버렸다. 성경에서 '인간은 모두 죄인'이라고 하는 것은 위와 같은 이유에서이다. 한 번 죄를 지은 인간은 그 후에도 계속 죄를 짓는다. 아담과 이브의 자녀, 카인은 인류 최초로 살인을 저질렀고, 신을 불신하는 징표인 바벨탑을 건설하려 했으며 소돔과 고모라는 각종 범죄로 타락해 갔다.

신은 죄를 지은 자에게 그때마다 엄한 벌을 주었지만 동시에 무엇이 죄인가를 알게 하기 위한 지침도 제시한다. 그것이 '**십계**'로 대표되는 구약 성경의 율법(신의 계율)이다. 여기서부터 두 번째 죄의 패턴이 생겨난다. 그것은 신이 제시한 '살인하지 말라', '간음하지 말라', '거짓 증거하지 말라', '도둑질하지 말라', '우상을 만들지 말라' 등의 율법을 어기는 것이다.

그러면 죄의 세 번째 패턴은 어떤 것일까? 답은 신약 성경 안의 예수의 가르침에 나타나 있다. 예수는 "여자를 보고 음욕을 품는 자

타락과 에덴의 추방
(미켈란젤로의 1509~10년 작)

마다 마음에 이미 간음하였느니라[마태복음 5장 28절]"라며, 실제로 살인이나 간음을 저지르지 않았어도 마음속으로 상대방을 미워하거나 욕망을 느끼는 것만으로도 죄가 된다고 했다. 요컨대 겉으로 볼 때 규범을 지켰다고 해도 진정한 죄는 마음 안에 있다는 것이다.

이 죄는 율법을 어기는 '행위의 죄'에 대해 '생각의 죄'를 말하는 것이다. 아울러 성경에는 "의인은 없나니 하나도 없다[로마서 3장 10절]"고도 쓰여 있다. 확실히 '생각의 죄'를 저지르지 않는 사람은 없을 것이므로 이 말이 틀렸다고는 할 수는 없다. 그런 이유로 그 죄로부터 인간을 구원하기 위해 예수가 메시아(구세주)로서 이 세상에 오신 것이다. 이것이 기독교 신앙의 근저에 있는 개념이다.

기독교의 행사와 의식

기독교에게 있어 빠뜨릴 수 없는 행사와 의식에는 어떤 것들이 있을까?

먼저 들 수 있는 것이 인생의 단계마다 행해지는 '새크라멘트'이다. 새크라멘트는 신의 은총의 표식을 행하는 의식을 말하며 기독교에서 가장 중요시되는 것이다.

의식은 다음의 7개로 이루어진다. 기독교도가 되기 위한 '세례', 신앙을 고백하는 '견신', 예수의 살과 피의 상징으로 빵과 포도주를 먹는 '성찬', 죄의 사함을 청하는 '고해', 임종의 의식인 '종유', 성직자의 임직을 위한 '신품', 혼인을 맺는 '혼인' 등이다. 다만 개신교에서는 이 가운데 세례와 성찬 두 가지밖에 인정하지 않는다. 또한 새크라멘트의 한국어 번역도 가톨릭에서는 '성사', 동방정교회에서는 '기밀 또는 신비', 개신교에서는 '성례전'으로 각각 다르다.

이 밖에도 신자에게 빼놓을 수 없는 것으로 교회에서 행해지는 예배가 있다. 예배에서는 앞에서 언급한 7개의 의식이 행해지는 한편 매주 일요일에 찬양을 하거나 설교를 듣는다. 예배는 신앙 생활의 중심이며 예배에 참석하는 것은 신자의 의무이다. 또한 예수와 관련된 종교 행사도 신앙심을 확인하기 위한 중요한 이벤트이다. 대표적인 것으로 성탄절, 부활절, **성령강림절**이 있다. 이 가운데 성탄절은 크리스마스를 가리키며 예수의 탄생을 축하하는 날이다. 다만 예수가 정말 12월 25일에 태어났는지는 확실하지 않다. 이날이 성탄절로 정착하게 된 계기는 로마의 동지冬至를 기리는 축일과 기독교가 결합되었기 때문으로 보고 있다.

이 성탄제와 함께 중요한 행사가 예수의 부활을 기리는 부활절이다. 현재, 부활절은 춘분 후 만월의 다음 날에 행해지고 있는데, 이날은 교회에서 대미사가 개최되는 한편, 색색의 칠을 한 계란(이스터에그)을 나눠 준다. 생명을 탄생시키는 계란을 부활의 상징으로 생각하기 때문이다. 아울러 부활절을 이스터라고 부르는 것은 게르만민족의 봄의 여신인 오스트레에서 유래한 것으로 보인다. 예수의 부활이 게르만 민족에 받아들여진 시점에 그들의 춘분절과 융합하여 지금까지 이어져 왔다고 한다.

성령강림절(聖靈降臨節, Whitsuntide)
예수가 부활한 지 50일째 되는 날로 오순절五旬節이라고도 한다. 성령이 강림했다는 사도행전에서 유래하며 교회의 탄생일로 여겨 어느 때보다 성령의 은사를 받기 위해 집회나 기도에 힘쓴다. 오순절파에서는 비교적 성대히 지키는 날로 우리나라에서는 하느님의 성회가 해당한다.

또한 성령강림절은 예수가 부활하고 50일 후 제자들에게 성령이 강림한 것을 기념하는 축일로 매년 달라지는데 5월 중순경에 행한다. '팬테코스터(헬라어로 '제50'이라는 의미)'로도 불리는 이 축일은 크리스마스, 부활절만큼 화려하지는 않지만 종교적으로 중요한 의미를 지니고 있다.

'산상수훈'에서 예수는 무엇을 가르쳤는가?

예수는 설교를 하면서 수많은 명언을 남겼는데 그 집대성이라고 볼 수 있는 것이 갈릴리호를 바라보는 언덕에서 설교한 산상수훈이다. 성경의 진수라고도 할 수 있는 이 산상수훈 가운데 대표적인 부분을 살펴보자. 우선 산상수훈의 첫 문장이다.

"심령이 가난한 자는 복이 있나니 천국이 저희 것임이요. 애통하는 자는 복이 있나니 저희가 위로를 받을 것임이요[마태복음 5장 3~4절]."

"나를 인하여 너희를 욕하고 핍박하고 거짓으로 너희를 거슬러 모든 악한 말을 할 때에는 너희에게 복이 있나니 기뻐하고 즐거워하라. 하늘에서 너희 상이 큼이라. 너희 전에 있던 선지자들을 이같이 핍박하

제자들을 가르치고 있는 예수

였느니라[동 11~12절].”

산상수훈은 이렇게 궁극적으로 긍정적 사고에서 시작되고 있다. 나아가 예수는 이렇게도 말한다.

"구하라, 그러면 너희에게 주실 것이요. 찾으라, 그러면 찾을 것이요. 문을 두드리라, 그러면 너희에게 열릴 것이니[동 7장 7절].”

아무리 적극적이고 긍정적인 사고를 하는 사람이라도 이렇게까지 말하면 잘될 리가 없다고 의심을 하게 될 것이다. 그런데 과연 예수가 말하는 '주실 것이다', '찾을 것이다', '열릴 것이다' 라는 말은 도대체 무슨 뜻일까? 성경에 자세한 설명은 없지만 적어도 구체적인 것이 주어지거나, '시험에 합격한다' 는 등의 기회가 열리는 것을 의미하지는 않는다.

힌트는 누가복음의 "너희 천부께서 구하는 자에게 성령을 주시지 않겠느냐[11장 13절]"에 있다. 성령은 삼위일체 파트에서 이미 언급한 것처럼 신의 분신과 같은 존재이다. 즉, 산상수훈에서 말하고 있는 것은 "신을 믿으면 구세주로서 성령이 오신다"는 것이다.

산상수훈에는 이외에도 지금까지 남아 있는 명언들이 많다.

"누구든지 네 오른편 뺨을 치거든 왼편도 돌려 대며[동 5장 39절]"

"원수를 사랑하며 너희를 핍박하는 자를 위하여 기도하라[동 44절].”

이는 기독교의 박애주의를 나타내는 말로 모든 사람들에 친숙하며 관용구로도 널리 쓰이고 있다.

"거룩한 것을 개에게 주지 말며 너희 진주를 돼지 앞에 던지지 말라. 저희가 그것을 발로 밟고 돌이켜 너희를 찢어 상할까 염려하라[동 7장 6절]."

"좁은 문으로 들어가라. 멸망으로 인도하는 문은 크고 그 길이 넓어 그리로 들어가는 자는 많고, 생명으로 인도하는 문은 좁고 길이 협착하여 찾는 이가 적음이니라[동 13절]."

이 두 구절에서 각각 생겨난 것이 '돼지에 진주', '좁은문' 등의 관용구이다.

신약 성경을 보면 예수의 설교에는 다양한 비유가 담겨 있다는 것을 알 수 있다. 복음서 안에 기록되어 있는 것만도 그 수가 50가지에 이른다. 비유는 예수의 선교 활동에 있어 큰 특징이라고 할 수 있다. 그렇다면 예수는 왜 많은 **비유**를 통해 설교를 했을까? 이유는 간단하다. 가난하고 교양이 없는 이들이나 작은 아이들도 설교의 내용을 이해할 수 있도록 하기 위한 것이다. 예수의 대표적인 비유를 들어 보자.

먼저 '잃어버린 어린 양'에 관한 비유이다. 성경에는 잃어버린 어린 양에 관한 비유를 비롯해 양에 관한 이야기가 자주 등

'길 잃은 어린양'의 비유

예수가 말한 비유

• **씨 뿌리는 자** [마태복음 13장 1~9절]
'더러는 길가에 떨어지고 더러는 돌밭에 떨어지고 더러는 가시 떨기 위에 떨어진다'는 내용으로 설교를 듣는 이의 마음을 밭에 비유한 것이다.

• **열 처녀** [동 25장 1~13절]
'천국은 마치 등燈을 들고 신랑을 맞으로 나간 열 처녀와 같은데 그중 다섯은 미련하고 다섯은 슬기 있는지라'라는 내용으로 잠을 자느라 신랑을 못 맞이한 다섯 처녀를 통해 마지막 때에 졸지 말고 기다려 천국을 맞이하라는 비유이다.

• **달란트** [동 25장 14~30절]
'착하고 충성된 종아, 네가 작은 일에 충성하였으매 내가 많은 것을 네게 맡기리니'라는 내용으로 자신에게 주어진 기회와 시간을 소중히 활용해 책임을 다하는 것을 비유한 것이다.

• **포도원과 품꾼** [동 20장 1~16절]
'이와 같이 나중 된 자로서 먼저 되고 먼저 된 자로서 나중되리라'는 내용으로 포도원에 일을 하러 온 품꾼들에게 주인이 일을 한 시간에 상관 없이 똑같은 삯을 준다는 얘기로 언제 하느님을 믿게 되든지 시종일관 열심을 내야 한다는 비유이다.

장한다. 이는 이스라엘 사람들이 목양 민족이기 때문에 양이 등장하는 비유는 사람들이 이해하기 쉽기 때문이었다.

"너희 중에 어느 사람이 양 일백 마리가 있는데 그중에 하나를 잃으면 아흔아홉 마리를 들에 두고 그 잃은 것을 찾으러 다니지 아니 하겠느냐. 또 찾은즉 즐거워 어깨에 메고 집에 와서 그 벗과 이웃을 불러 모으고 말하되 나와 함께 즐기자 나의 잃은 양을 찾았노라 하리라. 내가 너희에게 이르노니 이와 같이 죄인 하나가 회개하면 하늘에서 회개할 것 없는 아흔아홉을 인하여 기뻐하는 것보다 더하리라[누가복음 15장 4~7절]."

예수가 이 비유를 통해 사람들에게 말하고자 했던 것은 신에게 멀어진 사람의 구원에 관한 것이다. 양은 원래 무리로 행동하는 동물이다. 이 무리에서 뒤처지면 양치기가 찾지 않는 한 들판에서 굶

돌아온 탕자
둘째 아들이 아버지에게 자기 몫의 재산을 달라고 해서 먼 나라로 가서 모두 탕진하고 마는데 그 나라에도 흉년이 들고 만다. 먹을 것을 못 찾은 아들은 돼지우리에 들어가 쥐엄 열매를 먹고 지내다가 급기야 아버지에게로 돌아가기로 결심을 한다. 아버지는 돌아온 아들을 너무나 반가워하며 잔치를 벌이는데 큰아들이 이에 불평을 토해 내자 아버지는 너는 나와 항상 같이 있었으니 내 것이 다 네 것이지만 네 동생은 죽었다가 살아났다며 기뻐했다는 내용으로 단 한 명의 탕자라도 돌아와 회복되는 것을 하느님은 기뻐한다는 내용이다. [누가복음 15장 11~32절]

어죽고 만다. 예수의 말은 이 양처럼 신에게서 멀어진 사람을 구원하는 것이 99마리의 무리를 돌보는 것보다 중요하다는 것이다.

성경 안에는 같은 의미를 지닌 다음과 같은 이야기도 있다.

"이와 같이 이 소자 중에 하나라도 잃어지는 것은 하늘에 계신 너희 아버지의 뜻이 아니니라[마태복음 18장 14절]."

단 한 명의 죄인이 회개하는 것이 얼마나 중요한 일인지 여기에서도 언급하고 있다. 더불어 예수는 스스로를 다음과 같이 이야기한다.

"나는 선한 목자라 선한 목자는 양들을 위하여 목숨을 버리거니와[요한복음 10장 11절]."

"또 이 우리에 들지 아니한 다른 양들이 내게 있어 내가 인도하여야 할 터이니 저희도 내 음성을 듣고 한 무리가 되어 한 목자에게 있으리라[동 16절]."

아무리 좋은 양치기라고 해도 양을 위해 목숨을 버리는 것을 일반적으로 생각할 수는 없다. 그렇지만 예수는 스스로를 그럴 수 있다고 얘기하고 있으며 정말로 양을 구원하기 위해 십자가에 달려 목숨을 버렸다. 이 부분도 기독교를 이해하는 데 빠뜨릴 수 없는 대목이다.

03 이슬람교의 가르침과 교육법

신이란 무엇인가, 인간이란 무엇인가?

알라란 어떤 신인가?

알라(ALLAH)
알라는 영어 'The God'의 아랍어이다. 무슬림의 삶은 알라에 대한 무조건적이고 전폭적인 순종에 기초를 두고 있으며 죽은 후의 삶에서도 마찬가지다. 아랍 기독교인들은 무슬림처럼 하느님에 대한 개념(창조성, 전능함, 전지함, 무소부재함)을 나타내는 데 알라라는 용어를 사용한다. 그러나 이들이 말하는 알라와 무슬림이 말하는 알라는 차이가 있다. 사랑, 정의, 그리고 진리라는 속성은 같지만 이슬람의 알라는 알라와 피조물과의 인격적 관계가 부재한다. 인간은 알라의 종일 뿐이다[코란19:93].

중세의 십자군에서 시작되어 오늘날에 이르기까지 기독교와 이슬람교의 전쟁은 끊이지 않는다. 이슬람교와 기독교는 모두 일신교이다. 기독교와 유대교의 신은 '여호와(야훼)' 라 불리며 이슬람교의 신은 **알라**이다. 이 두 신 여호와와 알라의 어느 쪽이 옳은가를 둘러싸고 기독교와 이슬람교는 오랜 세월에 걸쳐 싸우고 있다고 생각하는 이들도 있을 것이다. 그런데 알라란 아랍어로 '신' 이라는 의미의 단어로 고유 명사가 아니다. 알라 신이란 '신이라는 이름의 신' 이라는 뜻이다.

알라는 본래 유대교, 기독교의 신과 같은 신이다. 그렇다면 싸울 필요 따윈 없지 않은가 하고 생각되겠지만 그렇게 단순한 문제가 아니다. 같은 신이라 하더라도 믿는 방법이 다른 것이다. 알라란 전지전능하며 천지만물의 창조주이다. 그리고 인간처럼 의사와 감정을 갖고 있다. 즉, 인격이 있는 것이다. 여기까지는 유대교와 기독교가 동일하다. 그러나 알라에게는 자녀도 부모도 없다. 따라서 예수가 '신의 아들' 이라고 하는 것은 이슬람 측에서 보면 옳은 것이 아니다. 알라의 특징은 민족, 국적, 성별, 사회적 지위에 관계없이 모든 사람에게 자비와 자애를 베푸는 데 있다. 이 부분은 기독교와 동일하다. 세상에 신도가 퍼진 것은 이같이 민족과 국적을 초월하여 구원을 베푸는 신이기 때문이다.

그런데 알라는 자비와 자애가 넘치는 한편 세상을 멸망하게 할 수도 있는 공포의 신이다. 자신이 창조했으므로 파괴할 수도 있는 것이다. 알라가 종말의 날로 정해 버리면 자연은 파괴되고 사람들에게는 최후의 심판이 내려져 천국 아니면 지옥에 간다. 이처럼 알라는 두려움의 대상이기도 하다. 알라의 외관에 관해서는 알 수 없다. 이슬람교에서는 우상 숭배를 금지하고 있으며 신을 그림으로 그리거나 상을 만드는 것도 금지하고 있다.

알라의 이름

알라에게는 99개의 이름이 있는데 가장 많이 쓰이는 것은 다음과 같다.

① 주(Lord)
② 유일하신 자 (The One)
③ 강하신 자 (The Mighty)
④ 능하신 자 (The Powerful)
⑤ 왕(The King)
⑥ 정복자 (The Overcomer)
⑦ 자비로운 자 (The Merciful)

신앙심을 뒷받침하는 '육신오행六信五行'이란?

신앙은 내면의 문제이므로 정말 신앙심을 갖고 있는지는 본인밖에 알 수가 없다. 그러므로 어떤 종교든 정말 신앙심이 있는지를 뒷받침하는 행위나 행사가 요구된다. 이슬람교에서는 '육신오행'이라고 하는 6개의 신앙과 5개의 행위가 의무화되고 있다.

먼저 '육신'에 대해 알아보자. 이는 이슬람교도로서 믿지 않으면 안 되는 6개의 사항으로 첫 번째는 말할 필요도 없이 유일하고 전능한 신이다. 다음이 그 신의 메시지를 전하는 천사이다. 세 번째는 코란 등의 계전이다. 네 번째는 예언자로 모세나 예수 그리스도 포함되는데 물론 가장 위대한 이는 최후의 예언자인 마호메트이다. 그 다음으로 다섯 번째가 내세이다. 이는 기독교와 동일한 개념으로 죽은 이들은 내세로 바로 가는 것이 아니라 이 세상에 종말이 왔을 때 신이 최후의 심판을 하고 그때에 죽은 이들을 포함하여 천국에 갈지 지옥에 갈지가 정해진다. 이것이 내세이다. 신자는 이 종말과 최후의 심판을 믿지 않으면 안 된다. 그리고 마지막으로 여섯 번째가 예정이다. 인간의 일생은 모두 신의 손에 달려 있다고 하는 것을 믿지 않으면 안 된다. 즉, 어떤 일도 걱정하지 말고 모든 것을 신에게 맡기라는 뜻이다.

그렇지만 육신을 믿는 것만으로는 부족하고 이를 뒷받침하는 구체적인 행위를 5개 행하지 않으면 안 된다. 이것이 '5행'이다. 먼저 신앙 고백과 예배가 있다. 예배는 매일 5회를 드리는데 그때마다 신앙 고백으로 "알라 이외에 신은 없다. 마호메트는 그 사도(예언자)이다"라고 고백한다. 세 번째는 희사이다. 이슬람교에서는 약자 구제, 평등사상이 있는데 일종의 세금과 같은 것으로 재산이 있는 사람은 돈을 내지 않으면 안 된다. 이는 미망인, 고아, 빈곤한 이들 등에게 분배된다. 네 번째는 잘 알려져 있는 **라마단** 달의 단식이다. 1년에 한 번, 한 달에

라마단의 예배모습

걸쳐 낮 동안의 음식이 금지된다. 그리고 마지막이 메카로의 순례이다. 이슬람력 11월 7일부터 10일까지 성지 메카로의 대순례가 행해진다. 마호메트가 죽음 직전에 행한 '이별의 순례'를 본뜬 것으로 일생에 한 번은 꼭 해야 한다. 이 순례는 여비도 소요될 뿐만 아니라 상당한 체력도 요구되는 것이므로 이슬람교도에게 있어서는 일생에 한 번 대이벤트가 된다. 이 오행을 확실히 행함으로써 신앙의 돈독함이 인정되고 천국이 보장되는 것이다.

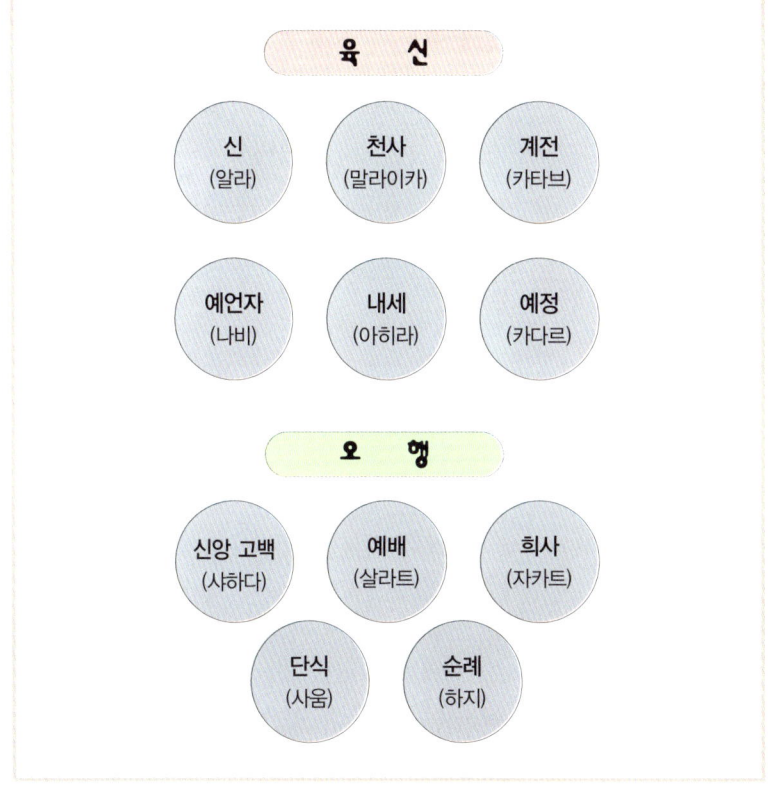

육신오행

신이 정한 엄격한 이슬람법 '샤리아'

한국에서는 선거로 선출된 국민의 대표가 국회에서 법률을 제정한다. 그러나 이슬람교에서는 법을 신이 정한다. 물론 현대의 이슬람 국가에서는 근대적인 의미의 법률은 인간이 제정한 것으로 신이 정한 것은 아니다. 그렇지만 그 기본이 되는 개념은 코란이나 하디스에 있으며 만약 이와 모순된 법률이 있으면 코란의 가르침을 우선하는 국가도 있다. 즉, 이슬람법은 국가의 법을 넘어서고 있는 것이다.

이슬람법은 '샤리아'로 불리는데 원래 의미는 '샘에 이르는 길'이라는 뜻이다. 사막 지대이기 때문에 생긴 단어인데 물은 생사를 정하는 중요한 것으로 샤리아는 좀 더 확대되어 '생명에 이르는 길', '영원한 구원에 이르는 길'이라는 의미가 되었다. 즉, 법이라기보다는 무사도의 '도'에 가깝다. 알라가 제시한 인간이 행해야 할 바른 길, 이것이 이슬람법이다. 내용은 크게 종교 규정과 행동 규정으로 나뉜다. 전자는 종교적 의식에 관한 규정으로 예배나 희사, 순례 등에 관한 상세한 규칙이다. 후자는 일상 생활 전반에 관한 규정으로 혼인, 이혼, 유산 상속과 같은 민법적인 것, 매매, 대차, 계약 등의 상법적인 것, 그리고 범죄의 벌칙을 정한 형법적인 것과 재판에 관한 규정 등을 정한 것이다.

이슬람교에서는 행동의 기준을 인간이 아니라 신의 시점에 둔다. '경찰에게 걸리니까 교통 위반을 하지 않는다'거나, '선생님에게 걸리면 안 되니까 학교에서는 담배를 피우지 않는다'와 같이 인간

샤리아(Sharia)
'구멍에 물을 대는 통로 (the path to a wartering hole)'라는 뜻으로 '진리 또는 알라에게 다가가는 길'이란 의미이다. 코란과 선지자 마호메트의 가르침에 기초한 이슬람의 법률로 서구적 의미의 법보다 훨씬 광범위하여 좁은 의미에서의 법규정뿐만 아니라 의례적인 규정과 정치적 규정을 모두 동등하게 취급하고 있다.

적인 시각에 기준을 두는 것이 아니라 그런 행동을 했을 때 신은 어떻게 생각할까를 염두에 두는 것이다.

그러면 인간의 일상 생활은 5개의 판단 기준으로 나뉜다고 한다. 먼저 '의무 행위(와집)'로 행하지 않으면 안 되는 일이다. 그 다음이 '권장하는 행위(만둡)'로 '하는 편이 좋은 행위'와 '허용되는 행위(무바흐)' 즉, '해도 좋은 행위'가 있는데 대부분 여기에 해당된다. 그 다음이 하지 않는 편이 좋은 '혐오 행위(마크루)'이다. 그리고 마지막인 '금지 행위(하람)'이다. 요약하면 모든 행동, 행위에 대해 실행하기 전에 신이 어떻게 볼 것인가를 생각하고, 선악을 판단하고 나서 행하는 것이 이슬람법에 따르는 것이다.

샤리아의 규정이 도출되는 근거를 '법원(법적 근원)'이라고 부르는데 헌법과 법률 외에 지방자치제에 조례가 있는 것과 같은 이치다. 먼저 이슬람의 최고 법규는 코란으로 여기에 모든 원리 원칙이 있다. 두 번째로는 각 생활에 대한 마호메트의 판단과 해설, 언행을 전한 하디스로 신의 계시를 이해하기 위한 참고 서적으로 대신하기도 한다. 그 다음으로 세 번째가 '모이다'라는 단어가 어원인 '이쥬마'라는 것이다. 이것은 법학자들이 모여서 토의해 결론을 낸 것으로 입법 과정을 통해 정한 것이다. 마지막으로 '키야스'인데 새로운 사태가 발생한 때에 과거의 사례에서 유사한 것을 찾아 추론하는 방법으로 판례를 근거로 하는 것과 같은 것이다.

이슬람 원리주의란?

기독교와 이슬람

이슬람은 예수를 마호메트 이전 시대의 마지막 예언자로 인류의 병을 고치는 치유자였고 신성한 지위를 탐하지 않은 사랑과 가난과 겸손의 사표였다고 여긴다. 당연히 동정녀 마리아에게서 태어난 것을 인정하고 있으며 마리아을 지상에 살았던 가장 위대한 여인 중의 하나로 믿는다. 그러나 십자가의 죽음은 인정하지 않으며 따라서 원죄의 개념이 없으므로 대속의 필요성을 느끼지 않는다.

하느님의 말씀으로 창조된 것이 아니라 태어났다는 의미에서 붙여진 예수의 호칭 로고스(삼위일체의 제2위인 성자聖子)는 코란에 대해서 영향을 미쳤다. 즉, 코란을 창조되지 않은 하느님의 말씀으로 간주한 것이다. 그러므로 현상학적으로 코란은 기독교의 예수와 같은 지위를 갖는 것이다. 즉 '말씀이 육신이 되었다'는 것은 '말씀이 책이 되었다'는 것과 상통한다.

'이슬람 원리주의'라고 하면 '원리주의'라는 말 때문에 마호메트 시대부터 있던 생각을 그대로 지키는 것이라고 생각하는 이도 있을 것이다. 하지만 이슬람 원리주의는 현대에 와서 생긴 것이다. 원래 '원리주의(펀더맨털리즘)'라는 용어는 기독교의 일파를 지칭하는 말이다. 성경의 가르침을 모두 사실 그대로 믿는 사람들로 진화론도 인정하지 않고 병이 생겨도 신앙으로 고치고자 하여 의사에게 가지 않는 등 엄격한 생활을 하고 있는 기독교도를 가리킨다.

이를 본떠 이슬람교도 중에서도 이슬람법을 엄격하게 지키는 사람들을 이슬람 원리주의자라고 부르게 되었다. 이 단어가 특히 유명해진 것은 1979년의 이란의 이슬람 혁명 때부터이다. 이슬람 원리주의의 원류는 정신적인 회귀 운동으로 19세기 말에 시작된 이슬람의 가르침으로 돌아가자는 내용을 담고 있다.

제2차세계대전이 끝나고 독립을 한 뒤 이슬람권에서는 빈부 격차가 심해지는 등 사회적 모순이 확대되었다. 이슬람에서 멀어진 사회를 올바른 형태로 되돌리자고 하는 움직임이 표면화되었다. 그 최초의 대폭발이 이란 혁명이라고 할 수 있다. 혁명 전의 팔레비 국왕은 친미적 성향으로 근대화 노선을 취하고 있었다. 이에 반대하여 국외로 추방된 호메이니가 혁명을 일으켜 국왕을 추방한 것이다. 호메이니의 성공에 영향을 받은 이슬람 원리주의자 일부는 더욱 과격한 사상으로 치달아 테러를 통해 이슬람 정권을 수립하고자 했다. 이 행동이 눈에 띄어 원리주의자는 과격파라고 생각되기 쉬운데, 본래의 이슬람 원리주의 운동은 폭력과는 무관한 이슬람 사회 내부에서의 자정을 요구하는 운동으로 이슬람교도 이외의 사람들에게 폭력을 행사하려는 의도는 없다.

불교는 크게 출가한 승려만이 깨달음을 얻을 수 있다는 상좌 불교와 누구든지 부처가 될 수 있으며 극락에 갈 수 있다는 대승 불교로 나뉜다. 기독교는 가톨릭과 개신교, 동방 정교회로 나뉘며 마리아를 예수만 낳은 성모 마리아로 보고 있는 점에서 가톨릭과 개신교가 다르다. 실제로는 기독교와 형제 관계에 있는 이슬람은 예수를 한 사람의 예언자로 보고 있으며 수니파와 시아파로 나뉜다.

4
다양화된 종교의 역사

어떤 종파가 있고 그 차이는 어디에 있는가?

01 불교 종파의 차이

다양화된 종교의 역사

상좌 불교와 대승 불교의 차이

상좌 불교와 대승 불교의 실천적 특성 비교

상좌 불교	대승 불교
• 번뇌의 측면에서 인간을 이해	• 보리(菩提, 최고의 이상인 불타 정각의 지혜)의 측면에서 인간을 이해
• '개인의 도'에서 출발하여 '지혜의 도'에 그 바탕을 두어 교리에 대한 이해를 강조	• '대중의 도'에서 출발하여 '신앙의 도'에 초점을 맞춰 만인이 함께 갈 수 있는 믿음의 길을 강조
• 점진적 수행(닦음)을 중요시	• 급진적 수행(깨달음)을 중요시
• 원래는 의례가 없었는데 불상이 출현한 뒤 의례를 행함	• 신앙 자체가 의례라고 할 정도로 의례가 중요한 몫을 차지

태국이나 라오스를 여행하면 노란색 의상을 두른 승려가 버스에 타는 것을 자주 볼 수 있다. 그러면 승객들은 바로 일어나 승려에게 자리를 양보하고 한 걸음 물러나서 존경의 뜻을 표한다. 물론 버스 기사도 버스비를 받지 않는다. 인도에서 동남아시아로 전파된 '상좌 불교'는 출가한 승려만이 깨달음을 얻을 수 있다고 보고 있다. 따라서 태국이나 라오스에서 승려가 된다는 것은 엄격한 수행과 금욕을 실천해 부처의 경지에 이르기 위해 노력을 해야 한다는 것을 의미한다. 깨달음을 얻기 어려운 일반 불교도에게 승려는 존경받을 만한 존재인 것은 당연한 얘기다. 또한 상좌 불교에서는 현세에서 선행을 쌓음으로 내세에 더욱 혜택을 받는 인생을 살 수 있

지만 사후 극락에 갈 수 있다고 하지는 않는다.

한편 중국이나 한국, 일본에 전해진 '대승 불교'는 부처나 보살의 자비에 의한 민중의 구제가 강조되고 있다. 누구라도 부처가 될 소질이 있으며 출가하지 않은 신자라도 사후 극락에 갈 수 있다고 한다. 염불을 외우는 것만으로도 구원을 받을 수 있다고 하는 종파도 있다.

상좌 불교와 대승 불교는 이처럼 그 내용은 다르지만 뿌리는 같아 부처에서 시작된 불교이다. 두 개의 파로 분리된 것은 부처가 죽은 후 100년이 지나서였다. 그때부터 불교도들도 부처의 가르침을 직접 듣지 못한 세대가 되었다. 또한 출가한 승려의 생활도 수행을 위한 여행이나 일반 대중 속에 들어가 설법을 하는 시대에서 절에서 생활하고 부처의 가르침을 공부하는 시대가 되었다. 특히 보수파로 불리는 교단의 고승들은 절 안 깊숙한 곳에서 학문과 수행에 전념하고 자기 인격의 완성만을 목적으로 삼게 되었다.

이런 보수파에 반기를 든 것이 젊은 수행승들이다. 절을 나와 대중 안으로 들어가 사람들을 구원하고자 한 것이다. 그들은 출가하여 엄격한 수행을 하지 않아도 모든 중생(살아 있는 모든 생물)은 평등하며 성불할 수 있다고 대중에게 가르쳤다. 즉, 당시의 '진보파'는 부처가 행한 것과 같은 실천

아미타불 阿彌陀佛

대승 불교, 특히 정토 신앙을 숭봉하는 불교 종파에서 가장 중요하게 모시는 부처다. 범어로는 아미타바붓다(amitabha-buddha)라고 하며 무량광불無量光佛, 무량수불無量壽佛이라고 의역하기도 한다. 수준 높은 불교의 교설을 깨닫지 못하는 중생들에게 속히 성불할 수 있는 방법을 제시하였는데, '나무아미타불南無阿彌陀佛'이라는 육자진언六字眞言 또는 육자염불六字念佛이 그것이다. 나무란 귀의한다는 뜻이며, 중생들이 믿고 의지하여 귀의할 대상은 물론 아미타불이다. 누구든지 무량한 광명과 무량한 수명을 지닌 아미타불에 귀의한다는 의미를 지닌 이 염불을 정성껏 지송하면 깨달음을 얻고 성불할 수 있다는 것이다.

활동을 뒷받침으로 하는 불교를 지향했다. 그들 종파는 자신의 깨달음만을 생각하는 좁은 마차가 아니라 많은 이들을 구원하는 거대한 마차라는 의미로 '대승 불교'로 부르게 되었다.

인도에서는 이윽고 대승 불교가 대세를 이루지만 그보다 먼저 보수파의 가르침이 전파된 실론섬(스리랑카)이나 미얀마, 태국, 라오스, 캄보디아에서는 지금도 상좌 불교를 믿고 있다. 상좌 불교를 '소승 불교'라고도 하는데 세계 불교도 회의에서 경시의 의미를 담고 있다고 하여 사용이 금지되었다. 인도에서 대세를 이룬 대승 불교는 그 후 대승 불교 운동으로 발전한다. 특히 중국과 한국, 일본으로 전해져 각각 토착 신앙을 흡수하여 민중 속으로 침투해 간다. 동북아시아로 전파된 까닭에 '북전 불교'라고도 한다.

불교의 전파

밀교와 현교는 어떻게 다른가?

'밀교'라는 단어는 들어 본 적이 있어도 그 내용에 관해서는 잘 모르는 이들이 많을 것이다. 그도 그럴 것이 밀교란, 대중은 좀처럼 이해할 수 없는 은밀한 가르침이기 때문이다. 밀교는 '비밀스런 불교'가 그 이름의 유래이다. 반면 부처의 가르침을 문자로 나타내고 불전으로 남긴 종파는 '현교顯教'라고 한다. 현교는 불전을 읽기만 하면 누구라도 그 전체적인 가르침을 알 수 있다. 그러나 밀교는 말로는 이해할 수 없는 가르침이며, 그 가르침 자체와 수행의 형태도 독특한 것으로 이루어져 있다. 사실 인도의 밀교의 기원은 불교보다 오래된 것으로 알려졌다. 부처의 탄생에서 600년 이상 전에 바라문교의 성전에는 이미 진언(주문)을 외워서 재난을 제거하고 복을 기원하는 것이 기술되어 있다.

부처는 당시 세상에 널리 퍼진 주술이나 비밀스런 의식을 금지했는데, 부처가 죽은 후 불교 신자가 늘어나면서 주술에 흥미를 지닌 승려들도 나타나기 시작했다. 게다가 상좌 불교와 대승 불교로 분열되는 가운데 대승 불교가 최고의 진리로 불타가 존재하고 부처는 그 화신의 하나로 이 세상에 태어났다고 정의하여 부처 외에도 많은 부처가 존재하는 것이 당연시되었다. 그래서 어느 종파는 인도의 민족 종교인 힌두교의 교리나 신들, 나아가 현세 이익적인 의례나 주술을 도입하여 새로운 불교를 만들었다. 이것이 밀교이다. 밀교의 **법신불**은 '대일여래'이다. 이 대일여래는 지나치게 신비스런 말과 표현으로 설법을 하기 때문에 대중은 이해하기 어렵다. 이를

법신불法身佛

법신法身이란 형상적인 육체적 근원의 부처님의 몸을 말하는 것으로 법신불은 우주의 진리를 인격화한 부처로 삼신불三身佛 가운데 하나이다. 불교 초기에 석가모니를 부처로 보다가 그가 입적한 뒤에 신격화되어 절대적인 존재로 부각되었다. 뒤에 대승 불교가 일어나면서 석가모니만은 부처로 보지 않고 영원한 과거부터 이미 성불成佛한 부처가 존재하였고 미래에도 존재하여 인간을 교화할 것이라는 과거불과 미래불이라는 관념이 전개되었다. 이러한 부처를 구원의 법신불이라 한다.

4장 _다양화된 종교의 역사   121

이해하기 위해서는 자기 자신이 부처가 될 필요가 있다고 한다. 그리고 대일여래의 자비가 있으면 누구나 현세에서 부처가 될 수 있고 부처가 되면 대일여래의 가르침을 이해할 수 있다고 한다.

밀교의 수행자는 먼저 대일여래를 중심으로 많은 부처를 그린 '만다라' 앞에 앉아 명상을 한다. 들이마시는 숨을 통해 만다라에 그려진 부처의 세계를 마음 안에 불러들이고 내쉬는 숨을 통해 자신을 부처의 세계로 들여보낸다. 이를 반복하면 범인이라도 부처가 되고 대일여래가 말하는 진리를 이해할 수 있다고 한다. 이 세상을 적극적으로 긍정하는 밀교의 큰 특징으로 범인이라도 부처가 되어 살아갈 수 있다는 의미이다.

'번뇌'나 '애욕'을 극복해야 하는 것으로 보고 있는 현교에 비해 밀교는 섹스를 전부 부정하지는 않으며 깨달음의 수단이 된다고 보고 있다. 옛날에는 섹스를 깨달음의 수단으로 삼는 일파도 존재했을 정도다. 어쨌든 밀교가 '전문가' 용의 종교임을 부정할 수는 없으며, 염불이나 제목을 외는 것만으로 OK라고 하는 알기 쉬운 내용처럼 대중 안에 퍼지지는 못했다.

만다라(曼茶(陀)羅, mandala)
신성한 단壇에 부처와 보살을 배치한 그림으로 우주의 진리를 표현한 불화佛畫이다. 만다라는 크게 대일경大日經을 중심으로 하는 태장계胎藏界만다라와, 금강정경金剛頂을 중심으로 하는 금강계金剛界만다라로 나뉜다.

달라이 라마를 정점으로 하는 티벳 불교란?

노벨 평화상을 수상한 **달라이 라마** 14세로 유명한 티벳 불교는 티벳, 부탄, 몽고, 네팔 등지에 퍼져 있다. 티벳 불교의 가장 큰 특징은 신앙의 대상으로 부처, 법, 승려의 '삼보三寶'에 더하여 '선생'을 의미하는 '라마'라는 지도자를 포함하고 있는 것에 있다. 그 때문에 티벳 불교는 '라마교'라고도 한다. 라마가 되는 것은 자신의 전세前世를 기억하고 있는 어린아이이다. 보살이나 과거의 고승이 라마로 환생한다고 믿고 있기 때문에 전세를 기억하는 어린아이야말로 보살이나 고승의 환생이라고 생각하며, 어릴 때부터 지도자로서 교육을 실시한다. 이러한 신앙은 '전생활불轉生活佛'이라고 한다. 이외에 부탄의 고승으로 영화감독인 키엔첸 노르부처럼 일반 대중 속에서 활동하는 살아 있는 부처도 있다.

티벳 불교는 7세기에 인도 불교가 티벳에 전해져 티벳의 주술적인 민간 종교인 분교와 결합하면서 발전된 것이다. 15세기에 교의가 정비되고 17세기에 달라이 라마 정권이 형성되면서 '달라이 라마'라는 칭호는 티벳의 국왕을 겸하게 되었다. 티벳 불교는 상좌 불교, 대승 불교, 밀교의 가르침을 각각 해설하고 논리적으로 정비된 체계를 갖추고 있다. 현재는 겔루쿠파와 카규파 등 4대 종파로 나뉘어 있는데 정치적 지도자이기도 한 라마가 세계적으로 화제가 되고 있는 것은 중국의 티벳 정책 때문이다.

달라이 라마(제14대)

칼라차크라

영원한 시간의 수레바퀴라는 뜻으로 시간(Kala)과 바퀴(Cakr)의 합성어이다. 달라이 라마가 직접 집전하는 설법을 전하는 법회로 전 세계 티벳 불교 신자의 기도와 염원이 실려 있다. 법회가 끝날 때 아름다운 오색 돌가루로 만들어진 만다라를 강물에 띄워 보낸다. 이런 행위를 하는 이유는, 생겨난 것은 반드시 없어지므로 아름다움에 집착해서는 안 되며 물에 사는 용왕에게 만다라 공양을 드려 인류가 재앙으로부터 고통당하지 않기 하게 위해 바람과 육신을 비롯한 우주 삼라만상이 성스러운 입자, 본질의 세계로 돌아가는 것을 보여 주기 위함이다.

4장_다양화된 종교의 역사 **123**

티벳은 제2차세계대전 후 중국의 침략을 받았으며, 현재도 중국 정부에 의한 지배가 계속되고 있다. 게다가 종교 탄압과 한민족의 이주가 진행되고 있어 티벳의 문화나 종교는 위기 상황에 직면해 있다. 현재는 인도 북서부 다람살라를 중심으로 티벳의 망명 정권이 활동하고 있다. 한국 뉴스에도 달라이 라마가 등장하는 것은 상기에 언급한 망명 정권이 다양한 정보를 해외로 발신하고 있기 때문이다.

다양화된 종교의 역사

02 기독교 종파의 차이와 유대교와의 관계

기독교는 크게 가톨릭, 개신교, 동방 정교회 등 3개의 종파로 나눌 수 있다. 이들은 무엇이 어떻게 다른가?

먼저 '로마 가톨릭 교회', '로마교회'라고도 불리는 가톨릭 교회는 로마 제국의 국교가 된 기독교를 관리, 운영해 온 역사를 지닌 교단이다. 최대의 특징은 로마 교황(법왕)을 전 교회의 정점에 두는 피라미드형 조직에 있다. 피라미드의 정점에 해당하는 교황은 예수로부터 천국의 열쇠를 받은 사도 베드로의 후계자이며 지상에서의 그리스도로 본다. 가르침의 근간을 이루는 것에 최종적인 권위를 지닌 것도 이 교황이다. 그리고 교황 아래에는 주교 - 신부 - 신자로 이어지는 정비된 상하 관계가 있다. '신부'란 하느님과 개인을 잇는 역할을 하는 성직자를 말하며 독신 남성이 그 조건이다.

그러면 개신교를 살펴보자. 16세기의 **루터**나 캘빈의 종교 개혁이 발단이 된 개신교(프로테스탄트, 저항하는 자라는 뜻)는

기독교의 3개 종파

마르틴 루터 크라나흐의 1526~29년 작)

독일의 종교 개혁자이자 신학자이다. 대학에서 법률 공부를 하던 중 우연히 맞은 낙뢰에 친구가 죽는 것을 보게 되자 바로 학업을 중단하고 아우구스티누스수도회에 들어갔다. 하느님은 인간에게 행위를 요구하는 것이 아니라 예수를 통해 은혜를 베풀고 구원하는 신이라는 것을 깨닫고 당시의 교회의 관습이었던 면죄부免罪符 판매에 대해 강하게 비판하며 1517년 95개 조항을 제시하는데 이것이 종교 개혁의 발단이 되었다.

4장 _다양화된 종교의 역사 125

가톨릭 특유의 피라미드형 조직을 비판하는 형태로 탄생했다. 그런 이유로 가톨릭과 같이 거대한 조직이 없으며 수백 개에 이르는 교파가 독립적으로 활동하고 있다. 게다가 개신교에서는 성직자(호칭은 '목사'로 결혼도 가능하며 여성도 할 수 있다), 신자 모두 신 앞에 평등하다고 보고 있으며 각각의 개인이 신과 직접적으로 관계를 갖는다고 생각한다(만인 제사장 주의). 이 부분에서도 가톨릭과 커다란 차이를 보이고 있다.

기독교의 분열

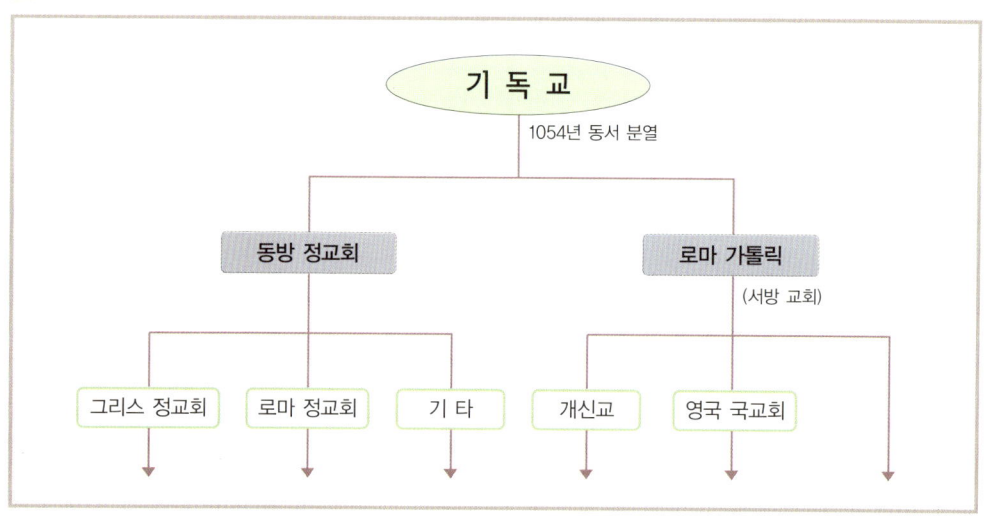

이 밖에도 가톨릭과 개신교가 결정적으로 다른 것은 가톨릭이 의식이나 전통, 전승을 성경과 동일하게 중요시하는 것에 반해 개신교는 성경의 가르침만을 신앙의 기준으로 삼고 있다는 점이다. 또한 성모 마리아를 비롯한 성경의 등장인물을 내세워 숭배하지 않는 것도 개신교의 특징이다.

마지막으로 동방 정교회는 어떤 것일까? 슬라브 각국에 널리 분포하는 동방 정교회는 로마 대주교가 법왕이 되는 것을 반대하여 콘스탄티노플 대주교가 만든 교단이다. 로마 가톨릭 교회에서 정식으로 분리된 것은 1054년이다. 현재는 러시아 정교, 그리스 정교, 루마니아 정교, 세르비아 정교 등 각 나라별로 혹은 민족별로 정교회가 형성되어 '주교' 아래서 각각 독자적으로 활동하고 있다. 가톨릭과 달리 전체적인 수장을 받들거나 피라미드형 조직을 인정하지 않기 때문이다.

동방 정교회의 특징은 고대 가톨릭 교회의 전통에 충실하고 정교 일치, 성속일치, 육체와 정신의 일치를 주장하는 점에 있다. 또한 의식의 스타일도 원시기독교 시대의 방법에 가깝고 초나 향로를 피우고, 성가가 흐르는 기도식은 매우 신비적이다. 이 밖에도 **이콘**으로 불리는 성인의 판화를 숭배하는 점도 동방 정교회의 특징이다.

이콘

그리스어로 성화상聖畵像이라는 뜻이다. 종교·신화 및 그 밖의 관념 체계상 어떤 특정한 의의를 지니고 제작된 미술품에 나타난 인물 또는 형상으로 동방 정교회에서는 예배시 경건성을 자아내게 하고 문맹자들을 교화하며 예배를 하는 자와 하느님 사이의 실질적인 연결 역할을 한다고 믿고 있다.

유대교와 기독교도는 무엇이 같고, 무엇이 다른가?

유대교와 기독교는 구약 성경이라고 하는 공통된 성전을 갖고 있으면서 왜 각각 다른 종교로 존재하고 있는 것인가? 이 단순한 의문은 기독교의 핵심에 다가가기 위한 중요한 포인트가 된다. 유대교도 기독교도 구약 성경과 거기에 등장하는 신을 믿는다는 점에서는 같다. 두 개의 종교가 결정적으로 다른 이유는 구약 성경에 예언되어 있는 '구세주'에 대한 생각이 다르기 때문이다.

기독교에서는 지금까지 기술한 것처럼 예수를 구세주로 생각한다. 반면 유대교는 예수를 구세주로 인정하지 않고 오늘날에도 계속해서 구세주가 오지 않았다며 그를 기다리고 있다. 당연히 예수의 가르침을 기록한 신약 성경을 성전으로 인정하지 않는다. 예수가 유대인의 피를 잇고 유대교의 가르침에 정통했음에도 불구하고 왜 많은 유대교인들은 그를 구세주로 인정하지 않는 것일까?

첫 번째 이유는 양쪽의 율법에 대한 관점이 다르기 때문이다. 유대교에서는 당시나 지금이나 율법의 엄격한 준수가 가장 중시된다. 그런데 예수는 노동이 금지되어 있는 안식일에 환자를 치료하는 등 형식화된 율법을 공공연히 깨트렸다. 예수는 산상수훈에서 다음과 같이 가르치고 있다.

귀신 들린 딸을 고치는 예수(P. 베로네제 1570년 작)

"내가 율법이나 선지자를 폐하러 온 줄로 생각하지 말라. 폐하러 온 것이 아니라 완전하게 함이로다[마태복음 5장 17절]."

예수의 이 말은 결국 율법은 미완성된 것이라는 얘기다. 율법을 절대시하는 유대교도가 이에 반발한 것은 당연한 일이다. 게다가 예수는 율법을 깬 자는 물론이고 사마리아인 (유대인이면서 포로 시대에 이교도와 결혼한 자들의 후예) 과 로마인들도 믿음이 있으면 구원받을 수 있다고 했다. 이것 역시 '선택받은 백성'으로

128

자부하던 유대인들에게는 정체성을 부정당하는 일이었다.

또한 유대교에서는 당연히 구세주가 정치적인 지도력을 발휘하여 왕국을 부흥시켜야 한다고 생각했는데 예수는 이교도인 로마로부터 이스라엘을 탈환하고자 하는 의지가 없었다. 이에 유대인들은 실망하여 예수를 '거짓 메시아'로 생각하게 되었다. 이상과 같은 이유로 유대교와 기독교는 구약 성경을 기본으로 하면서도 다른 두 개의 종교로 갈라진 것이다. 기독교가 그들의 신을 아버지, 아들, 성령의 '삼위일체'로 본 것에 반해 유대교인들은 신을 절대 유일한 야훼 한 분으로 본 것은 결국 근본적으로 예수를 구세주로 인정하지 않는다는 것이다.

가톨릭과 개신교의 마리아에 관한 서로 다른 해석

예수 그리스도의 어머니로서 '성모', '마돈나' 등으로 존칭되는 마리아. 그렇지만 기독교 사상 중요 인물임에도 불구하고 성경 안에 마리아에 관한 기술은 매우 미미하다. 신약 성경에 수록되어 있지 않은 '외전'이나 기독교 주변의 전승을 바탕으로 마리아의 생애를 살펴보기로 하자.

'야고보 원복음서'라는 신약 성경의 외전에 따르면 마리아는 나사렛의 요아킴과 안나 사이에서 태어났다고 한다. 오랫동안 부부에게

마리아(엘 그레코의 1590년 작)

는 아이가 없었는데 신의 계시로 겨우 얻은 아이가 마리아였다. 기쁨에 들뜬 안나는 신에게 아이를 바칠 것을 결심하고 3살된 마리아를 신전에 맡겼다. 이렇게 부모와 떨어진 마리아는 14살이 될 때까지 신전 안에서 신을 찬미하며 보냈다. 이윽고 마리아가 성인이 되자 제사장들은 마리아에게 적당한 남자를 찾아 주어 결혼시키려고 했다. 일설에 의하면 마리아와 결혼하기 위해 많은 남자들이 나라 전체에서 모여들었다고 하는데 그 가운데서 선택받은 사람이 목수 **요셉**이었다.

그런데 마리아가 처녀로 예수를 잉태해서 낳자 요셉은 예수와의 혈연 관계가 없어진다. 하지만 요셉은 예수와 아무 의미가 없는 존재가 아니었다. 구약 성경에 보면 구세주는 다윗 자손에게서 난다는 예언이 있다. 바로 요셉이 다윗의 자손이었다. 그와 결혼한 마리아 앞에 천사 가브리엘이 나타나 얼마 후에 남자 아이가 태어날 것이라고 계시한다. 이 때 마리아는 아직 10대 중반으로 성경에 기록되어 있는 것처럼 베들레헴 마구간에서 예수를 낳게 된다. 예수라는 이름은 천사의 계시로 지어진 것이다[아들을 낳으리니 이름을 예수라 하라. 이는 그가 자기 백성을 저희 죄에서 구원할 자이심이라 하니라(마태복음 1장 21절)].

아기 예수를 안고 있는 아버지 요셉(G 레니의 1635년 작)

그렇다면 예수를 출산한 후 마리아는 어떤 삶을 살았을까? 성경에는 해롯왕의 대학살을 피하기 위해 예수와 함께 이집트로 피한 이야기와 가나의 혼인 잔치 이야기 외에는 마리아에 관한 기술이 거의 없다. 다만 전승에 따르면 마리아는 예수의 선교 여행에 동행했다고 되어 있다. 많은 회화나 조각의 **피에타**는 마리아가 아들의 처형을 직접 바라보는 슬픔을 겪었음을 보여 준다.

앞에서도 언급한 것처럼 마리아의 종교적인 위치는 가톨릭과 개신교가 크게 다르다. 가톨릭에서는 마리아를 '구세주의 어머니가 되는 권위를 부여 받은 인류 가운데 가장 축복받은 자'로서 '성모 마리아', '마리아님'으로 존칭하지만, 개신교에서는 마리아를 특별하게 여기지 않으며 단지 '예수의 모친 마리아'로만 본다.

또한 마리아의 처녀성에 대해서도 가톨릭과 개신교의 견해는 완전히 다르다. 가톨릭에서는 마리아를 '성처녀'라고 하며 일생 처녀였다고 믿고 있지만 개신교에서는 예수를 나은 후 요셉과의 사이에서 몇 명의 아이를 더 낳은 것으로 되어 있다.

피에타

예수를 십자가에서 내려 매장하기 직전에 마라아가 그 시신을 안고 애도하는 장면을 묘사하고 있는 것으로 중세 말기부터 르네상스 시대의 조각 회화에 나타난 기독교 미술의 주제를 일컫는다. 이탈리아어로 경건한 마음, 경건한 동정同情이라는 뜻으로 "신이여 불쌍히 여기소서"라고 기도할 때 이 명사가 쓰인다.

03 이슬람교 종파의 차이와 기독교와의 관계

다양화된 종교의 역사

실제로는 기독교와 형제 관계에 있는 이슬람교

알라의 유일성은 이슬람교에 있어 가장 중추적인 사상이다. "알라 외에 다른 신은 없다"라는 신앙고백은 무슬림의 이러한 사상을 가장 잘 표현해 주고 있다.

기독교가 유대교의 한 분파로 출발한 것은 잘 알려져 있는데, 이슬람은 그 양쪽의 영향 아래에서 탄생했다. 이슬람의 시조인 마호메트가 살고 있던 7세기의 아라비아 반도에는 유대교도와 기독교도가 많이 살고 있었으며 상인이었던 마호메트는 그들과 친구처럼 지냈다.

코란에는 구약과 신약 성경과 같은 내용이 기록되어 있는 부분이 있으며, 이슬람의 신앙의 대상이 신이라는 점도 기독교와 유대교와 같다. 신이 천지를 창조하고 마지막 날에는 심판을 내린다고 하는 부분 역시 모두 같다.

크게 다른 점이라고 한다면 기독교가 예수를 '신의 아들'로서 신앙의 대상으로 삼고 있는 대해 반해 이슬람에서는 예수를 어디까지나 예언자 중의 한 사람으로 보며 신의 아들로 보지 않고 신앙의 대상으로도 여기지 않는다는 점이다. 또한 유대교는 율법을 준수하면 자신들만이 구원받는다고 하지만 이 점에 대해 이슬람교는 율법을 왜곡하고 있다고 비판한다.

코란이 인정하고 있는 것은 구약 성경의 마지막 5장과 신약 성경의 4개 복음서이다. 그렇지만 이것도 모두 옳은 것은 아니고 코란이 옳다고 보증하고 있는 것만 해당이 된다.

그래도 이슬람교도는 기독교도를 경전을 받은 동료로 보고 있으며 적으로는 생각지 않는다. 그런데 기독교도는 이슬람교를 인정하지 않는다. 기독교도는 뒤에 나타난 이슬람교가 예수를 신의 아들로 보지 않는 점에 대해 처음부터 냉담하게 대해 왔다. 게다가 이슬람교가 순식간에 아라비아 반도 전체에 퍼져 나가 그 세력이 확대되는 것에 대해 불안을 느꼈다. 이 세력 경쟁이 오늘날까지 이어지는 불화의 핵심이 되었다.

무슬림과 예수

무슬림은 예수를 구약의 여러 선지자들처럼 높이 여긴다. 하지만 성경은 반드시 폐기되어야 한다고 본다. 성경은 선지자들의 잘못된 자세를 지적하고 있는데 지금까지 하느님의 선지자들이 실수를 범한 적이 없기에 잘못된 것이라고 주장한다. 그들은 예수를 향한 존경심은 있지만 예수가 하느님의 아들이며 거룩한 분이라는 관점에서 하느님은 신으로 사람이 아니기에 아들을 갖지 않고 어떤 사람과도 비교할 수 없는 뛰어난 분이라고 코란을 내세우며 주장한다.
또한 예수의 십자가의 죽음을 부정한다. 인간의 죄를 위한 대속의 죽음의 필요성을 인정하지 않으며 하느님이 자신의 선지자를 그렇게 은혜롭지 않은 방법으로 죽이지는 않는다는 것이다. 특히 이 부분을 성경을 폐기해야 하는 강력한 이유로 들고 있다.

이슬람교의 수니파와 시아파는 어떻게 다른가?

기독교에 가톨릭과 개신교가 있는 것처럼 이슬람교에도 크게 두 개의 종파가 있다. 수니파와 시아파가 그것이다. 수적으로는 수니파가 압도적으로 많아 이슬람교도 전체의 90%를 차지한다.

수니파도 시아파도 모두 코란의 가르침을 따른

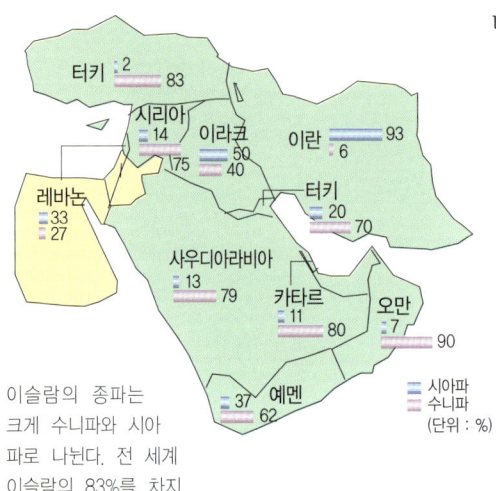

수니파와 시아파의 분포

이슬람의 종파는 크게 수니파와 시아파로 나뉜다. 전 세계 이슬람의 83%를 차지하는 반면 시아파는 16%에 불과하다.

다는 점에서는 같다. 단 시아파가 가르침에 더욱 엄격하고 이상주의적이라고 할 수 있다. 시아파에서는 코란의 가르침이 절대적이며 거기에서 벗어난 행위는 용납하지 않는다.

반면 수니파는 비교적 유연성이 있어 수니파가 우세한 국가에서는 구미 사상을 적절하게 받아들여 근대화 노선을 걷는 곳이 많다. 사우디아라비아나 쿠웨이트가 그 대표적인 국가로 석유 개발로 수익을 올려 경제 발전을 이루었다. 하지만 시아파는 서구화 노선을 비판적 시각으로 보고 있으며 그 대표적인 국가는 이란이다.

그렇다면 이슬람 원리주의는 시아파인가 생각하겠지만 이는 양측 모두 존재한다. 최근에는 지도자의 방침에 반발하여 분파를 만드는 이들이 속출하고 그 대부분이 이슬람 원리주의의 조직을 취하고 있다. 그러면 원래 수니파와 시아파는 어떻게 다른 것일까? 이는 후계자 다툼에서 발단한 것이다.

최후의 예언자인 마호메트가 죽고 나서 교단을 이끌어 갈 지도자에게 '칼리프'라는 칭호가 주어졌다. '신의 사도의 대리'라는 의미로 초대 칼리프는 아부 바크르라는 마호메트의 처 아이샤의 아버지이다. 아부 바크르는 마호메트의 오랜 친구로 가장 오래된 신자였다. 마호메트가 죽은 뒤 혼란을 수습하고 약 2년간 칼리프 자리에 있었다. 2대 칼리프는 역시 마호메트의 장인으로 처, 하후사의 아버지 오마르이다. 오마르는 무용에 뛰어나 시리아나 이집트, 이란 방면으로 영토를 확대하는 한편 이슬람력의 제정과 이슬람법 제도의 정비에 노력했다. 3대 칼리프는 우마이야가의 오스만으로 그는 마호메트의 딸, 루카이야의 남편이어서 선출되었다.

이 유능한 3대 칼리프 시대를 거치면서 이슬람은 단숨에 세력을 확장한다. 4대째를 이은 것은 마호메트의 사촌이며 마호메트의 딸 파티마와 결혼한 알리로 여기까지를 정통 4대 칼리프 시대라고 한다.

그런데 4대째인 알리가 3대째인 오스만 가문인 우마이야가와의 대립 관계에서 암살되고 말았다. 이 사건이 내부 분열의 시발점이 되었다. 알리의 사당은 이라크의 나지프에 있으며 시아파의 성지이다. 이곳은 현재 이라크 문제와 관련해서도 중요한 장소이다.

시아파의 성지 압바스 사원

그 이후 칼리프 자리를 둘러싼 후계자의 최종 다툼 끝에 분열하여 우마이야가는 칼리프 자리를 동 가문이 세습하기로 정하고 무아위야가 그 자리에 앉게 된다. 이것이 수니파의 시작이다. 수니란 '관행'이라는 의미로 '종교적 권위는 예언자의 수니(관행)를 통해 움마(공동체)에 계승된다'는 생각을 갖고 시작되었다. 종교적인 것은 옛날의 관행에 따르고 정치적인 것은 칼리프에 따른다는 것이다.

이슬람교의 분열

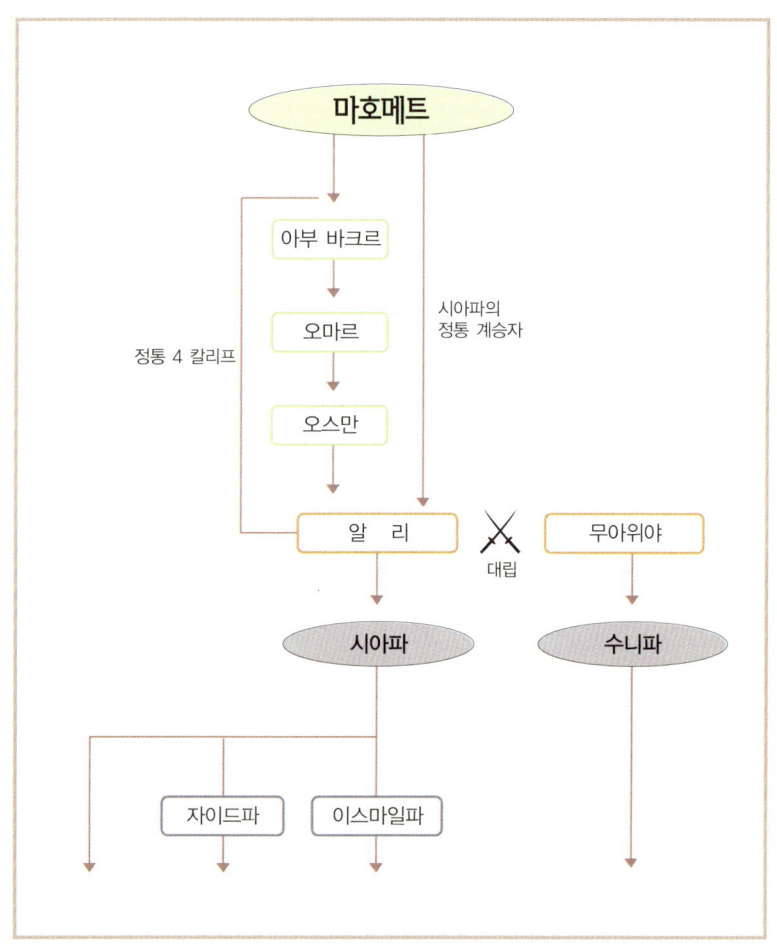

한편 알리 지지파는 이에 반발하여 마호메트의 피를 이은 알리 가족이야말로 후계자로 적합하다고 주장했다. 새롭게 '이맘(최고 지도자)'이라는 칭호를 사용하고 알리를 초대 이맘으로 한 다른 파를 만들었다. 이것이 '시아 알리(알리당)'로 후에 약칭하여 시아파가 된다. 시아파는 수니파와 달리 정치적 권위뿐만 아니라 종교적 권위도 함께 이맘에게 계승된다고 생각했다. 이맘은 알리의 자손이 잇는 걸로 정해 한동안은 문제없이 계승되었지만, 5대째를 둘러싸고 다시 후계자 다툼으로 인해 분열했다. 그래서 성립된 것이 자이드파이다. 나아가 7대째를 둘러싼 분열로 인해 이스마일파가 생겨난다. 이슬람에는 이 밖에도 몇 개의 분파가 있고 저마다 주장하는 바가 다르다.

불교에서는 육체가 죽어도 영혼은 계속 살아남아 생사를 반복한다는 윤회전생을 믿는다. 요한계시록에는 기독교의 말세에 관한 일이 상징적으로 그려져 있는데 예수가 다시 재림해 최후의 심판을 통해 천국과 지옥으로 갈 사람을 나눈다. 이슬람 역시 내세에 대한 강한 믿음을 가지고 있어 육체가 부활하는 것을 확신하고 있다.

5
종말관, 사생관의 요점

사후 세계는 어떻게 생각하고 있는가?

01 불교의 사후 세계

종말관, 사생관의 요점

죽은 자는 '황천길'을 떠난다

십왕

불교에서는 사람이 죽으면 그 날로부터 49일되는 날까지 7일째마다 차례로 7번 염라계의 십왕 앞에 나아가 생전의 지은 죄의 경중과 선·악행을 심판받는다고 한다.

① 태광대왕泰廣大王
② 초강대왕初江大王
③ 송제대왕宋帝大王
④ 오관대왕五官大王
⑤ 염라대왕閻羅大王
⑥ 변성대왕變成大王
⑦ 태산대왕泰山大王
⑧ 평등대왕平等大王
⑨ 도시대왕都市大王
⑩ 오도전륜대왕五道轉輪大王

불교식 장례에서 유체에 여행용 복장을 입히는 나라가 있는데 불교에서는 사람이 죽으면 황천으로 여행을 떠난다고 생각하기 때문이다. 황천으로의 여행은 먼저 산길부터 시작된다. 별빛에만 의지해서 혼자 터벅터벅 7일간에 걸쳐 걸어간다. 그 사이 죽은 이의 몸은 매우 작아져서 인간에게는 보이지 않지만 배가 고파지므로 '향'을 먹는다. 지금도 불당에 향을 계속 피우고 있는 것은 그런 연유에서이다. 죽은 지 7일째 황천의 왕청에 도착하면 생전에 저지른 죄에 대해 재판을 받고 내세의 갈 곳이 정해진다. 사람이 죽은 뒤 처음하는 7일의 법요는 최초의 심판관인 태광대왕 앞에 서는 것이 사후 7일째라는 것에 근거하고 있다.

최초의 재판이 끝나면 바로 삼도천 앞으로 간다. 인도의 불전에 이 삼도천에 대해 나와 있으며 중국에서 만들어진 '**십왕경**'이라는 경전에 모양새가 기록되어 있다. 삼도천은 명계(지옥)를 가로지르는 큰 강으로 누구나가 이 강을 건너지 않으면 안 된다.

삼도천이라는 이름은 건너는 방법이 세 가지 있다는 것에서 유래한다. 물살이 느리고 빠른 여울이 있어 생전의 업에 따라 산수뢰山水瀨·강심연江沈淵·유교도有蕎渡 등 세 가지 길 중에 하나로 건너게 된다. 이 삼도천을 건너는 운임을 육전이라 하며 옛날부터 관에 돈을 넣는 것은 삼도천을 건너가는 데 사용하라는 의미에서였다.

삼도천을 건너면 그 기슭에 **의령수**라는 나무가 있는데 그곳에서 죽은 자는 의복을 벗는다. 옷을 다 벗고 알몸으로 서면 눈앞에 제2법정이 있고 이곳에서 생전에 행한 살생에 대해 심판을 받는다. 나아가 제3법정에서는 음란한 죄에 관해 조사를 받으며, 죽은 자가 남자이면 고양이가 남자의 성기에 덥석 달라붙고 여자이면 뱀이 여자의 성기를 통해 몸속으로 들어가 조사를 한다고 한다. 그 뒤 제4법정에서 생전에 말한 것과 행동한 것에 대한 악행을 판결받고 제5법정에서는 염라대왕이 생전에 저지른 악행을 '정파리경'이라는 거울에 비춰 보여 준다. 거짓을 말하면 혀를 뽑히게 되는 것도 이 장면에서이다. 제6법정에서 다시 생전의 악행에 관해 조사를 받고 드디어 마지막 제7 법정에서 태산대왕이 내세에 갈 곳에 대한 최종적인 결정이 내린다.

여기까지 49일이 걸리며 유족이 49일의 법요를 진행하는 동안 죽은 자가 갈 곳이 정해지게 된다. 다만 태산대왕은 그에게 "가라"는 말밖에 하지 않는다. 그 앞은 6개의 길로 나뉘어져 있고 각각 천도, 인도, 수라도, 축생도, 아귀도, 지옥도로 이어져 있다. 죽은 자는

삼도천三途川과 의령수衣領樹

산수뢰나 강심연은 수영을 하거나 배 또는 큰차를 타고 건널 수 있으며 유도교는 교량으로 걸어가거나 가마나 차를 타고 간다. 강의 3분의 2 지점부터는 풍랑이 심하여 배가 전복되거나 수영하는 자가 파도에 휩쓸려 떠내려가 강을 건너지 못하며 유도교는 다리 입구에 턱이 있어 올라서기가 어렵다고 한다. 강을 건너면 그곳에 장두하葬頭河란 관청이 줄지어 있고 그 앞에 의령수가 있다. 의령수 앞에는 우두牛頭라는 귀신이 쇠방망이를 들고 지키고 있으며 탈의파는 망자의 옷을 벗기고 현의옹은 그 옷을 나뭇가지에 매단 후 죄를 조사하여 영혼을 관청으로 보낸다.

이 6개의 길 중 하나를 골라 걷기 시작하는데 어느 길을 고르는가는 그 사람이 생전에 행한 행위에 따라 정해진다. 즉, 전세의 행위에 반드시 그 응보가 있다고 하는 것이 불교의 대원리이다.

불교에서는 '환생'을 어떻게 생각하는가?

화엄사 시왕도 중 '육도 왕환'의 장면으로 마지막 심판이 끝나고 죽은 자가 살았을 때 지은 죄 값에 따라 육도 윤회하는 모습. 불교에서 환생은 죽은 뒤 다른 존재의 육체로 태어난다는 것을 말하는데 그 몸은 사람이 아닐 수도 있다.

육체가 죽어도 영혼은 계속 살아남아 생사를 반복한다는 이른바 '윤회전생'을 믿는 이들이 있다. 윤회전생은 고대 인도에서 전해진 것으로 부처 자신은 죽은 뒤의 일은 진리와 직접 관계가 없는 것으로 보고 윤회전생에 대해서는 언급하지 않았다. 또한 부처는 '모든 생물은 변하며 실체가 없다'고 생각했으며 영원히 윤회하는 영혼의 존재도 인정하지 않았다.

불교의 윤회전생에 관한 개념은 부처가 죽은 뒤 활발한 논의가 이루어진 뒤 도입된 것이다. 이에 따르면 죽은 이의 세계는 '윤회하는 세계'와 '윤회하지 않는 세계' 둘로 나뉜다. 윤회하지 않는 세계는 '깨달음의 세계'나 '열반의 세계'로 윤회하는 세계에서 윤회하지 않는 세계로 가는 것을 해탈이라고 한다. 보통 깨달음의 경지에 도달하지 못한 생물(중생)은 윤회하는 세계에서 **환생**을 거듭한다고 한다.

윤회하는 세계는 크게 3개의 세계로 나뉘는데 욕심도 물질도 없고 정신만을 가진 존재가 사는 '무색계', 욕심과는 멀어졌지만 물질적인 것에 사로잡혀 있는 존재가 사는 '색계', 아직 여러 가지 욕망에 사로잡혀 있는 존재가 사는 '욕계'이다.

보통 인간은 욕계에 살고 있으며 욕계는 6개의 세계로 나뉜다. 최상위가 인도의 토착신들이 사는 천도, 두 번째가 인간이 사는 인도, 그리고 세 번째가 아수라가 살며, 싸움이 끊이지 않는 수라도이다. '아수라장'이라는 말은 이 수라도에서 유래한다. 또한 그 아래에는 인간을 제외한 모든 동물이 사는 축생도, 항상 배고픔과 목마름에 고통 받는 아귀가 사는 아귀도, 죄를 지은 인간이 떨어지는 지옥

윤회전생

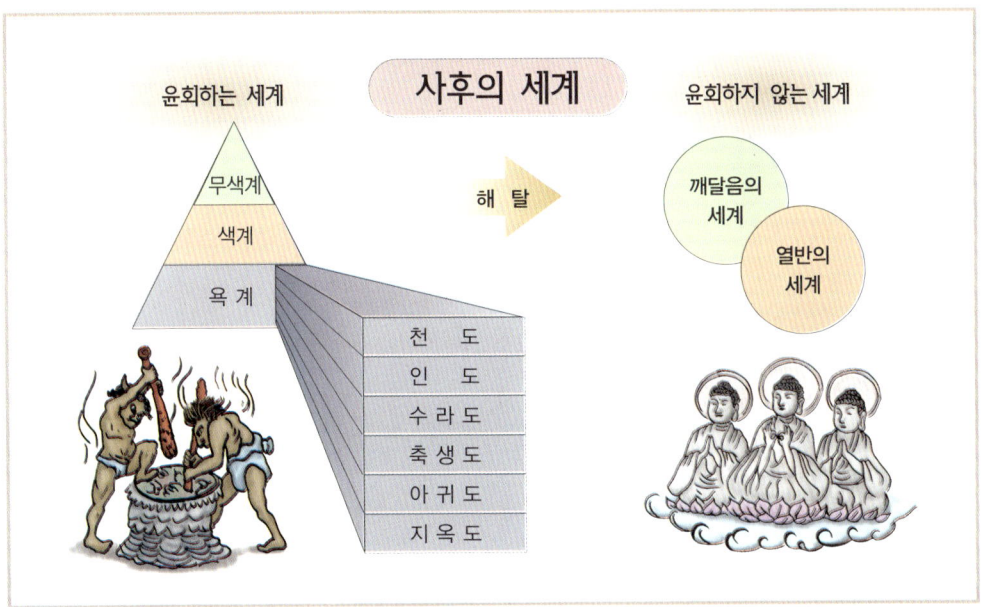

5장 _종말관, 사생관의 요점

도가 있다. 이런 생각들을 총칭해서 '3계·6도의 윤회'라고 한다. 인간이 죽으면 명도(저승)에서 생전에 지은 죄에 대해 심판을 받고, 그 정도에 따라서 3계·6도 중에 해당되는 곳으로 갈 데가 정해진다. 이 3계·6도에서 윤회를 반복하는 것을 윤회전생이라고 하며, 이곳에서 빠져 나오면 윤회하지 않는 깨달음의 세계로 갈 수 있다.

극락정토는 어떤 세계인가?

관음보살觀音菩薩

관세음보살의 준말로 관자재觀自在 보살이라고도 한다. 대자대비大慈大悲의 상징으로 우리나라에서 가장 널리 존중되는 보살이다.

목욕탕에서 목욕을 하면서 "아아, 극락이다. 극락이야"라고 중얼거리는 할아버지가 있다. 할머니가 손자에게 등을 안마 받으면서 "극락이다. 극락" 혼잣말을 한다. 불교에서 말하는 '극락'이란 고뇌가 전혀 없는 안락한 세계를 뜻한다. '정토'란 부처나 보살이 사는 정결한 국토라는 의미이다.

'극락정토'란 죽은 뒤에 가는 이상향을 말하는데 원래 부처의 가르침에는 집착을 버리는 수행을 쌓음으로써 비로소 가게 되는 세계로 되어 있다. 때문에 출가를 하고 승려가 되어 수행을 한 사람만이 갈 수 있는 곳이다.

그러나 대승 불교에서는 수행을 하지 않아도 부처가 극락에 데려가 준다고 생각했다. 예를 들어 '정토교'에서는 어떤 사람이라도 그저 '나무아미타불'을 외우면 아미타불이 안락한 세계로 데려가 준다고 믿는다. 이 아미타불이 만든 세계를 '서방극락정토'라고 한다. 극락정토는 서방의 아주 먼 '십만억토'에 있으며, 덥지도 춥지도 않고 낮에도 밤에도 광명이 비치는 세계이다. 지면이 황금이며 500억 개의 궁전과 누각들이 즐비하고 주변에는 좋은 향기가 떠돌고 있다. 그곳에 사는 사람은 아미타불의 불가사의한 빛에 싸여 있으며 그 빛에 싸이면 진리를 알 수 있는 눈을 얻어 설법이 자연스럽게 귀에 들어온다. 이 설법을 듣고 있으면 마음이 편안해지고 여유로워진다고 한다. 또한 놀고 싶으면 금사가 깔린 강이나 은사로 되어 있는 연못에서 배를 타고 놀아도 되고 음악을 연주하거나 7색의 꽃을 뿌려도 좋다. 공중에 하늘하늘 떠올라 독경을 하거나 좌선을 해도 좋고 아무런 고뇌도 없는 세계에서 생각한 대로 즐기면 된다고 한다. 게다가 정토에는 수명이 없기 때문에 영원히 즐겁고 편안하게 살 수 있다고 한다.

아울러 대승 불교에서는 아미타불의 서방극락정토 외에도 **약사여래**의 '유리광정토', **관음보살**의 '보타락정토', **미륵보살**의 '도솔천' 등 많은 부처가 각각 부처의 나라를 갖고 있으며, 이들을 '정토'로 총칭한다.

약사여래 藥師如來

약사유리광여래藥師瑠璃光如來의 준말로 보통 약사여래 또는 약사불이라고 부른다. 중생을 모든 병고에서 구하고, 무명無明의 고질까지도 치유하여 깨달음으로 인도한다.

미륵보살 彌勒菩薩

석가모니의 뒤를 이어 57억 년 후에 세상에 출현하여 화림원華林園의 용화수龍華樹 아래에서 성도하여 3회의 설법으로 3백 억의 중생을 구제할 미래의 부처이다. 성불하기 이전까지를 미륵보살이라고 하고 성불한 뒤를 미륵불이라고 부른다.

지옥에서 죽은 자가 받는 비참한 벌이란?

지장보살도

지장보살은 이불二佛(석가모니와 미륵 부처) 사이, 즉 우리가 사는 현세에 지옥 중생을 모두 구하겠다고 서원을 한 보살이다. 지옥에서 고통받는 중생이 단 한 사람이라도 남아 있다면 결코 성불하지도 않을 것이고 지옥을 떠나지도 않겠다는 것이다.

"지옥에나 떨어져라!"라는 욕이 있는데 이것도 불교에서 나온 말이라고 할 수 있다. 불교에서 말하는 '지옥'이란 현세에서 죄를 지은 자가 죽은 뒤에 떨어지는 곳이다. 말하자면 벌을 받는 지하 감옥인 것이다. 이곳에 떨어져야 하는지를 판정하는 것은 7명의 왕으로 그 가운데 잘 알려져 있는 왕이 '염라대왕'이다. 염라대왕의 '정파리경'이라는 거울에 생전에 행한 모든 것이 비춰져 심판을 받게 된다. 그리고 그 사람이 저지른 죄에 따라 전부 136개나 되는 지옥의 갈 곳이 결정된다.

지옥에는 '팔열지옥'과 '팔한지옥'이 있다. '팔열지옥'은 8층 건물이 늘어서 있는 것과 같은데 아래로 갈수록 죄가 무거워진다. 최상층에 있는 것이 살생한 자가 떨어진다고 하는 '등활지옥'으로 여기서는 지옥의 옥졸(鬼)에게 쇠봉으로 얻어맞거나 칼에 맞게 된다. 한 번 죽었다고 하지만 아직 숨을 쉬고 있으므로 맞거나 베이는 일이 몇 번씩이나 반복된다. 형기는 가장 가벼운 등활지옥에서도 수조억 년이나 된다. 살생에 더해 도둑질을 한 자가 떨어지는 것이 두 번째의 '흑승지옥'이다. 여기서는 뜨거운 쇠사슬로 몸을 묶고 뜨거운 도끼로 자른다. 나아가 살생과 도둑질에 더해 사악한 음행을 저지른 자가 떨어지는 것이 '중합지옥'으로 여기서는 도엽림刀葉林에 다른 죄인들과 함께 던져지고 불에 빨갛게 달구어진 부리를 가진 독수리에게 쪼인다.

살생, 도둑질, 사악한 음행 외에 음주의 죄를 저지른 자가 떨어지는 것이 '규환(叫喚)지옥'이다. 옥졸의 두목이 죄인들을 철 냄비에 던져 넣고 끓어오르는 구리물을 마시게 한다. 상기 죄에 더하여 거짓말까지 한 자는 '대규환지옥'에 떨어진다. 형벌의 내용은 '규환지옥'과 같지만 고통은 10배가 된다고 한다. 나아가 이들 죄에 더하여 불교(佛敎)까지 부정한 자가 떨어지는 것이 '염열지옥'이다. 여기서는 매우 뜨거운 철판 위에서 구워지고 종이처럼 얇게 펴진다. 마지막으로 '무간지옥'이다. 청소년 시절에 살생을 하고, 도둑질을 하고, 술을 마시고, 불순한 이성 교제를 하고, 부모님이나 선생님에게 거짓말을 한 사람은 그것만으로 적어도 '대규환지옥'에 떨어지게 된다.

한편 '팔한지옥'에서는 옥졸이 없기 때문에 체벌은 없지만 아무도 없는 혹한의 광야에 내버려진다. 팔한지옥에는 격심한 추위로 인해 몸에 부스럼이 생기는 '알부타지옥'과 더욱 추워서 부스럼이 부어터지는 고통이 더해지는 '니라부타지옥'이 있다. 너무 추워서 목소리가 나오지 않아 혀끝으로만 '아다다'라고 비명을 지르는 '알찰타지옥', 확확 비명을 지르는 '확확파지옥', 목이 떨려 '호호' 신음만 내는 '호호파지옥', 너무 추워서 몸이 찢기는 '올발라지옥', 찢긴 몸이 벗겨지는 '발특마지옥', 진홍색으로 물든 몸이 조각조각 나서 백골화되는 '마하발특마지옥'이 있다고 한다.

불교의 지옥

팔열지옥

등활지옥
흑승지옥
중합지옥
규환지옥
대규환지옥
염열지옥
대염열지옥
무간지옥

팔한지옥

알부타지옥
니라부타지옥
알찰타지옥
확확파지옥
호호파지옥
올발라지옥
발특마지옥
마하발특마지옥

종말관, 사생관의 요점

02 기독교의 종말관

천사와 악마는 어떤 존재인가?

미카엘

구약 성경이나 신약 성경에는 흔히 천사와 악마가 등장하는 것을 볼 수 있다. 타락한 도시 소돔을 일순간에 멸한 것도 신의 명령을 받은 천사이며 예수가 태어났을 때 양치기들 앞에 나타나 "하늘에 영광, 땅에는 평화"를 노래한 것도 천사들이다. 한편 악마는 뱀의 모습으로 등장하여 아담과 이브를 유혹하고 7개의 머리를 가진 용의 모습으로 나타나 천사와 싸운다. 그렇다면 이 천사와 악마는 원래 기독교에서 어떤 존재이었을까?

천사는 영어로 angel이라고 한다. 이 단어는 원래 히브리어의 '전령, 사자使者'를 헬라어로 번역한 '엥겔로스 angelos'에서 유래한다. 따라서 천사는 신의 메시지를 인간에게 전하는 존재라고 할 수 있다.

성경을 주의 깊게 읽어 보면 천사가 군단처럼 조직되어 있는 것을 알 수 있다. '느헤미야'에는 "오직 주는…… 천군이 주께 경배하나이다[9장 6절]"라는 부분이 있다. 여기서 말하는 '천군'은 바로 천사를 가리킨다.

흔히 천사라고 하면 큐피트처럼 귀엽고 온화한 모습을 떠올리기 쉬운데 그것은 그리스 신화의 영향으로 후세에 만들어진 이미지일 뿐이다. 성경에 등장하는 천사는 신의 의지에 반하는 자를 가차없이 멸하는 강한 위엄을 지닌 존재이다. 천사군의 수장을 맡고 있는 **미카엘**이 회화에서 그려진 모습을 떠올리면 이해가 쉬울 것이다. **4대 천사** 중의 하나인 미카엘은 프랑시스의 교당 영웅 잔 다르크 앞에 그 모습을 드러내 구국의 사명을 전한 것으로도 잘 알려져 있다. 또한 뒤에서 언급하겠지만 '천하 대전쟁'에서 사탄을 물리친 천사이기도 하다. 성경에 등장하는 천사에는 이외에도 예수의 탄생을 알린 가브리엘, 법에 관해 매우 엄격하고 세상에 대홍수가 일어날 것을 노아에게 전한 우리엘, 인간의 충성심을 시험하는 역할을 하는 루시퍼 등이 있다. 가브리엘은 회화에서 백합을 든 모습으로 자주 등장한다.

악마는 몸의 일부나 용의 모습을 합한 흉측한 모습으로 그려지는 경우가 많다. 하지만 악마도 원래는 아름다운 천사로 앞에서 얘기한 천사 루시퍼이다. 루시퍼는 가장 아름답고 지

기독교의 4대 천사

① **미카엘(Michael)**: 천사군단의 지휘관으로 모든 천사들의 제일 위에 있는 존재이다. 이스라엘의 수호천사이면서 여러 가지 일을 맡고 있는 대천사장이다. 불[火]의 힘을 지니고 있으며 대단한 지성을 가지고 있고 신중愼重을 미덕으로 삼는 천사이다.

② **가브리엘(Gabriel)**: 천사는 성적 정체성이 없는데 유일하게 '여성 천사'라고 일컬어지는 천사이다. 마리아에게 수태 사실을 알려 줬으며 타락의 도시 소돔과 고모라를 멸망시켰다. 물[水]의 힘을 지닌 천사이며 절제節制를 미덕으로 삼는다.

③ **라파엘(Raphael)**: 광명의 대천사로 의학에 대한 지식이 깊고 대단한 지혜의 소유자이다. 인간의 영혼을 주관하는 천사이기도 한 라파엘은 바람[風]의 힘을 지니며 이성적인 판단과 정의正義를 미덕으로 삼는다.

④ **우리엘(Uriel)**: 천사치고는 상당히 과격한데 불타오르는 검을 들고 에덴동산의 문 앞에 서 있는 것도, 고통으로 몸부림치는 이교도들이 있는 지옥의 관리자 또한 우리엘이다. 땅[地]의 힘을 지니며 강직剛直을 최고의 미덕으로 여긴다.

아담의 타락구스의 1470년 작)

혜로운 천사로, 천사의 최고 자리인 천사장의 지위에 있었다. 그런데 자신의 힘과 아름다움에 오만해져 신을 배반하고 천국을 만들려고 했다. 천사 중 3분의 1이 루시퍼의 유혹에 빠져 같이 배반에 참여한다. '천하대전쟁'이 촉발된 것이다. 그러나 루시퍼의 반란군은 미카엘이 이끄는 신의 진영에 패하고 천상에서 추방당하고 만다. 그 이후 지상에 지상에 떨어진 루시퍼는 '사탄(악마)'으로 변하고 반란군으로 동참한 천사들은 악마를 따르는 '악령'으로 변해 버린다. 존 밀턴의 '실낙원'에는 신을 사랑하고 그 명령에 충실히 따르던 루시퍼가 반란을 일으켜 지옥에 떨어진 후 이브에게 금단의 과일을 먹게 한 경위가 그려져 있다.

요한계시록에 그려진 무시무시한 세계

신약 성경에 수록되어 있는 '요한계시록'을 읽은 적이 있는가? 아마겟돈이 등장하는 것으로 유명한 요한계시록을 읽어 보면 그 세계관이 성경의 다른 부분과는 명백히 이질적이라는 것을 알 수 있다. 도대체 요한계시록에는 어떤 것이 기록되어 있는가? 요한 계시록은 밧모

섬에 유배된 요한(일반적으로 사도 요한으로 보고 있는데 다른 인물이라는 설도 있다)이 영계에 가서 신에게 미래에 관한 계시를 듣고 기록한 서신 형식으로 이루어져 있다.

사도요한(베노초 고촐리의 1464~5년 작)
예수의 12제자 중의 한 사람으로 성격이 격해서 '천둥의 아들'로 불렸다. 야고보와는 형제로 예수에게 각별한 사랑을 받았으며 예수가 십자가에 못 박혔을 때 제자들 가운데 유일하게 따라간 자이다.

먼저 요한은 7개의 교회에 보내는 천사의 메시지를 받는데 그의 앞에는 무시무시한 환영이 계속 전개된다. 7개의 뿔과 7개의 눈이 있는 어린양이 등장하고 신으로 보이는 인물에게 7개의 봉인이 있는 두루마기를 받는다. 어린양이 봉인을 하나씩 풀면 흰색, 적색, 흑색, 청색 등 다양한 색의 말에 탄 이들이 나타나 전쟁, 탐욕, 기아 등을 지상에 풀어놓으며 천변지이가 발생한다. 7개의 봉인이 풀리면 7명의 천사가 나팔을 갖고 나타나 한 명씩 나팔을 불기 시작한다.

첫 번째 천사가 나팔을 불면 피가 섞인 우박과 불이 지상에 내린다. 두 번째 천사가 나팔을 불면 불타오르는 커다란 산이 바다에 던져져 바다의 3분의 1이 피로 물든다. 세 번째 천사가 나팔을 불면 불타오르는 별이 지상에 떨어지고, 네 번째 천사가 나팔을 불면 태양, 달, 별의 3분의 1이 사라지고 세상이 암흑 속에 빠진다. 이어서 다섯 번째 천사가 나팔을 불면 하늘에서 별이 떨어진다. 땅에는 바닥없는 구멍이 열리고 그곳에서 나온 메뚜기 떼가 사람들을 괴롭힌다. 여섯 번째 천사가 나팔을 불면 4명의 천사가 나타나 인간의 3분의 1이 죽임을 당한다. 그리고 일곱 번째 천사가 나팔을 불면 드디어 거대한 용이 등장한다. 이 용은 '악마', '사탄'으로 불리는 생물로 7개의 머리와 10개의 뿔을 갖고 있다. 용은 천계에서 미카엘이 이끄는 천군과 싸우지만 패하여 지옥에 던져지게 된다.

그러나 지상의 재해는 이것으로 끝나지 않는다. 7명의 천사가 7개의 단지를 기울여 신의 분노를 지상에 부으면 인류는 더욱 큰 대규모의 재해를 입고 결국은 파멸해 버리는 것이다. 아마겟돈이 등장하는 것은 이때이다. 여섯 번째 천사가 항아리를 유프라테스 강에 기울이면 물이 마르고 악령이 나온다. 그리고 이 악령들이 전 세계의 왕들을 '아마겟돈(히브리어로 므깃도 언덕이라는 의미)'이라는 지역에 모이게 한다. 아마겟돈이란 특정 지역을 가리키는 말로 일반적으로 알고 있는 '세상의 마지막 전쟁'이나 '세계의 종말'이라는 의미는 원래 없다. 성경에도 요한계시록 16장 16절에 한 번 나올 뿐이다. 계시록은 이후에도 최후의 심판과 지상천국이 출현하는 장면으로 다이내믹하게 묘사되어 있다.

요한계시록 후반부는 인간에게 **최후 심판**이 내려지고 지상에 천국이 내려오는 장면이 묘사되어 있다. 예수가 승천하고 1000년이 경과한 시대로 전에 천사들과 싸움에 패해 지옥에 붙들려 있던 용(사탄)이 드디어 땅에 나와 괴수(자신을 진정한 구세주라고 칭하는 자)나 많은 거짓 예언자를 이끌고 성자의 진영과 도시를 포위한다. 지상은 절대절명의 위기에 빠지지만 이때 하늘에서 불이 떨어진다.

"저희가 지면에 널리 펴져 성도들의 진과 사랑하시는 성을 두르매 하늘에서 불이 내려와 저희를 소멸하고 또 저희를 미혹하는 마귀가 불과 유황 못에 던지우니 거기는 그 짐승과 거짓 선지자도 있어 세세토록 밤낮 괴로움을 받으리라[요한계시록 20장 9~10절]."

이것이 최후의 심판의 서곡이 된다. 최후의 심판이란 이 세상의 마지막 때에 예수가 신으로 다시 나타나 모든 인간을 천국행과 지옥행으로 나누는 심판이다. 요한계시록에 따르면 최후의 심판은 다음과 같이 행해진다고 한다.

"죽은 자들이 누구나 그 보좌 앞에 섰는데 책들이 펴 있고 또 다른 책이 펴졌으니 곧 생명책이라. 죽은 자들이 자기 행위를 따라 책에 기록된 대로 심판을 받으니[동 12절]."

여기에 적혀 있는 '생명책'이란 영원한 생명을 받는 이들의 명부

예수에 의한 최후의 심판은 어떻게 이루어지는가?

성경에 나오는 예수의 최후 심판

- 하느님은 예수 그리스도로 말미암아 의로 세상을 심판 하시기 위하여 한 날을 정하셨다[사도행전 17장 31절].
- 예수 그리스도에게 하느님의 모든 권능과 심판을 부여해 주셨다[요한복음 5장 22~27절].
- 이 땅에서 살던 모든 사람이 그리스도의 심판대 앞에 나타나 자기들의 생각과 말과 행실의 청산을 받으며, 그들이 육신으로 선을 행했든지 악을 행했든지 그들이 행한 그 일에 따라서 심판을 받을 것이다[고린도후서 5장 10절, 전도서 12장 14절].
- 그날에는 배신한 천사가 심판을 받을 뿐만 아니라[고린도전서 6장 3절, 유다서 1장 6절, 베드로후서 2장 4절].

최후의 심판(미켈란젤로의 1537~41년 작)

바티칸궁 시스티나 예배당 천장 부분의 것으로 한 팔을 들고 엉거주춤한 모습으로 군림한 심판자 예수를 중심으로 한 천상天上과 지옥地獄의 세계가 함께 하는 거대한 공간과 그 속의 군상이 전개되고 있다.

와 같은 것이다. 또한 '보좌'란 예수가 하늘에서 내려와 앉는 장소이다. 그리고 최후의 심판 장면이 다음과 같이 이어진다.

"바다가 그 가운데서 죽은 자들을 내어 주고 또 사망과 음부도 그 가운데서 죽은 자들을 내어 주매 각 사람이 자기의 행위대로 심판을 받고 사망과 음부도 불못에 던지우니 이것은 둘째 사망 곧 불못이라. 누구든지 생명책에 기록되지 못한 자는 불못에 던지우더라[동 13~15절]."

'둘째 사망'이란 우리가 통상 생각하는 육체적인 죽음 다음에 오는 최종적인 사망이다. 기독교 신앙의 근저에는 이 최후의 심판 때 지옥행을 피하고 천국에 가고 싶어 하는 소망이 깔려 있다는 것을 알 수 있다.

아울러 인간 중에는 심판을 받지 않고도 천국행을 약속받는 이가 있다. "예수의 증거와 하느님의 말씀을 인하여 목베임을 받은 자의 영혼들과 또 짐승과 그의 우상에게 경배하지도 아니하고 이마와 손에 그의 표를 받지도 아니한 자들[동 4절]"이다. 또한 요한복음에는 "저를 믿는 자는 심판을 받지 아니한다[3장 18절]"고 되어 있다. 예수를 믿는 자는 심판을 받지 않고 천국에 바로 갈 수 있다는 것이다.

요한계시록은 이상과 같은 심판이 있은 후 하늘에서 '새로운 예루살렘'이 내려옴으로써 그 막을 내린다. "보라 내가 속히 오리라"는 예수의 메시지가 마지막을 장식한다.

또한 요한계시록을 보다 잘 이해하기 위해서는 그것이 쓰인 시대적 배경을 알아 둘 필요가 있다. 저자인 사도 요한은 이 계시록을 기원 90년경에 기록한 것으로 알려져 있는데 당시는 기독교도가 로마의 지배와 박해에 고통받고 있던 시대이다. 따라서 이 계시록은 "박해자나 이단자는 모두 지옥에 떨어진다. 슬퍼하지 말라"고 신자를 격려할 목적에서 기록된 것으로 여겨진다. 그렇다고 하면 계시록에 기록된 수많은 무시무시한 재난도 로마에 의한 박해를 비유한 묘사라고 할 수도 있을지 모른다.

기독교의 4가지 특성
- **배타성** : 다른 신을 인정하지 않는 유일신 사상
- **개방성** : 지위와 신분을 구별하지 않고 동등하게 대우
- **내세관** : 구원을 통한 영생을 얻음
- **관용성** : 타인에 대한 무조건적인 사랑을 의미

종말관, 사생관의 요점

03 이슬람교의 종말관

**천국과 지옥을
어떻게 생각하는가?**

이슬람교는 유대교, 기독교의 영향을 받았기 때문에 사후에 대한 교리도 공통점이 많다. 죽은 뒤의 세계 즉, '내세(아히라)'가 존재하며 결국 내세란 천국과 지옥을 의미하는데 죽는다고 바로 천국이나 지옥에 가는 것은 아니다. 일단 대기 상태로 있게 되는데 '종말'이 찾아오면 그때 결정이 난다. 이것은 피할 수 없는 일로 알라는 '정해진 때'에 세계를 창조했기 때문에 종말도 반드시 온다는 것이다.

종말의 전조로 큰 자연재해가 빈발하며 그날이 오면 모든 죽은 자가 최후의 심판을 위해 부활을 한다. 그래서 이슬람에서는 절대 화장을 하지 않으며 매장을 한다. 또한 심판을 받을 때 그 사람이 생전에 무엇을 했는가가 전부 기록된 것을 통해 저울질을 당하게 되는데 이때 저울이 선행의 무게로 내려간 사람은 천국으로, 악행의 무게로 내려간 사람은 지옥으로 보내진다. 지옥에는 깊은 구멍이 있는데 죄인은 가시와 갈고리가 있는 다리를 건너다가 그곳에 떨어진다. 7개의 문이 있어 문지기가 죄인의 죄를 묻는다. 그러면 죄인은 인간의 머리 형태를 한 쓴 과일을 먹어야 한다. 그것이 배 안 가득 들어차면 고통스러운 갈증을 느끼게 되는데 주위에는 부글부글 끓는 물밖에 없다. 게다가 몸은 사슬에 묶여 불꽃에 타고 있는 것이다. 이슬람교도가 화장을 싫어하는 것은 이것에서 기인한다. 태워지는 것은 지옥에 떨어진 죄인이 당하는 끔찍한 일이기 때문이다.

한편 천국은 낙원이다. 싱그러운 자연과 과실이 풍성한 곳이다. 샘에서는 깨끗한 물이 솟고 아름다운 강이 흐른다. 사람들은 소파에 누워 있거나 평화롭게 지낸다. 미소년이 내미는 잔에는 맛있는 술이 담겨 있다. 그것은 세상 것이 아니므로 마셔도 되는 것이다.

소말세와 대말세
이슬람에서 소말세란 말세의 징조를 말하는 것으로 사회의 부정, 고리대금, 간음, 대로에서의 범죄 등과 같은 것으로 종말의 징조를 말한다. 대말세란 말세에 일어나는 구체적인 현상을 의미하는데 연기가 온세상을 뒤덮고 짐승처럼 흉악한 인간들과 사기꾼들이 출현하고 태양이 서쪽에서 떠서 동쪽으로 뜨는 등 이상 현상이 일어난다.

내세에 대한 믿음

이슬람교도들은 죽음을 끝이 아니라 새로운 시작으로 보고 있으며 고통에서 해방되는 것으로 저승과 이승을 매듭지어 준다고 여긴다. 따라서 죽음은 새롭고 영원한 삶에 이르는 교량이라고 생각한다. 내세는 이승과는 비교도 되지 않을 만큼 고차원적인 삶이 보장되는 곳으로 생각하는 것이다. 그래서 죽은 자를 화장하는 경우 영혼의 안식처가 없어진다고 보므로 매장하여 무덤이라는 영혼의 거주 공간을 만들어 주도록 되어 있다.

그렇다고 현세를 내세를 위한 준비 기간이나 눈물의 계곡만으로 보지는 않는다. 현세는 내세에 비해 보잘것 없는 짧은 기간이지만 신에 의해 가치 있게 살아가도록 주어진 신성한 시간이라고 본다. 내세가 있기 때문에 더욱 현세의 삶을 잘 살아야 된다고 강조한다.

이슬람의 죄

이슬람의 죄는 기독교의 죄와 다른 개념으로 그들 역시 아담의 범죄에 대한 개념은 갖고 있지만 원죄를 용서받음으로써 이루어지는 신과 인간의 화해에 대한 개념은 존재하지 않는다. 이슬람에게는 아담의 죄와 관계없이 각 개인의 선과 악을 행한 기준으로 죄의 경중이 드러나는 것이다.

따라서 이슬람에서는 지나친 금욕이나 수도 생활, 독신을 강조하지 않는다.

이슬람교의 부활에 대한 사상은 유대교나 기독교와 비슷한데 이슬람에서는 부활에 대해 더 실제적으로 이해하고 있다. 코란 75장은 '부활의 장'으로 전문이 부활 문제를 다루고 있으며 부활이란 최후의 심판이 있기 직전에 모든 영혼이 이전에 죽었던 육체의 모습으로 다시 태어난다는 뜻이다. 이슬람교도들은 마지막 날에 알라가 우주와 그 안에 있는 모든 피조물을 소멸하는 날이 온다고 보고 있으며 알라가 모든 피조물을 그 앞에 모이게 하는데 그날이 죽은 자들(하샤르)이 다시 살아 모이는 날로 부활의 날(야우물 바흐쓰)이라고 본다.

이슬람교의 장례 문화

무슬림은 사람이 죽으면 먼저 죽은 자의 머리나 얼굴을 메카 쪽으로 향하게 한다. 눈을 감기고 입을 다물게 하며 발목을 묶고 두 손을 가슴 위에 얹는다. 장의사(무가실)나 가족이 향료를 넣은 비눗물로 사체를 세정한 뒤 염(殮)을 한다. 머리털과 채모를 깎고 입과 귀, 코 등을 막고 염습을 하고 자루나 흰 무명천을 이용해 둘러싼다. 연결한 천은 절대 사용하지 않으며 하나의 천으로 되어 있는 것을 쓴다. 임종 순간 통곡으로 애도가 시작되는데 큰소리로 울부짖는 것이 아니라 다만 조용히 흐느끼는 정도로 그쳐야 한다.

보통 24시간 내에 장례를 치르며 가까운 모스크에서 홀수 열을 만들어 낮 예배에 이어 장례 예배를 마친 다음 장지로 향한다. 이때 친척과 이웃이 상여꾼이 되어 모스크나 묘지까지 운반한다. 상여 행렬에는 상주 그룹, 여자 그룹 외에 고용된 대곡자들이 따른다. 부유한 집인 경우에는 음식을 실은 낙타들이 동원되기도 하는데 일부는 무덤에 넣고 나머지는 이웃에게 나눠 준다. 무덤가에서 동물을 잡아 희생제를 치르기도 하는데 이 고기를 가난한 자에게 나누어 줌으로 고인의 죄가 경감된다고 믿기 때문이다.

이슬람 상류 계급의 장례식

시신은 관 없이 매장하며 사람 키 높이로 비교적 깊고 넓게 판 묘실에 얼굴을 메카 쪽으로 향하게 안치하고 공간을 만들어 석판이나 큰돌로 덮는다. 흙을 다져 봉분 없이 지표면보다 약간 높게 평분을 만들고 표식을 한다. 장례에 참여했던 사람들이 묘지 위의 흙을 어루만지며 고인과 마지막 작별 인사를 나눈다.

장례식 당일에는 고인의 집에서 일체의 음식을 만들지 않으며 동네 사람들이 분담하여 만들어 온다. 장례 후 첫 3일간 밤새 코란을 낭송하는 것이 일반적이며 매장한 후 3일 뒤 무덤에 가서 코란을 외우는 추모 의식을 갖기도 한다.

장례식을 치른 후 40일간 추모 의례가 다양한 형태로 지속되는데 가족들은 1주기가 돌아올 때까지 근신하는 자세로 검소한 일상을 보내며 축제, 결혼식 같은 세속적인 즐거움은 모두 유보된다. 모든 사람들을 초대하여 1주기 추모식을 치르면 고인을 위한 일련의 통과의례는 모두 끝이 난다.

'맡긴다'는 의미의 이슬람은 말 그대로 신에게 모든 것을 맡기는 삶을 추구한다. 우상 숭배를 절대적으로 금하고 있으며 하루에 다섯 번씩 예배를 드린다. 일정한 재산을 소유하고 있는 사람들은 정해진 비율에 따라 베풀어야 하며 음주가 금지되어 있고 여성들은 베일을 써야 한다. 일 년에 한 번씩 라마단 기간에 금식을 해야 하며 일생에 한 번 메카 순례를 하게끔 되어 있다.

6
이슬람교의 신앙과 생활의 구체적인 모습

한국인에게는 생소한 계율과 습관

01 이슬람이란 무엇인가?

이슬람교의 신앙과 생활의 구체적인 모습

이슬람교는 왜 급속도로 전파되었는가?

이슬람의 표시

오늘날 이슬람교는 약 12억 명의 신도가 있는 것으로 알려져 있다. 지구상의 5명 중 한 사람은 이슬람교도인 것이다. 이런 세력은 마호메트가 죽은 후 약 100년 동안 급격한 확장이 이루어져 형성되었다. 7세기 당시의 중근동(서아시아) 지역은 기독교인 동로마 제국, 조로아스터교인 사산조 페르시아가 세력을 잡고 있었다. 거기에 **이슬람**이 침주하게 된다. 오늘날의 시리아, 이라크, 이란, 이집트는 점점 그 세력하에 들어갔다.

이렇게 급격하게 확대된 이유는 '**한 손에는 코란, 한 손에는 검**'이라는 말로 잘 설명된다. 폭력으로 영토를 정복하고 그곳에 사는 사람들을 강력하게 개종시킨다는 메시지다. 코란에는 이슬람의 강요가 금지되어 있으며 실제 이슬람에서는 이교도라도 세금을 내면 신앙의 자유를 보장받을 수 있다. 이슬람에서 세금이란 포교의 결정적인 수단으로 그들은 정복한 토지에서 이슬람 신도가 되면 세제상의 우대 조치를 취했다. 반대로 기독교, 유대교, 조로아스터교의 신도들로부터는 높은 세금을 징수했다. 이슬람교도가 되면 세금이 상당 부분 감면되기 때문에 사람들은 자청해서 신자가 된 것이다.

이슬람교가 등장하기 이전에 아라비아 반도는 한 번도 통일이 이루어진 적이 없었으며 오랫동안 오리엔트를 지배한 제국들에게 지배를 받아왔다. 지역 대부분이 사막으로 되어 있어 오아시스를 중심으로 산발적으로 도시가 성립되었으며 매우 가난했다. 물을 소유한 자와 그렇지 못한 자 사이에 빈부의 차는 극심했는데 각 지역마다 수호신을 두고 숭배했기 때문에 종교로 인해 각 지역은 분열되었다.

또한 6세기경 사산조 페르시아와 비잔틴 제국과의 대결이 격화되자 시리아와 이란을 경유하여 유럽으로 통하는 동서 무역로가 막히고 인도양으로부터 아라비아 반도 서안부를 거쳐 이집트와 지중해에 이르는 길이 이용되기 시작했다. 당연히 메카와 메디나가 중개무역으로 번영하면서 이슬람 세력의 새로운 도시로 떠오른 것이다. 이렇듯 종교적 경제적으로 분열된 사회를 통합할 수 있는 구심점이 크게 요구되는 상황이었다.

이것 뿐만이 아니다. 포교 활동에 있어서 마호메트의 후계자들은 매우 유리한 입장에 있었다. 그들은 대상을 조직한 상인이었기 때문에 비즈니스를 통해 다양한 영토로 진출하여 그 지역에서 장사와 포교 활동을 동시에 했다. 그 덕분에 포교 비용도 절감되고 위험도 줄어들었다. 포교는 잘되지 않더라도 비즈니스가 잘 진행되면 헛된 걸음은 아니었다. 게다가 갑자기 이교도가 포교를 위해 찾아오면 경계

한 손에는 코란, 한 손에는 검

이탈리아 스콜라 철학의 대부격인 신학자 아퀴나스가 이슬람에 대해 표현한 것이다. 무슬림들은 매우 불쾌하게 생각하지만 코란에 그 호전성은 여실히 드러나 있다. "너희가 발견하는 불신자들마다 살해하고 그들을 포로로 잡거나 그들을 포위할 것이며, 그들에 대하여 복병하라(코란 9 : 5)."

6장 _이슬람교의 신앙과 생활의 구체적인 모습

를 하지만 장사를 하러 왔다면 일단은 환영을 했기 때문이다.

　이런 배경이 이슬람 세력의 급격한 확장을 돕긴 했지만 이것만으로 다수의 사람들의 마음을 사로잡은 것은 아니다. 이슬람 교리가 당시 사람들의 마음에 깊이 다가가기에 충분한 이유가 있었기 때문이다. 아랍인들은 가혹한 자연환경에서 생존하기 위해 혈연끼리의 결속력이 매우 강했고, 부족간에 생사를 건 싸움이 매우 잦았다. 이런 상황을 이슬람교는, 모든 이슬람교도는 하나라며 공동체의 형성을 주장했다. 자연스레 부족 간의 생사 다툼이 없어지게 된 것이다.

이슬람의 확대

왜 이슬람에는 다양한 호칭이 있는 것인가?

아랍어로 이슬람이란 '맡긴다'는 의미이다. 이것에서 '신에게 자신의 모든 것을 맡기는' 행위, 삶의 의미가 나오게 되었다. 이슬람교는 종교이기는 하지만 비즈니스에 관한 규칙이나 가족 제도에 이르기까지 세세한 규칙이 정해져 있어 종교의 영역을 훨씬 넘어서고 있다. 이슬람교에는 몇 개의 별칭이 있는데 회교나 마호메트교로도 불려왔다. 먼저 '회교'라는 말은 중국어에서 유래한다. 중국에는 현재 1000만 명이 넘는 이슬람교도가 있는데 옛날의 한족은 이슬람을 터키계의 위구르족이 믿고 있는 종교로 여겼었다. 위구르를 한자로 표현하면 '회골回鶻' 또는 '회흘回紇'이 되기 때문에 '위구르족의 종교'라는 의미에서 '회' 또는 '회회'로 부르게 된 것이 회교라는 이름의 기원이 됐다.

마호메트교라는 호칭은 유럽에서의 호칭으로 한국어로 번역한 것이다. 아랍어로 마호메트는 유럽에서는 마호멧으로 발음된다. 그리고 유럽인(기독교도)들은 자신들의 종교명이 신앙의 대상 인물명과 결합되어 있으므로 이슬람교도 자연스레 이슬람교도의 창시자의 이름으로 불러도 된다고 여겨 '마호멧니즘'이라고 부른 것이다. 그러나 이슬람에서는 알라(신) 이외를 신앙의 대상으로 여기지 않고 마호메트는 어디까지나 예언자라고 생각한다. 따라서 이슬람교도는 마호메트를 존경하기는 하지만 숭배하지는 않을 뿐만 아니라 그에 대한 숭배 자체를 금지하고 있다. 따라서 마호메트교라고 부르는 것은 분명 틀린 것이다.

02 생활에 뿌리를 내린 이슬람의 계율

이슬람교의 신앙과 생활의 구체적인 모습

왜 우상 숭배를 금지하고 있는가?

마호메트 조각상 (한국 음성 큰바위얼굴 공원 소장)

기독교도가 아니고 성경을 읽은 적이 없는 사람들도 예수 그리스도의 모습에 대해 마르고 장발이라는 공통된 이미지를 갖고 있다. 불교에 대해서 잘 모르는 사람들도 불상의 모습은 나름대로 기억을 하고 있다. 예수도 부처도 모두 아주 옛날 사람임에도 불구하고 그들의 겉모습에 나름대로 이미지를 공유할 수 있는 것은 회화나 불상을 접했기 때문일 것이다. 그런데 이슬람교의 신 알라나 예언자 **마호메트**에 관해서는 구체적인 이미지를 떠올릴 수가 없다. 뚱뚱한지 말랐는지 어떤 얼굴인지 전혀 상상이 되질 않는다. 이것은 이슬람교에서는 우상 숭배를 금지하고 있기 때문에 알라나 마호메트를 그린 회화나 조각이 존재하지 않기 때문이다.

이슬람교에서는 왜 회화나 조각을 금지하고 있는 것일까? 먼저 **알라**에 관해 살펴보면 이슬람교에서는 위대한 신을 그림이나 조각 등으로 그릴 수 없다고 생각한다. 금지라기보다는 그 일 자체가 불가능하다고 여기는 것이다. 신은 그릴 수 없다고 해도 마호메트는 실제 존재하는 인물이므로 그림이나 조각이 있어도 좋은 듯 싶은데 그것마저 없다.

이슬람의 가치관에 따르면 창조주는 알라 외에는 존재하지 않기 때문에 살아 있는 생물의 모습을 본떠 그림을 그리거나 조각을 만드는 것은 신의 창조를 모방하는 일이며, 이것은 신에 대한 모독이라는 것이다. 그래서 인간을 포함하여 생물을 그림이나 조각으로 표현하는 일이 금지되어 있다. 뉴스 영상 등에서 이슬람 사원에서 예배를 드리는 광경을 비춰도 신도들이 경배하고 있는 방향으로는 신상도 그림도 없는 것은 이런 이유에서이다. 하지만 일반적인 회화나 조각을 만드는 일은 시대나 지역에 따라 해석이 달라져 장식을 목적으로 한 것은 허용되어 있다. 그러나 어떤 해석에서도 종교 회화나 종교 조각은 엄격하게 금지되어 있다.

알라의 7가지 특성
① 절대적인 단일성 (Absolutely Unitary)
② 모든 것을 봄(All-Seeing)
③ 모든 것을 들음(All-Hearing)
④ 모든 것을 말함(All-Speaking)
⑤ 모든 것을 앎(All-Knowing)
⑥ 절대 의지(All-Willing) - 모든 것이 알라의 뜻대로 되며 그것은 불가항력
⑦ 전능(All-Powerful)

하루 5번의 '예배'는 어떻게 행해지는가?

이슬람교도들이 매일 꼭 하는 예배를 '살라트'라고 하며 하루에 다섯 번 예배를 한다. 이것은 무언가를 위해 기도하는 것이 아니라 알라를 찬양하는 것이다. 또한 이슬람교도에게 있어 일상 생활의 기본을 이루는 것으로 그 시

각도 동작도 그리고 외치는 말도 엄격하게 정해져 있다. 종파에 따라 조금씩 다르기는 하지만 여기서는 일반적인 것을 소개하기로 한다.

먼저 예배 시각인데, '일몰(마그립)', 그리고 일몰의 잔영이 완전히 사라진 시점인 '밤(이샤)', 여명이 비치기 시작한 '새벽(파즈르)', 태양이 남중하여 서쪽으로 기울기 시작하는 '정오(주흐르)', 그리고 그림자의 길이가 신체의 길이와 같아지는 '늦은 오후(아스르)', 이렇게 다섯 번이다.

몇 시라고 명확하게 정해져 있는 것이 아니라 태양의 운행에 따른 시각으로 매일 조금씩 달라지며 여름과 겨울은 큰 차이를 보인다. 그래서 이슬람권의 신문에는 그날의 예배 정각이 기재되며 정각을 기록한 달력이나 알람이 세트된 시계도 있다. 예배 개시 시간은 다소 늦어도 상관 없지만 다음 예배 전까지 반드시 끝내야 한다.

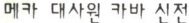
메카 대사원 카바 신전

또한 나중에 바빠질 거 같다고 해서 미리 끝내는 것도 허락되지 않는다. 세계 어디에 있든지 이슬람교도들은 예배 시각이 되면 **메카**가 있는 쪽으로 향해 선다. 메카 시내에 있는 사람은 성모스크 쪽을, 그리고 성 모스크에 있는 사람은 **카바 신전**을 향한다. 즉, 이 카바 신전이 이슬람교도에게는 '세계의 중심'인 것이다.

예배는 제일 먼저 똑바로 서서 예배의 종류와 횟수를 고한다. 이어서 양손을 귀 높이까지 올려 "알라후 아끄바르(알라는 위대하시도다)"를 외친다. 그리고 손을 내리고 합장을 한 후 알라의 이름을 외치고 코란의 제1 문장(roans)과 임의의 3절 이상을 외친다. 다음으로 양손을 무릎에 대고 "쓰브하 – 나 랍비알 아짐(위대하신 알라! 거룩하신 주에게 영광을)"을 외친다. 그리고 "알라후 아끄바르"를 외치면서 엎드려 절하고 "쓰브하 – 나 랍비알 아알라(지고하신 주님에게 영광이 있으시기를)"를 외친다. 몸을 일으켜 정좌를 취하고(좌례), "알라후 아끄바르"를 외치면서 엎드려 절한다. 그리고 신을 찬양하고 마호메트와 선량한 이슬람교도를 위한 기도문을 암송하고 몸을 일으킨다. 정좌로 돌아가 머리를 들고 알라를 찬미하고 알라의 종임을 서약하고 "라 일라 하 일랄라(알라 외에 신은 없다)"를 외친다. 이어서 신의 은혜를 구하는 기도문을 외우고, 마지막으로 양옆에 있는 동포를 돌아보고 인사를 한다. 국적을 불문하고 반드시 아랍어로 해야 한다.

이슬람의 중심 메카, 메카의 중심 카바

메카는 홍해 연안에서 100km 떨어진, 민둥산이 두 줄로 늘어선 계곡에 있다. 고대부터 인도양과 지중해 연안 및 메소포타미아와 홍해 연안으로 통하는 통상로로 발달하였으며, 2세기 때의 프톨레마이오스의 지리책에도 마코라바(Macoraba)라는 이름으로 기록되어 있다. 고대부터 성지로서 순례자가 많이 모이는 종교도시이기도 하다. 카바 신전은 632년 마호메트가 교도군(敎徒軍)을 이끌고 메카를 정복하여 신전으로 바꾸었으며, 그때부터 메카는 이슬람 세계의 구심점으로 예배 방향의 성지가 되었다. 메카의 중심에 있는 성묘 카바는 일종의 육면체(가로 12m, 높이 15m)로 황금 글씨가 수놓아진 검은 수단으로 덮여 있다.

희사喜事(자카트)는 이슬람교도의 중요한 의무

'희사(자카트)'는 이슬람교도의 의무인 '오행(109쪽 참조)'의 하나이다. 이슬람교에서는 일정 이상의 재산을 가진 자는 그중 몇 할을 공출할 의무가 있다. 세금을 내는 것 같은 의무 사항이지만 내지 않았다고 벌을 받는 것은 아니다. 어디까지나 자유의사에 따른 자진 신고를 바탕으로 한다. 따라서 '기부'에 가까운 의미이다. 다만 자카트를 하지 않으면 이 세상에서 탈세로 벌을 받지는 않아도 사후 천국에 갈 수 없게 된다.

알라를 믿는 사람은 이 세상의 벌보다 죽은 뒤 천국에 가지 못하는 것이 더욱 큰일이므로 모두 자발적으로 희사를 한다. 대상이 되는 재산은 농산물, 금은(지폐도 포함), 상품, 가축이다. 이와 같은 재산을 1년간 일정량 이상을 소유한 경우 자카트를 꼭 해야 한다. 이 일정량을 '니삽'이라고 하는데 농산물은 수확한 것의 10%(관개지에 대한 산물은 5%), 금은이나 상품은 2.5%, 가축은 종류와 마리 수에 따라 세세하게 정해진 비율에 따라 자카트의 금액이 정해진다.

오늘날 많은 이슬람 국가에서는 자카트를 국가가 징수하여 분배하고 있다. 모여진 자금은 빈곤자, 전사자의 유족, 고아 등의 구제를 위해 사용된다. 일종의 복지 목적세라고 할 수 있다. 국가 등이 징수하는 것과는 별도로 가까운 친척이나 친구가 곤경에 처해 있다면 그에게 직접 전달해도 된다. 이는 자카트와는 구별하여 '사다카'라고 한다.

이슬람권으로 여행을 가면 금전을 요구하는 경우가 흔히 있는데 이는 부자는 베풀어야 한다는 생각이 깔려 있기 때문이다. 예를 들어 한국의 가난한 학생이라 하더라도 그 나라까지 여행을 할 정도이면 그들의 생각으로는 부자인 것이다. 조금이라도 더 가진 자는 베푸는 것이 당연하다고 생각하는 것이다. 그 나라를 방문한 이상 그들의 일반적인 통념을 이해해 두는 것이 좋을 것이다.

라마단(단식월)은 무엇을 위한 습관인가?

이슬람력의 라마단월은 신도에게 의무화되어 있는 오행의 하나인 '재계齋戒(싸움 = 통칭 라마단)'를 행하는 달로 일체의 음식이 금지된다. 사실, 이 달은 1년 중 가장 식량 소비가 많은 달이다. 금식이라고는 해도 일출에서 일몰까지이기 때문에 밤이 되면 먹어도 된다. 따라서 낮 동안에는 굶주려 괴로워하지만 밤에는 연회를 개최하는 기분이 드는 것이다. 낮 동안은 괴로워도 1년 중 가장 즐거운 달이 될 수도 있는 것이다. 라마단에서 금지되고 있는 것은 음식뿐만이 아니라 원칙적으로 신체에 뭔가를 넣는 행위 자체를 못하게 되어 있다. 주사나 좌약 사용도 일체 금지되는 것이다. 엄밀하게는 침을 삼켜서도 안 되는데 이는 모두 낮 동안의 일로 밤이 되면 모두 허용된다.

이 기간에는 나라 전체가 낮 동안 단식을 하므로 육체노동의 일도 낮에는 하지 않고 밤에 하는 나라도 있다. 사회 제도로 확실하게 자리매김을 한 것이다. 가난한 자의 고통이나 아픔을 공유하는 것도 그 목적이므로 무료 레스토랑을 두어 식사를 제공하기도 한다.

라마단의 어원

라마단이란 금식으로 인해 위에서 느껴지는 타는 듯한 갈증과 고통을 의미하며 그 어원은 아랍어로 '타는 듯한 더위와 건조함'을 뜻하는 '라미다(ramida)' 또는 '아라마드(arramad)'에서 유래한다. 뜨거운 태양으로 마르다 못해 쩍쩍 갈라진 땅바닥과 같은 상태를 설명할 때 흔히 사용되며 라마단 기간 동안 알라와 그 말씀을 기억하고 받아들이는 과정에서 무슬림의 마음과 정신이 뜨거워지는 것을 상징하기도 한다.

다만 아이나 임신부, 혹은 환자는 목숨이 걸려 있기 때문에 단식에서 제외된다. 여행자나 전장에 있는 병사도 면제된다. 그 대신 환자는 나은 후에 여행자나 병사는 집에 돌아온 후에 단식을 하지 않으면 안 된다. 도저히 나을 거 같지 않은 환자나 고령자는 한 사람의 가난한 이에게 식사를 대접하므로 면제를 받는다.

라마단월은 이슬람력의 아홉 번째 달로 그 시작과 끝이 매년 다르다. 이슬람 지역에서는 옛날의 우리나라처럼 음력을 세기에 양력 1년보다 10~12일 가량이 짧다. 그래서 라마단은 무더운 여름이 되기도 하고 추운 겨울이 되기도 한다. 겨울이면 일조 시간이 짧기 때문에 짧게 끝나지만 여름은 낮이 길고 덥기 때문에 매우 고통스러운 시간이 된다. 물도 마실 수 없기 때문이다. 그렇지만 그 고통을 넘어서는 것이야말로 진정한 의미가 있다고 생각하며 욕망을 자제하고 인내력을 배우는 것을 그 목적으로 두고 있다. 전원이 행하므로 연대감도 강해진다. 이슬람 사회의 약속의 강력함은 이러한 것들에서 유래한다.

신도의 의무인 메카 순례에서는 무엇을 하는가?

오행의 마지막은 메카 순례이다. 살면서 꼭 한 번은 하게 되어 있는데 실행 자체가 곤란하여 정식으로 메카를 순례할 수 있는 사람은 이슬람교도 안에서도 그리 많지 않다. 건강해야 되며 여비도 필요하다. 이것만으로 제약이 따르는데 정식 순례는 1년 중 정해진 시기에 행해지며 메카의 수용 인원에도 한계가 있다. 이슬람 각국의 회의 기구에서 결정을 해 1000명 중 한 사람이 정해지는데 인구가 1000명인 마을이라도 10년 동안 10명밖에 순례에 갈 수 없는 것이다. 이처럼 메카를 순례할 수 있는 비율은 매우 적은 편인데도 전 세계적으로 12억 명 이상의 이슬람교도가 있기 때문에 매년 100만 명 가까운 사람이 순례에 참여한다.

또한 순례는 종교 의식의 하나이므로 그저 가기만 하면 되는 것이 아니다. 세세한 점은 종파에 따라 다르지만 여기에서는 '이프라드'라는 형식을 소개하겠다. 먼저 이슬람력 제12월(둘-핫즈)의 제7일까지 메카에 도착해야 한다. 그전에 '미카트'라는 곳이 설치되어 있는데 그곳에서 이음새가 없는 흰 천으로 몸을 감싼다. 이것을 입은 후부터는 머리카락, 손톱을 깎아서는 안 되고 향수를 바르거나 머리에 뭔가를 써도 안 되며 섹스도 금지된다.

메카에 도착하면 성 모스크의 카바 신전 주변을 7번 돈다. 이를 '주회례(타와프)'라고 한다. 이어서 '사파와 마르와'라고 하는 두 개의 언덕 사이를 세 번 반 왕복한다. 이것이 '주보례(샤이)'이다. 다음의 제8일째에는 메카의 동쪽 약 6킬로 지점에 있는 미나로 옮겨 밤을 보낸다. 제9일째의 일출 후 동쪽으로 더 가 14

메카 성지 순례를 위해 모인 무슬림

킬로 지점에 있는 아라파트로 향한다. 이곳에서의 체류(우쿠프)도 중요시되는데 제9일째의 새벽 예배부터 제10일째의 새벽 예배 사이에는 아무리 짧은 시간이라도 아라파트에 있어야 한다. 10일째의 새벽 예배를 지나서 도착하면 순례한 것으로 보지 않는다.

제10일째의 일몰 후에 아라파트를 출발하여 이번에는 무즈다리파라는 지역에서 밤을 보낸다. 그러고 나서 미나로 돌아와 악마를 상징하는 돌탑에 7개의 돌을 던진다. 그리고 머리카락을 자른다. 이 시점에서 몇 가지 터부가 풀리고 메카로 돌아와 카바 신전에서 '방문의 주회례'를 하면 드디어 모든 것이 해금된다. 그 후 다시 미나로 돌아가 이틀이나 삼 일 체류하며 매일 3개의 돌탑에 각각 7개의 돌을 던진다. 이것으로 겨우 모든 의식이 종료된다.

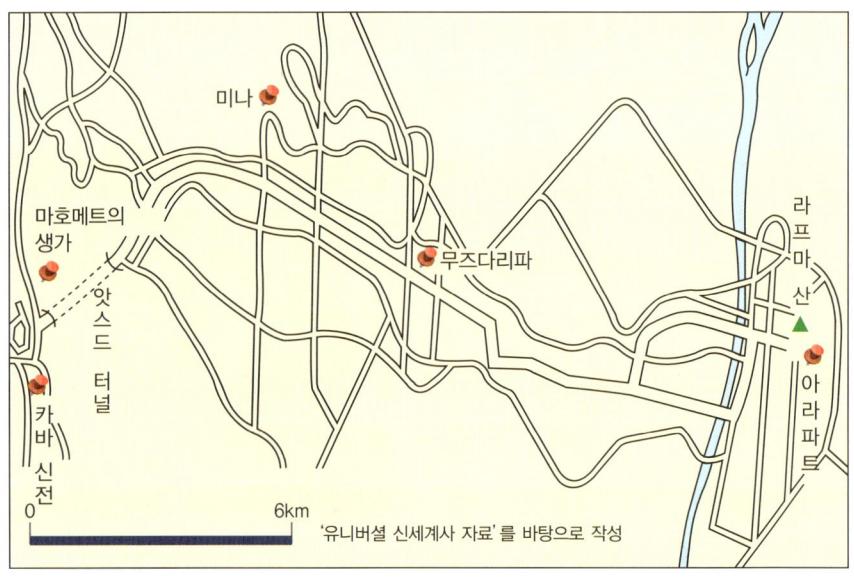

메카에서의 순례

'유니버설 신세계사 자료'를 바탕으로 작성

이 정식 순례를 '하지'라고 하며 이 순례를 달성한 자를 '핫즈'라고 부르는데 사람들의 존경을 받게 된다. 메카는 이때 말고도 순례가 가능한데 그것은 소순례라고 불린다. 정제한 후에 주회례와 도보례를 행하고 머리를 깎는다. 간략하긴 하지만 메카까지 가는 것이므로 그리 쉬운 일은 아니다.

왜 음주가 금지되어 있는가?

미국에 금주법 시대가 있었다. 그렇다면 과연 이 시대 미국민들이 술을 마시지 않았을까? 술은 비합법적으로 계속 매매되었다. 마피아의 세력만 더욱 커진 것이다. 인간이라고 하는 것은 정부가 금지한다고 해서 한 번 들인 맛을 버리지 못하는 것이다. 그래서 "이슬람권에서는 금주다"라고 해서 역시 표면적인 것일 뿐이라고 여길지 모르나 절대 잘못된 생각이다. 이슬람을 믿는 나라에서는 법률보다 종교적 계율이 더욱 확실하게 지켜지고 있는 것이다.

이슬람권에서는 법률로 금주가 정해져 있는 국가도 있으며 그런 국가에서는 정말로 마시지 않는다고 보아도 된다. 그중에서도 이란을 비롯한 페르시아만 국가들은 특히 엄격하다. 술을 마시면 벌을 받는데 그 형벌이 채찍질을 당하는 등 꽤 중벌이다. 외국인에 대해서는 호텔 등의 한정된 장소에서만 마시도록 허용한 나라가 있는가 하면 외국인도 일체 금주인 나라가 있다. 반면 정치와 종교가 분리된 터키나 동남아시아의 이슬람 국가에서는 자유롭게 마실 수 있다. 같은 이슬람권이라고 해도 국가에 따라 사정이 다르므로 여행

금단의 음식

이슬람교도들은 술 이외에도 죽은 짐승의 고기, 피, 돼지고기, 우상 제물, 목 졸라 죽인 것, 때려죽인 것, 떨어져 죽은 것, 찔러 죽인 것, 들짐승에 잡혀 죽은 것들은 먹지 못하게 되어 있다.

을 갈 거면 사전에 조사해 두는 것이 좋다.

그런데 이슬람권에서는 왜 금주가 되었을까? 답은 실로 단순하다. 술에 취하기 때문이다. 코란에 따르면 "음주는 적의와 증오를 덮어쓰고 신을 잊게 하며, 예배를 게을리 하게 하는 사탄의 역사"이다. 자신이 갖고 있는 육체와 정신과 재산을 소중하게 여기는 이슬람교의 성격을 파악할 수 있는 부분이다. 술은 정신을 착란시킬 뿐만 아니라 지나친 음주는 육체에도 해를 입힌다. 술로 몸을 망치고 재산을 잃게 되는 경우도 있기 때문에 이슬람에서는 술이 금지되는 것이다.

여성이 베일을 쓰는 이유는?

무슬림 여성과 베일

"여성은 반드시 머리부터 발끝까지 겉옷으로 가려야만 하며 [코란 33 : 59] …그들은 남편 외에는 장식물을 드러내지 않는다. 또한 남성이 여성에게 말할 때와 여성이 남성에게 말할 때에 시선을 아래로 향해야 한다[코란 24 : 31] …얼굴의 너울을 가슴까지 내려라[코란의 수라 24 : 31]."

이슬람교의 특징이라고 할 수 있는 것 중의 하나가 여성들의 복장이다. 눈과 손끝을 제외하고는 몸 전체를 완전히 감싼 옷을 입는다. 중근동은 더운 지역인데 왜 이런 복장을 하는가 의아해하겠지만 사실은 더위에 대한 대비책이다. 강렬한 자외선으로부터 몸을 보호하고 지면에 반사되는 빛을 방어하기도 하며 모래를 피하는 이점이 있다.

물론 이런 실용적인 면말고 근본적으로는 코란의 가르침을 따르는 것이다.

"여성은 베일을 쓰지 않으면 안 된다"라는 말은 코란에는 없다. 다만 "외부에 나와 있는 부분을 어쩔 수 없지만 그 외의 아름다운 곳은 타인에게 보이지 않도록"이라는 말이 있을 뿐이다. 이 대목이 베일을 착용하지 않으면 안 되는 것으로 해석이 되어 버린 것이다.

이런 코란의 가르침의 배경이 된 것은 이슬람의 성에 대한 엄격함에서 비롯된다. 사회 전체적으로 남녀 분리의 원칙이 관철되고 있어 전차 등의 공공 교통 기관도 남성용과 여성용으로 나뉘어 있다. 인간은 약한 존재이기 때문에 남녀가 함께 있으면 가르침에 어긋난 성적 관계에 빠지기 쉽다고 생각한다. 여성의 베일 착용도 남자들이 음란한 생각을 갖지 않도록 하기 위한 예방책인 것이다. 여성 입장에서도 남자를 유혹하지 않는다고 선언하는 결과가 된다.

이슬람에서 불륜은 엄한 처벌을 받는다. 서로를 위해서라도 예방책이 필요하다. 베일의 착용률은 각각의 나라마다 다른데 계율이 어느 정도 지켜지고 있는가에 비례한다. 이집트 등 정교 분리가 앞선 국가에서는 착용하지 않는 여성도 많다. 베일은 서구 각국으로부터 여성 차별이라며 비판을 받는 일도 있는데 이슬람권 사람들에게는 오히려 남녀평등의 상징으로 여겨진다. 베일이 있기 때문에 여성은 안심하고 외출할 수 있고 남성과 동일한 직장에서 일할 수 있다고 생각하는 것이다.

왜 일부다처제를 인정하는가?

코란 4:3
"만일 너희가 고아들을 공정하게 대처하여 줄 수 없을 것 같은 두려움이 있다면, 좋은 여성과 결혼하라. 두 번 또는 세 번 또는 네 번도 좋으니라. 그러나 그녀들에게 공평을 베풀어 줄 수 없다는 두려움이 있다면 오직 한 여성 혹은 너희 오른손이 소유한 것만을 취하라. 그것이 너희를 부정으로부터 보호하여 주는 보다 적합한 것이라."

이슬람교에서 남자는 4명까지 부인을 둘 수 있다. 미혼자는 부러워할 것이고 기혼자들은 한 명으로도 벅차다고 생각할 것이다. 코란에는 "마음에 드는 여성은 2명이든 3명이든 혹은 4명이든 맞이하라"고 되어 있다. 단 "수명의 부인을 모두 공평하게 대하지 않으면 안 된다"라는 조건이 붙는다. 즉, 일부다처제를 누리기 위해서는 상당한 경제력이 요구된다.

그런데 돈만 있다고 되는 것도 아니다. 부인이 4명 있으면 4명을 평등하게 사랑하고 섹스도 4명과 공평하게 해야 한다. 결혼에 대한 이혼 조건이 정해져 있기 때문에 이혼시에는 상당한 돈이 필요하다. 그러므로 왕족이나 대부호를 제외하고는 4명의 부인을 맞이하는 사람은 흔하지 않다. 법으로 4명까지 부인을 맞이할 수 있도록 인정하고 있는 국가에서도 2명까지가 대부분이며 그것조차도 10%가 넘지 않는다.

이슬람에서 2명 이상의 부인을 둘 수 있도록 허용한 것은 일종의 사회복지 정책의 일환이라고 볼 수 있다. 마호메트 시대에는 전란이 많아 전쟁 미망인과 고아가 속출했다. 그들의 생활을 돌보는 차원에서 경제적으로 여유가 있는 남자들이 부인을 여러 명 두도록 한 것이다. 마호메트도 정식 결혼으로 맞이한 부인만 14명이며 그 외에도 다수의 부인이 있었다고 한다.

성전(지하드)이란 어떤 것인가?

이슬람 과격주의 조직에 의한 테러가 끊이지 않는다. 그런 사건이 발생할 때마다 '지하드'라는 말이 등장한다. 지하드란 '성전'으로 번역이 되는데 단순히 '노력'이라는 의미로 '싸우다'나 '자폭' 같은 의미는 없다. '알라의 가르침을 위해 노력하는 것, 자기의 욕망을 억제하는 데 힘 쓰는 것'이 원래 지하드의 뜻이다. 오늘날 지하드가 테러의 이미지를 갖게 된 것은 현대사가 낳은 각종 불행한 사건의 연속된 결과물이라고 볼 수 있다. 이슬람 세력이 확장되자 이교도와의 전쟁이 많아졌는데 그 전쟁에 힘을 다하여 싸우는 것이 지하드가 된 것이다. 당연히 이교도와의 전쟁에서 죽은 자는 순교자로 존경을 받게 된 것이다. 이렇듯 전쟁을 지하드로 여기게 되었는데 이교도와의 전쟁이 지하드이지 이슬람교도 사이의 전쟁은 지하드가 아니다. 이란과 이라크의 전쟁은 쌍방 모두 지하드라고 할 수가 없다. 걸프전의 경우 이교도인 미국을 중심으로 다국적군과 싸우는 것이므로 후세인 대통령은 지하드라고 선언했다.

지하드가 성전을 의미하긴 했지만 처음부터 오늘날과 같은 무차별 테러를 포함한 건 아니다. '싸우는 종교'라는 의미가 강한 이슬람이지만 원래는 평화 제일주의자들이다. 인간의 존엄을 짓밟는 상황을 막는 명분이 서야 비로소 전쟁이 허용되므로 선제공격은 금지된다. 전쟁이 인정되는 것은 어디까지나 자신의 나라를 지키기 위해서 비롯되는 전쟁이다.

지하드에 관한 코란의 구절
- 믿는 신앙인이란 하느님과 선지자를 믿되 의심하지 아니하고 하느님의 사업을 위해 그들의 재산과 생명으로 성전하는 자들이 바로 믿는 신앙인들이라(수라 49 : 15).
- 순교자들이 죽었다고 말하지 말라. 그들은 살아 있으되 너희들이 인식을 못하고 있을 뿐이라(동 2 : 154).
- 하느님의 길에서 살해 당했거나 죽었다면, 하느님으로부터 관용과 자비가 있을지니 이는 생전을 축적한 것보다 나으리라(동 3 : 157).
- 만일 너희가 죽었거나 살해당했다면 너희는 하느님께로 돌아 가니라(동 3 : 158).
- 하느님의 길에서 순교한 자가 죽었다고 생각지 말라. 그들은 하느님의 양식을 먹으며 하느님의 곁에서 살아 있노라(동 3 : 169).

여성이나 아이들, 노인 등의 비전투원을 죽이는 것도 금지되어 있다. 지하드가 무차별 테러로 발전한 가장 큰 이유는 병기가 발달하여 옛날처럼 백병전이 아닌 전투기나 미사일에 의한 전쟁이 되어 버렸기 때문이다. 상대측이 비전투원을 포함하여 무차별하게 공격하는 이상 이쪽도 그에 대항할 수밖에 없다. 게다가 선제공격을 당하게 되면 끝장이므로 먼저 공격할 수밖에 없는 것이다.

이슬람 사원(모스크)의 내부는 어떤 모습인가?

이슬람 사원을 '모스크'라 하는데 이는 아랍어가 아니라 한국어이다. 아랍어로는 '마스지드'이다. 마스지드가 변하여 영어의 'Mosque'가 되고 한국어로 변하는 과정에서 모스크가 되었다. 이슬람권에 가서 모스크라고 발음해도 전혀 통하지 않는다. 이 모스

모스크

크는 '사원'으로 번역되는 경우가 많은데 엄밀하게 말하면 '예배당'이다. 불교의 사원이나 기독교의 교회의 이미지와는 거리가 먼데 이슬람에서는 우상 숭배를 금지하고 있으므로 모스크에는 신상도 없고 종교 회화도 없다. 미술관이라고도 할 수 있는 불교 사원이나 기독교 교회와는 이 점에서 크게 다르다.

모스크는 예배를 드리는 장소와 광탑(마나라), 청정(우즈아 : 예배 전에 얼굴, 손, 발을 씻는 의식)을 행하는 3개의 장소로 이루어진다. 가장 중요한 곳은 예배를 드리는 장소로 큰 강당처럼 되어 있고, 융단이 깔려 있다. 예배는 서서 드리거나 앉아서 드리므로 의자가 없다. 벽의 한쪽 면에는 문처럼 패인 곳과 계단 비슷한 것이 있다. 아치형으로 패인 곳은 '미흐라브'라고 하는 것으로 메카의 방향을 가리키고 있다. 형태나 크기는 제각각으로 타일이나 모자이크 등으로 장식된다.

모스크의 왼쪽에 있는 것이 '민바르'라고 하는 계단 같은 것으로 이는 설교자(이맘)가 설교할 때 올라가는 단이다. 이 단의 가장 위쪽에는 둥근 천장을 받든 옥좌가 있다. 이것은 예언자 마호메트를 위한 것으로 누구도 앉을 수 없는 장소이다. 외관을 보면 건물 주위에는 탑이 세워져 있다. 이것이 광탑으로 예배 시간을 알리기 위해 올라가는 데 쓰인다. 도시 전체에 예배 시각을 알리는데 옛날에는 육성으로 했지만 지금은 확성기를 사용하기도 한다. 예배 전에 몸을 정결하게 하는 샘물도 있는데 중앙 정원에 많이 있다. 불교의 사원이나 교회와 또 다른 차이점은 성직자가 상주하지 않는다는 점이다. 불교 사원은 수행 장소가 되기도 하지만 모스크는 예배 장소일 뿐이다. 관리인은 있지만 그들은 말 그대로 관리이다. 예배 시각을 알리는 이와 설교사가 오지만 끝나면 곧 돌아간다. 요컨대 이슬람 사원은 매우 실용적인 장소이다. 물론 불교의 사원이나 기독교의 교회처럼 성스러운 장소임에는 틀림없다.

이슬람교에는 어떤 축제와 행사가 있는가?

엄격한 계율에만 시선이 집중되는 이슬람교이기는 하지만 즐거운 축제도 있다. 가장 큰 축제는 단식을 끝내고 행하는 대축제, 이디라마단이다. 라마단이 끝난 다음 달인 10월의 첫째 날부터 3~4일간에 걸쳐 이루어지며 단식을 무사히 마쳤음을 기뻐하는 축제이다. 아침 8시 무렵부터 모스크나 광장에 모여 설교를 듣고 집단 예배를 드린다. 이날은 몸도 청결히 하고 옷도 새 옷을 입으며 장식을 한다. 먼저 가난한 자들에게 자선을 베풀고 그 후에 친척, 친구들과 함께 서로를 축복한다.

다음으로 큰 행사는 '희생제'이다. 순례월인 12월의 10일부터 3~4일간에 걸쳐 행해진다. 메카 근교 미나의 골짜기에서 이슬람 이전부터 지낸 구습에 따른 것으로 염소 따위를 신에게 바친 다음 일부는 자기 집에서 사용하고 나머지는 가난한 이들에게 베푼다.

이 두 가지 큰 축제일 외에 순교 기념일이 있다. 모하람월(1월) 10일로 예언자의 손자 후세인이 순교한 날이다. 시아파 국가에서는 이 날을 '이슈'라고 부르며 순교자를 추모한다. 시아파 교도들이 스스로 자신의 몸을 채찍질하면서 행진하는 행사를 갖기도 한다.

한국에서는 추석과 설, 구미에서는 크리스마스가 가장 성대한 행사인데 이슬람권은 어떨까? 이슬람권에도 제1월의 10일째, 즉 1월 1일(양력 1월 1일과는 다른 날)은 있다. 그러나 이날은 일부 지역이 휴일이긴 하지만 특별한 행사는 없다. "해피 뉴 이어"나 "새해 복 많이 받으세요"라는 식의 성대한 축하는 없다. 예언자 마호메트의 생일에도 별다른 행사는 없다. 마호메트의 태음력(히쥬라력)에 따른 생일은 제3월 12일(양력으로 2004년의 경우 5월 2일)이다. 이 날을 축하하라고 코란에 적혀 있지는 않다. 그렇다고 성탄제(마우리드)를 기념하여 행사를 벌이는 것을 반이슬람적 행위로 보지는 않는다(종파에 따라 다름). 이집트는 이렇듯 전 이슬람교도가 축하하지 않고 있는데 반해 성대한 행사를 벌이는 풍습이 있다. 이집트에서는 마우리드가 되면 거리의 모스크 앞에 포장마차가 즐비하고 사탕 과자 인형을 판다. 성탄제의 전일부터 당일까지는 마호메트와 알라를 찬양하며 행진하고 축제가 끝나면 사탕 과자 인형을 먹는다고 한다.

왜 이슬람권 은행에는 이자가 없는가?

이슬람교에서는 '이자' 자체를 부정한다. 코란에 이자를 금지하는 문구가 있으며 이를 반드시 지켜야 하기 때문이다. 마호메트의 시대 메카에서는 빈부의 격차가 커져 일부 고리대금업자들이 부를 축적하고 있었다. 그러나

이슬람의 무이자 은행
(interest-free banking)

코란 제2장에 보면 "상업에 의한 이윤은 허락하고 있으나 고리대에 의한 이자는 금한다"라고 되어 있다. 여기에서 고리高利란 '고율의 이자'를 말하는 것이 아니라 '대부된 원금 외에 부과되는 단 1%의 이자'라도 고리가 된다. 1970년대 초 이러한 윤리적 가치를 갖는 이슬람 은행이 등장했을 때 세계 금융계는 그저 유토피아적 이상이라고만 취급하였으나 점점 유럽 및 미국을 비롯한 다른 나라로 확대되고 있는 추세이다.

신 앞에서는 모두가 평등하고 원래 이 세상의 것은 모두 알라의 것이다. 그러므로 원금을 빌려 주고 일도 하지 않고 돈을 버는 것은 있을 수 없다는 것이다.

현재도 이슬람권에는 **무이자 은행**이 있다. 그렇다면 예금자는 무엇을 위해 은행에 저금을 하며 은행은 어떻게 돈을 버는 것일까? 빌린 사람은 돌려주는 것만으로 정말 아무것도 지불하지 않아도 되는가? 이슬람의 무이자 은행은 투자 은행의 하나로 보면 된다. 아랍 경제의 가치관을 바탕으로 성립된 것이다.

옛날 아랍 상인은 대상을 만들어 사막과 바다를 건너 교역을 했다. 무사히 목적지에 닿으면 막대한 이익을 얻을 수 있지만 도중에는 많은 위험이 도사리고 있다. 자연재해도 있고 해적이나 도적에 습격을 당하는 일도 잦아서 매입한 상품을 팔기 전에 잃어버리면 큰 손해를 입는다. 상당히 높은 위험이 따르는 반면 수익도 크게 낼 수 있는 비즈니스였다.

그래서 대상(카라반)을 조직하는 스폰서를 다수 모집하여 위험을 분산시켰다. 성공하고 돌아오면 이익을 스폰서에 배당하는 시스템이 형성된 것이다. 말하자면 현대판 투자 은행 방식이라고 볼 수 있다. 이슬람 무이자 은행에서는 투자가가 맡긴 자금을 기업에 무이자로 대출을 하고 사업이 성공하면 배당을 받아 그것을 예금자에게 배분한다. 사업이 실패하면 투자가는 이익은커녕 원금도 잃게 된다. 배당도 이자와 같은 불로소득임이 분명하지만 투자가가 위험을 감수한다는 점에서 코란에 반하지 않는다고 보는 것이다.

기독교에서는 하느님이 천지를 창조했고 인간을 만들었다고 보고 있으며 최초의 인간은 아담과 하와로 그들의 타락으로 인류는 원죄를 지게 되었다고 한다. 구약의 모세는 애굽 땅에서 고통받고 있던 이스라엘 민족을 이끌고 가나안 땅으로 향하며, 타락으로 물든 세상을 벌하기 위해 하느님은 홍수 심판을 감행한다. 출애굽 과정에서 모세가 받은 십계명은 현재도 기독교인들의 핵심적인 윤리관이 되고 있다.

7

천지창조부터
모세의 십계까지

기독교의 원점, 구약 성경의 세계는?

01 구약 성경이 전하는 인류의 역사

천지창조부터 모세의 십계까지

천지창조 – 세계는 어떻게 창조되었는가?

어떻게 생명이 지구상에 탄생했는지는 아직도 풀리지 않는 수수께끼이다. 구약 성경의 세계관으로 보면 이 세상의 만물은 '창조주'에 의해 만들어졌다고 되어 있다. '창세기'의 첫머리에 나오는 천지창조에 초점을 맞추어 창조주가 세계를 어떻게 창조했는지 살펴보자.

해·달·별의 창조
(미켈란젤로의 1511년 작)

창세기는 "태초에 하느님이 천지를 창조하시니라"라는 친숙한 1절로 시작된다. 그리고 창조주가 세계를 창조해 가는 과정을 순서에 따라 묘사하고 있다.

"땅이 혼돈하고 공허하며 흑암이 깊음 위에 있고 하느님의 신은 수면에 운행하시니라. 하느님이 가라사대 빛이 있으라 하시매 빛이 있었고[창세기 1~3절]"

창조주에 의해 이처럼 빛과 어둠이 나뉘고 낮과 밤이 생긴 것은 첫째 날의 일이다. 이어서 둘째 날 하늘이 만들어진다.

"하느님이 가라사대 물 가운데 궁창이 있어 물과 물로 나뉘게 하리라 하시고 하느님이 궁창을 만드사 궁창 아래의 물과 궁창 위의 물로 나뉘게 하리라 하시매 그대로 되니라. 하느님이 궁창을 하늘이라

천지창조(미켈란젤로의 1508~12년 작)

창세기 1장을 보면 하느님은 한 가지씩 창조할 때마다 "보시기에 좋았더라"를 반복하고 있는 것을 발견할 수 있다.

그 빛이 하느님이 보시기에 좋았더래[창세기 1장 4절], 하느님이 뭍을 땅이라 칭하시고 모인 물을 바다라 칭하시니 하느님이 보시기에 좋았더라[10절], 땅이 각기 종류대로 씨 가진 열매를 내니 하느님이 보시기에 좋았더라[12절], 주야를 주관하게 하시며 빛과 어두움을 나뉘게 하시니 하느님의 보시기에 좋았더라[18절], 날개 있는 모든 새를 그 종류대로 창조하시니 하느님이 보시기에 좋았더라[21절], 땅에 모든 것을 그 종류대로 만드시니 하느님이 보시기에 좋았더라[25절], 하느님이 그 지으신 모든 것을 보시니 보시기에 심히 좋았더라[31절].

칭하시니라. 저녁이 되며 아침이 되니 이는 둘째 날이니라[동 6~8절]."

다시 신은 셋째 날에 땅과 바다와 식물을 넷째 날에 태양과 달 등의 천체와 계절과 날을 만들었다. 다섯째 날에는 물고기 등 바다에 사는 생물과 하늘을 나는 새를 창조했다.

"하느님이 가라사대 땅은 생물을 그 종류대로 내되 육축과 기는 것과 땅의 짐승을 종류대로 내라 하시고[동 24절]."

"하느님이 가라사대 우리의 형상을 따라 우리의 모양대로 우리가 사람을 만들고 그로 바다의 고기와 공중의 새와 육축과 온 땅과 땅에 기는 모든 것을 다스리게 하자 하시고[동 26절]."

이렇게 신은 인간을 창조하고 남과 여를 창조하고 천지창조를 완성시킨 것이다.

창세기에는 일곱 번째 날에 대해서도 기록되어 있다.

"하느님이 지으시던 일이 일곱 째 날이 이를 때에 마치니 그 지으시던 일이 다하므로 일곱째 날에 안식하시니라. 하느님이 일곱째 날을 복 주사 거룩하게 하셨으니 이는 하느님이 그 창조하시며 만드시던 모든 일을 마치시고 이날에 안식하셨음이더라[2장 2~3절]."

여기서 말하는 '거룩'이란 성스럽기 때문에 세속으로부터 멀어지는 것을 의미한다. 이것이 안식일의 기원이 되었다. 1주일이 7일인 것도 천지창조의 7일간에서 유래한다. 유대교의 안식일이 토요일인 것과 달리 기독교가 일요일을 성일로 하고 있는 것은 십자가에 매달린 예수가 일요일에 부활했기 때문이다.

천지창조에서 이 세상이 만들어진 후 인류의 조상인 **아담과 이브**는 어떻게 생명이 주어진 것일까? 창세기의 다음을 읽어 보자.

"여호와 하느님이 흙으로 사람을 지으시고 생기를 그 코에 불어넣으시니 사람이 생령이 된지라[창세기 2장 7절]."

"여호와 하느님이 동방의 에덴에 동산을 창설하시고 그 지으신 사람을 거기에 두시고[동 8절]."

이렇게 하여 세상에는 남자인 아담이 먼저 창조된다. 에덴동산 중앙에 선악을 알게 하는 나무가 자라기 시작한 것도 이때다.

이윽고 신은 "사람이 독처하는 것은 좋지 못하니[동 18절]"라고 생각한다. 신은 짐승과 새를 만들어 아담이 있는 곳에 데려가지만 인간의 상대로는 도저히 바람직하지 않다는 것을 알게 된다. 신은 아담을 깊은 잠에 빠지게 한다.

"여호와 하느님이 아담을 깊이 잠들게 하시니 잠들매 그의 갈빗대 하나를 취하고 살로 대신 채우시고 여호와 하느님이 아담에게서 취하신 그 갈빗대로 여자를 만드시고 그를 아담에게로 이끌어 오시니[동 21~22절]."

아담과 이브 – 창조주에 의해 창조된 최초의 인간

아담의 창조(미켈란젤로의 1510년 작)

이브의 창조(미켈란젤로의 1509~10년 작)

아담은 여자를 보고 몹시 기뻐한다.

"이는 내 뼈 중의 뼈요 살 중의 살이라 이것을 남자에게서 취하였은즉 여자(이샤)라 칭하리라 하니라. 이러므로 남자가 부모를 떠나 그 아내와 연합하여 둘이 한몸을 이룰지로다[동 23절]."

이렇게 하여 아담에게 오게 된 여자는 후에 에바(생명이라는 의미. 이를 영어로 읽으면 이브가 된다)로 불리며 아담의 좋은 배필이 되었다. 그 후 그들은 사이좋게 행복하게 살았다. 그런데 이윽고 둘의 운명을 바꿔 놓는 결정적인 사건이 발생한다. 아담과 이브는 에덴동산에서 자유롭게 살도록 허락을 받았지만 한 가지 신이 금기한 일이 있었다.

"동산 각종 나무의 실과는 네가 임의로 먹되 선악을 알게 하는 나무의 실과는 먹지 말라. 네가 먹는 날에는 정녕 죽으리라 하시니라[동 16~17절]."

두 사람에게 '죽음'이란 것은 존재하지 않았다. 그런데 어느날 이브에게 뱀이 찾아와 교묘한 말로 유혹하기 시작한다.

타락과 에덴 추방(미켈란젤로의 1509~10년 작)

"너희가 그 과실을 먹어도 결코 죽지 아니하리라. 그것을 먹는 날에는 너희 눈이 밝아 하느님과 같이 되어 선악을 알 줄 하느님이 아심이니라[3장 5절]."

이브는 뱀의 유혹에 빠져 금단의 과실을 먹었다. 아담 역시 과실에 입을 댄다. 이 사건이 인류가 처음으로 신에게 등을 돌린('원죄'를 범한) 순간이다. 선악을 알게 하는 나무의 열매란 '선부터 악까지를 안다' 즉, 모든 것을 알게 해 준다는 것을 의미한다. 한낱 나무의 열매라고 해도 이것을 원한다는 것은 전지전능한 신과 같은 능력을 구하는 것을 뜻한다. 신을 경외하지 않는다는 의미가 된다는 것이다. 아담과 이브가 저지른 죄는 즉시 신에게 알려지고 에덴동산에서 추방당한다. 신은 이브에게 출산의 고통을, 아담에게는 먹을 것을 구하기 위해 일하는 괴로움을 주었다. 당연히 이전에 신이 예정한 영원한 생명은 빼앗기고 죽음을 아는 존재가 된다. 기독교의 논리에 의하면 지금의 인류는 모두 이 두 사람의 자손이므로 똑같은 괴로움을 겪는 것이다.

원죄/原罪
최초의 조상 아담의 범죄로 인간은 누구나 태어날 때부터 죄를 가지고 태어난다는 기독교적 죄관罪觀이다. 원죄 사상이 본격적으로 정립된 것은 사도 바울의 시대부터인데 그는 한 사람 아담의 죄로 말미암아 모든 사람이 죄인이 되었다고 말한다(로마서 5장 1~21절). 바울에게서 시작한 원죄 사상은 아우구스티누스에 의해서 신학적으로 정립이 되었다.

카인과 아벨 – 인류 최초의 살인은 어떻게 일어났는가?

인류가 처음으로 저지른 죄에 이어 구약 성경에는 인류 최초의 살인에 관해 기록되어 있다. 카인과 아벨은 아담과 이브의 자식들이다. 창세기에 의하면 에덴동산에서 쫓겨난 이브는 아담의 아이를 낳을 때 '주에 의해 한 명의 남자 아이를 얻었다.'고 한다. 신에 대한 신앙심이 변함없이 남아 있었던 것이다.

먼저 형 카인이 태어나고 동생 아벨이 태어났다. 시간이 흘러 형 카인은 농부가 되고 동생 아벨은 양치기가 된다. 어느 날 둘은 신에게 제사를 지내게 되는데 카인은 농작물을, 아벨은 살찐 양의 첫 새끼(최초로 태어난 수컷)를 제물로 바치게 된다. 그런데 신은 아벨의 제물은 기쁘게 받았지만 카인의 제물은 받지 않았다. 왜 신이 카인의 제물을 받지 않았는지에 대해서는 성경에 기록되어 있지 않다. 이 부분에 대해서는 두 가지 해석이 나온다. 고대 이스라엘의 목축 문화와 가난의 농경 문화와의 대립 때문이라는 설과 신은 죄를 정결하게 하는 '피'의 제물만을 인정했기 때문에 카인의 제물은 받아들이지 않았다는 것이다.

의도는 차치하더라도 자신의 제물을 받아 주지 않은 신에 대해 카인은 분노와 증오를 품게 된다. 그리고 동생 아벨을 들판으로 유

성경의 무대가 된 고대 오리엔트 세계

혹하여 죽인다. 이것이 성경에 그려진 인류 최초의 살인이다. 물론 카인이 저지른 죄는 바로 신에게 알려진다.

"네 아우 아벨은 어디 있느냐[창세기 4장 9절]."

신은 카인에게 묻는다. 그러자 카인은 대답한다.

"알지 못하나이다. 내가 내 아우를 지키는 자이니까[동 9절]."

카인의 거짓을 꿰뚫은 신은 "네 아우의 핏소리가 땅에서부터 내게 호소하느니라"고 하며 카인에게 엄한 벌을 내린다.

"땅이 그 입을 벌려 네 손에서부터 네 아우의 피를 받았은즉…… 네가 밭을 갈아도 땅이 다시는 그 효력을 네게 주지 아니할 것이요. 너는 땅에서 피하며 유리하는 자가 되리라[동 11~12절]."

이렇게 하여 카인은 신의 곁을 떠나 에덴의 동쪽에 있는 놋('떠돌다'라는 뜻)이라는 땅에 살게 된다. 이 카인의 이야기는 제임스 딘이 주연한 영화 '에덴의 동쪽'을 비롯해 문학, 연극 등의 모티브가 되고 있다. 놋에 살게 된 카인은 그 후 어떻게 되었을까? 그는 그 땅에서 결혼을 해서 에녹이라는 자식을 낳는다. 도시도 건설하는데 그 이름을 자식 이름과 같은 에녹이라고 짓는다. 카인의 자손은 번영하여 이윽고 노아 시대에 이른다.

노아의 방주 – 인류는 왜 한 번 멸망했는가?

아담과 이브에 이어 카인과 아벨의 시대를 거쳐 창세기는 노아 시대에 이른다. 노아는 아담과 이브의 세 번째 자식인 셋의 자손이다. 성경에 의하면 아담과 이브가 살았던 시대에서 1000년 뒤의 일이다. 그 긴 세월을 거쳐서 노아의 시대에는 셋의 자손과 카인의 자손들이 지상에서 크게 번성하고 있었다. 신이 에덴동산에서 "번성하고 충만하라[창세기 1장 28절]"고 축복한 대로 된 것이다.

그런데 신은 지상에 인간을 만든 일을 매우 후회하게 되었다. 인류가 번영하기 시작하자 인간은 나쁜 일만 생각하게 되었고 지상에는 악이 만연한 것이다. 신은 마침내 사람과 동물 모두를 "지면에서 쓸어 버리자[동 6장 7절]"고 결심한다. 그런데 지상에는 단 한 명, 신을 낙담시키지 않은 인물이 있었다. 그가 바로 노아이다. 그는 타락한 세상에서 오직 한 사람 "신과 동행하는 완전한 사람[동 9절]"이었다. 신은 그와 그의 가족을 구원받게 해 준다.

노아 홍수
(미켈란젤로의 1508~9년 작)

"너는 잣나무로 너를 위하여 방주를 짓되 그 안에 칸들을 막고 역청으로 그 안팎에 칠하라[6장 14절]."

"혈육 있는 모든 생물을 너는 각기 암수 한 쌍씩 방주로 이끌어

들여 너와 함께 생명을 보존케 하되", "너는 먹을 모든 식물을 네게로 가져다가 저축하라. 이것이 너와 그들의 식물이 되리라[동 19절, 21절]."

노아는 신이 명령한 대로 방주를 만든다. 그 안에 모든 동물을 한 쌍씩 들이고 가족과 함께 배를 탄다. 그 7일 후 신이 예고한 대로 "큰 깊음의 샘들이 터지며 하늘의 창들이 열려[7장 11절]"서 지상에 큰 비가 내린다. 비는 40일간 계속 내리고 온 세상은 물에 잠긴다. 지상의 모든 생물은 전부 익사한다. 살아남은 것은 노아의 가족과 방주에 타고 있던 동물이었다.

홍수 심판이 있고 150일 후 지면에서 물이 빠지기 시작한다. 노아의 방주는 아라랏산(터키, 아르메니아, 이란 국경의 산) 위에 멈춰 선다. 노아는 물이 빠진 것을 확인하기 위해 배에서 **비둘기**를 날려 보낸다. 비둘기는 처음에 쉴 장소를 발견하지 못해 돌아오지만 두 번째는 올리브 잎을 가지고 돌아온다. 지상에서 물이 빠져나가고 새로운 식물들이 싹을 틔우고 있다는 증거였다. 오늘날 비둘기와 올리브 가지가 평화의 상징으로 여겨지고 있는 것도 성경의 이 일화에서 유래한다.

방주로 돌아온 비둘기
(존 에버렛 밀레이의 1851년 작)

저녁 때에 비둘기가 그에게로 돌아왔는데 그 입에 감람 새 잎사귀가 있는지라 이에 노아가 땅에 물이 감한 줄 알았으며 또 칠일을 기다려 비둘기를 내어 놓으매 다시는 그에게 돌아오지 아니하였더라[창세기 8장 11~12절].

소돔과 고모라 -
신의 분노로 멸망한 도시

소돔과 고모라의 파멸(마틴의 작)

소돔은 팔레스티나의 사해死海 근방에 있던 도시로 현재 사해 남부의 수몰 지역에 해당된다. 영어 소도미(sodomy)는 '남색男色', '비역鷄姦'을 뜻하는데 소돔 사람들이 저질렀던 죄악 행위에서 나온 말로 그런 행위를 하는 자를 소도마이트(sodomite)라고 한다.

'소돔과 고모라'라고 하면 흔히 악과 타락의 대명사로 쓰인다. 본디 이 말은 창세기에 나오는 신이 멸망시킨 도시의 이름이다. 왜 소돔과 고모라는 멸망한 것일까? 이 시대는 노아의 홍수 심판 이후로 400년 정도의 시간이 흐른 때이다.

노아의 아들 셈의 가계에는 이스라엘 민족의 시조가 되는 아브라함이 있다. 그리고 아브라함에게는 조카 롯이 있다. 어느 날 아브라함은 "내가 가리키는 땅으로 가라"는 신의 음성을 듣게 된다. 아브라함은 바로 아내 사라와 조카 롯을 데리고 목적지도 모르는 여행을 시작한다.

이윽고 가나안(팔레스티나)에 다다른 아브라함은 "이 땅을 네 자손에게 주리라[창세기 12장 7절]"는 신의 약속을 받았다. 이 사건은 오늘날까지 이어지는 팔레스티나 문제를 생각하는 데 있어서 중요한 동기가 되었다.

그런데 아브라함이 약속의 땅 가나안에 정주한 것에 반해 조카 롯은 "바라본즉 소알까지 온 땅에 물이 넉넉한[동 13장 10절]" 요르단에 있는 들에 살게 된다. 그곳이 바로 소돔이다.

소돔의 거리는 롯이 도착할 때부터 이미 악으로 물들어 성적으로 문란했고 남색도 횡행했다. 남성간의 동성애를 '소도미'라고 하는

데 이 말은 소돔의 어원이 되었다.

　악에 물든 소돔과 고모라가 신의 분노를 산 것은 불을 보듯 뻔한 일이었다. 어느 날 신은 소돔에 두 천사를 보낸다. 여행자처럼 꾸민 한 천사는 거기서 롯을 만나 그의 집에 초대된다. 롯이 그들을 대접하고 있을 때 도시 안의 남자들이 찾아와 "저녁에 네게 온 사람이 어디 있느냐 이끌어 내라. 우리가 그들을 상관하리라[동 19장 5절]" 하고 소란을 피운다. 롯은 "내 형제들아 이런 악을 행치 말라"고 청하나 받아들여지지 않는다. 그러자 여행자는 마침내 자신들의 신분을 밝히고 이렇게 말한다.

　"그들에 대하여 부르짖음이 여호와 앞에 크므로 여호와께서 우리로 이곳을 멸하러 보내셨나니. 우리가 멸하리라[동 13절]", "네게 속한 자가 또 있느냐 네 사위나 자녀나 성중에 네게 속한 자들을 다 성밖으로 이끌어 내라[동 12절]."

　롯은 천사의 말에 따라 가족을 데리고 도시를 탈출한다. 그들이 벗어나자 신은 소돔과 고모라 위에 유황불을 내린다. 도시는 폐허가 되고 주민들은 전멸했다. 롯과 그 딸들은 가까운 곳으로 도망을 갔다. 롯의 아내는 "뒤를 돌아봐서는 안 된다"는 신의 충고에 따르지 않아서 소금 기둥이 되고 만다. 지금도 사해 연안에 가면 소금 바위로 이루어진 소돔의 산과 롯의 아내로 불리는 소금 기둥을 볼 수 있다.

롯의 처 소금기둥

02 모세의 활약과 이스라엘 민족

천지창조부터 모세의 십계까지

모세 - 대체 어떤 인물인가?

모세는 가혹한 노예 생활을 하고 있던 이스라엘 민족을 이집트로부터 탈출시킨 것으로 유명한 인물이다. '홍해의 기적', '모세의 십계' 등 탈출 후의 사건에서도 빠질 수 없는 그이지만 지도자가 되기 전의 삶은 그다지 알려진 게 없다. 모세의 탄생부터 신과의 만남에 이르기까지 당시의 시대 상황에 비춰 알아보자.

이스라엘 사람인 모세는 기원전 14세기경 이집트에서 태어났다. 외국인인 이스라엘인이 노예로 혹사당하고 있던 고난의 시대였다. 이스라엘인이 이집트에 있었던 연유를 알기 위해서는 모세의 시대로부터 조금 거슬러 올라가야 한다. 이스라엘의 시조 아브라함은 신의 계시로 가나안(팔레스티나)에 정착했다. 시간이 흘러 아브라함은 아들 이삭을 낳고 이삭은 에서와 야곱을 낳는다. 야곱은 나중에 '이스라엘'로 이름을 바꾸고 그의 12명의 아들들은 이스라엘 12부족의 선조가 된다. 아들들 가운데 11번째 아들인 요셉은 아버지 이스라엘(야곱)의 각별한 총애를 받았다. 이를 시기한 다른 형제들은 요셉을 대상(카라반)에게 팔아 버린다. 그가 끌려간 곳이 바로 이집트이다. 이스라엘 민족이 이집트에 살게 된 경위가 된 것이다. 요셉은 이내 이집트 왕의 꿈을 풀어 주고 신임을 얻게 된다. 총리의 자리까지 앉게 된 그는 흉년이 들어 먹을 것을 구하러 온 형제들과 화해하므로 이스라엘 일족은 이집트로 이주하게 된 것이다. 이집트에서 그들의 자손은 더욱 번성하게 된다.

보디발의 아내 요셉을 모함하다(램브란트의 1655년 작)

애굽에 팔려간 요셉은 바로(애굽 왕을 가리키는 통칭)의 시위대신(경호대장) 보디발의 집에 머물면서 그의 신임을 얻게 된다. 보디발은 그에게 자신의 집에 관한 모든 일을 일임하게 되는데 용모가 출중한 요셉(요셉은 용모가 준수하고 아담하였더라(창세기 39장 6절))을 보디발의 아내가 유혹을 하기에 이른다. 신앙이 깊었던 요셉은 그 유혹을 물리치는데 이에 분노를 참지 못한 보디발의 아내는 그가 자기를 강간하려고 했다며 보디발에게 거짓으로 일러바친다. 보디발은 바로 요셉을 옥에 가두는데 요셉은 이곳에서 바로의 꿈을 푸는 기회를 얻게 된다.

그런데 시간이 흘러 요셉을 잘 알지 못하는 왕이 지배자가 되자 이스라엘인은 왕의 권위를 위협하는 존재로서 탄압의 대상이 된다. 모세가 태어난 것은 바로 이 시기이다. 그가 태어날 때 이집트에는 "(이스라엘인에게서) 태어난 남자 아이는 모두 나일강에 버려라"라는 가혹한 명령이 내려져 있는 때였다. 모세 역시 죽임을 당할 운명이었는데 모세의 어머니가 파피루스 바구니에 담아 나일강변의 갈대숲에 버린다. 나일강변으로 목욕을 나온 이집트 **파라오의 공주**는 바구니 안의 갓난아이를 발견하게 된다. 아이를 가

모세를 발견한 공주(로렌스 알마 타데마의 1904년 작)

7장_천지창조부터 모세의 십계까지 **201**

엽게 여긴 그녀는 자신의 아들로 키우기로 한다. 이렇게 하여 모세는 이스라엘인의 아들이면서도 살아남게 된 것이다. 그런데 왕녀의 양자로 훌륭하게 성장하던 모세는 어느 날 중한 범죄를 저지르고 만다.

"그(모세)는 자기 형제들에게 나가서 그 고역함을 보더니 어떤 애굽 사람이 어떤 히브리 사람 곧 자기 형제를 치는 것을 본지라. 좌우로 살펴 사람이 없음을 보고 그 애굽 사람을 쳐 죽여 모래에 감추니라[출애굽기 2장 11~12절]."

살인을 저지르고 쫓기는 몸이 된 모세는 미디안이라는 지방으로 도망가 그곳의 여자와 결혼을 하고 양치기 생활을 시작한다. 시간이 흘러 이집트 왕이 죽는데 그동안 고역을 당하고 있던 이스라엘인들의 부르짖음이 신이 계신 곳까지 이른다.

어느 날 양 무리를 쫓아 신의 산 호렙에 온 모세는 자신의 이름을 부르는 신의 음성을 듣는다. 신은 모세에게 명한다. "애굽에 있는 나의 백성을 애굽에서 이끌어 내고 넓고 기름진 땅, 젖과 꿀이 흐르는 가나안 땅으로 인도하라"라고.

나중에 영웅이 되는 모세였지만 이때는 돌연한 신의 계시를 받아들이기에는 부족함이 많았다. "저 같이 서툰 자에게는 무리입니다." 그는 사명을 피하려고 했다. 그러나 신은 "네게는 아론이라는 말에 능한 형제가 있지 않은가" 하며 모세의 형 아론에게 의지할 것을 지시했다. 결국 사명을 깨닫게 된 모세는 이집트로 가서 이스라엘 백성을 구하기로 결심한다.

미리암(Miriam)
(에드워드 번 존스의 1872년 작)

모세의 누이로 파라오의 공주에게 접근해서 유모를 천거해 준다고 하고 자기의 어머니를 데려다 주어 동생을 살려 냈다. 모세의 형 아론과 더불어 모세가 이스라엘 민족을 출애굽시켜 가나안 땅으로 인도하는 데 큰 도움을 준다.

출애굽기 – 모세의 홍해의 기적은 실화였다?

사명자 모세는 이집트의 파라오 왕에게 가서 이스라엘인을 해방해 줄 것을 호소했다. 그러나 이집트 왕이 모세의 청을 받아들일 리가 만무했다. 나라의 재산인 노예를 그렇게 쉽게 놓아 주지 않았던 것이다. 신은 자신의 존재를 이집트인들에게 알리기 위해, 왕의 마음을 움직이기 위해 이집트에 차례차례 재앙을 내린다.

출애굽기

애굽에서의 고난		해방		율법과 계약
모세와 이스라엘 민족의 고난	바로와 애굽의 재앙	홍해의 기적	광야의 예비	시내산에서의 가르침
1장 1절 ~ 7장 13절	7장 14절 ~ 12장 36절	12장 37절 ~ 15장 21절	15장 22절 ~ 18장 27절	19장 1절 ~ 40장 38절
• 압제받는 이스라엘 • 모세의 탄생과 소명	• 10가지 재앙 (피, 개구리, 이, 파리, 악질, 독종, 우박, 메뚜기, 흑암, 장자의 죽음)	• 홍해를 건넘 • 모세와 미리암의 노래	• 신광야에서의 원망 • 만나와 메추라기를 줌	• 십계명을 받음 • 이스라엘 백성의 반역 • 율법과 계약을 다시 체결 • 성막의 완성

먼저 나일강의 물을 피로 바꾸는 '피의 재앙'이 일어나고 이어서 수많은 개구리가 모든 집에 넘치게 만든 '개구리의 재앙'이 이어진다. 그리고 '이떼의 재앙', '파리떼의 재앙', '질병의 재앙' 등 모두 9개의 재앙이 일어난다. 그러나 왕의 마음은 움직이지 않았다. 마침내 신은 10번째 결정적인 재앙을 일으킬 것을 모세에게 이른다.

"밤중에 내가 애굽 가운데로 들어가리니 애굽 가운데 처음 난 것은 위에 앉은 바로의 장자로부터 맷돌 뒤에 있는 여종의 장자까지 그리고 모든 생축의 처음 난 것까지 다 죽을지라[출애굽기 11장 4~5절]."

신이 말한 대로 어느 날 한밤중에 이집트 안의 모든 집의 장자는

홍해를 건넘(코지모 롯셀리의 작)

한 사람도 남김없이 죽고 만다. 왕가의 장자도 예외는 아니었다. 다만 신이 말한 대로 어린양의 피를 집 입구에 바른 이스라엘인의 장자는 재앙을 면했다. 유대교의 3대 절기 중 하나인 유월절은 이 사건에서 유래된 것이다. 자신의 아들을 잃은 왕은 마침내 이스라엘인의 해방을 허락한다. 이스라엘인들은 서둘러 재산을 정리하여 이집트를 떠났다. 이스라엘 백성이 이집트로 들어온 지 430년이 지난 뒤의 일이었다. 신의 인도로 이스라엘 백성은 가나안으로 가는 최단 거리가 아닌 시나이 반도의 황야를 우회하는 길을 따라간다. 그 사이 마음이 바뀐 파라오의 군대가 일행을 점점 가깝게 쫓아오고 있었다. 일행은 '홍해 앞에서 절대 절명의 위기에 빠진다. 유명한 '홍해의 기적'이 일어난 것은 이때의 일이다.

"지팡이를 들고 손을 바다 위로 내밀어 그것으로 갈라지게 하라. 이스라엘 자손이 바다 가운데 육지로 행하리라[동 14장 16절]."

신의 명령에 따라 모세가 지팡이를 올리자 눈앞에서 바다가 두

개로 갈라지고 그 가운데로 길이 하나 생겼다. 이스라엘 백성은 이 길을 건너 반대편으로 도망쳤다. 한편 그들을 뒤쫓아 길을 건너려 했던 이집트 군사들은 바닷물에 휩쓸려 버리고 말았다. 과연 이 기적은 얼마만큼의 신빙성이 있는 것일까?

단순히 만들어진 이야기라고 생각하는 사람들이 대부분이겠지만 사실 실제로 일어날 수 있는 일이다. 홍해뿐만이 아니라 만자라호, 발더월호, 대비터호 등 주변의 물가는 갈대가 풍성한 낮은 수위를 이루고 있어 물이 양측으로 갈라지는 현상이 일어난다. 따라서 '홍해의 기적'은 다소 과장되었다고 하더라도 전혀 근거가 없는 얘기는 아니다.

모세의 십계 – 모세는 신으로부터 어떤 계율을 받았는가?

출애굽기 중에서 특히 유명한 '십계'의 수여가 나오는 것은 모세 일행이 이집트를 나와 3개월이 지난 때의 일이다. 십계란 '사람이 지켜야 할 계율'을 짧게 정리한 것으로 후에 구미인의 윤리관을 형성하게 되는 중요한 신의 말씀이다. 이집트를 탈출하는 데 성공한 모세를 중심으로 한 이스라엘 백성은 배고픔과 갈증을 이겨 내면서 시나이 반도의 황야를 방랑하다 시내산 계곡까지

모세와 십계명 돌(코지모 롯셀리와 피에로 디 코치모의 작)

오게 된다. 일행은 시나이 황야에 천막을 치고 산을 향해 야영을 한다. 한편 모세는 신의 부름을 받고 시내산에 올라가 천둥과 번개가 치는 산꼭대기에서 십계를 받는다.

1. 너는 나 이외에 다른 신들을 네게 있게 말지니라.
2. 너를 위하여 새긴 우상을 만들지 말라.
3. 너의 하느님 여호와의 이름을 망령되이 일컫지 말라.
4. 안식일을 기억하여 거룩히 지키라.
5. 네 부모를 공경하라.
6. 살인하지 말지니라.
7. 간음하지 말지니라.
8. 도적질하지 말지니라.
9. 네 이웃에 대하여 거짓 증거하지 말지니라.
10. 네 이웃의 집을 탐내지 말라. 네 이웃의 아내나, 그의 남종이나 그의 여종이나, 그의 소나 그의 나귀나, 무릇 네 이웃의 소유를 탐내지 말지니라[출애굽기 20장 3~17절].

산을 내려온 모세가 십계 외에 제단과 노예, 재산에 관한 규율을 백성에게 전하니 일동은 한 목소리로 "여호와의 명하신 모든 말씀을 우리가 준행하리이다[동 24장 3절]"고 맹세한다.

그러나 모세가 다시 신의 부름을 받고 가르침과 계율을 적은 두 개의 석판을 받고 있을 때에 산기슭에 있던 이스라엘 백성은 어느 새 그 맹세를 깨 버린다. 모세가 40일 동안 산에 들어가 있었기 때문에 백성들은 기다리다 지쳐 황금으로 송아지를 만들고 신으로 받들며 예배를 드리기 시작한다. 우상을 만든 것은 모세의 형인 아론이었다.

십계명 두 판을 깨트리는 모세(렘브란트의 1659년 작)

백성의 불신앙을 목격한 모세는 신에게 받은 석판을 금송아지에 던지며 분노한다. 석판은 완전히 깨져 버리고 신의 분노 또한 엄청나서 순식간에 3,000명이 처형된다. 그 뒤 신은 백성의 회개를 받아들여 다시 석판을 수여한다. 가나안으로 향하는 백성은 순금으로 싸인 상자(언약궤)에 석판을 넣고 항상 그것을 갖고 이동했다. 그들은 40년에 걸친 긴 방랑 여행과 가나안을 정복하기 위한 수회의 전쟁을 거쳐 마침내 안주의 땅을 찾는다.

늙은 모세는 결국 약속의 땅에 들어가지 못하고 느보산에 올라가 가나안 땅을 바라본 후에 세상을 떠났다. 그 후 가나안은 이스라엘의 12부족에 의해 분할 통치의 시대를 거쳐 사울, 다윗, 솔로몬 왕으로 이어지는 통일 왕국의 길을 걷는다. 이집트에서 벗어난 뒤 2백 수십 년이 흐른 뒤의 일이다.

열두 지파의 가나안 땅의 분배지도

인도는 불교의 시조, 고타마 싯다르타 부처의 탄생 국가이다. 우리나라, 중국, 동남아시아 등 동양을 지배한 불교의 역사와 발전 과정을 알아보고, 온갖 박해 속에서 발전을 거듭하여 현재 최고의 종교가 된 기독교에 대해 살펴본다. 또한, 전 세계 인구 5명의 중의 1명은 이슬람교도라는 통계 수치 이상으로 빠르게 성장하고 있는 이슬람교의 역사적 탄생을 바탕으로 그 성장 과정을 알아본다.

8
세계 3대 종교의 발전

종교는 어떤 과정을 거쳐 현재의 종교로 발전했는가?

세계 3대 종교의 발전

01 동양을 지배한 불교의 역사와 발전

부처 이후의 초기 인도 불교

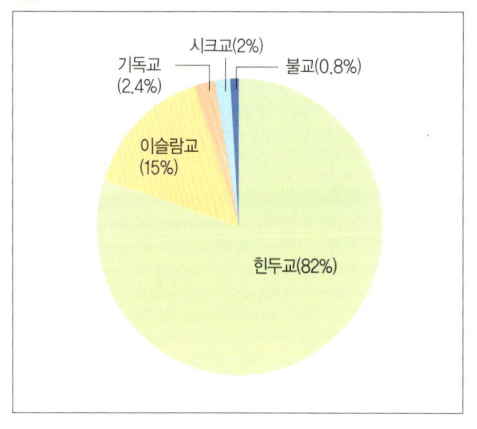

인도의 종교 분포
- 시크교(2%)
- 기독교(2.4%)
- 불교(0.8%)
- 이슬람교(15%)
- 힌두교(82%)

현재 동양에서 불교는 대표적인 종교의 하나로 자리매김하고 있다. 그런데 이상한 것은 불교의 탄생 국가인 인도에서만큼은 불교가 맥을 추지 못하고 있다는 사실이다. 부처 이후 불교가 어떤 역사적 과정을 거쳤기에 이런 일이 일어난 것일까?

불교의 시조 고타마 싯다르타 부처가 죽은 후, 제자들은 갠지즈강(Ganges)을 중심으로 교단을 세우고 사역을 이어나갔다. 초기 사역에서 제자들은 부처의 가르침에 더하여 불교가 발생하기 이전부터 전해오던 윤회(輪廻) 사상을 채택하였는데, 그 이유는 좀 더 쉽게 민중 속으로 파고들기 위해서였다. 또한, 부처가 죽은 후에 불교를 믿는 사람들은 그들이 숭배할 대상이 없어진 셈이어서 숭배할 대상을 찾아야만 했다. 그래서 등장한 것이 부처가 남긴 유물이나 유품이었다. 즉, 부처가 남긴 머리카락, 유골, 치아 등이 숭배의 대상이 되었으며, 심지어 입던 옷이나 사용하던 밥그릇도 숭배의 대상이 되었다. 이러한 부처 숭배 사상은 더욱 발전되어 스투파(塔) 숭배로 이어졌다. 스투파 숭배란 부처의 유골과 유품을 탑에다 모시고 받드는 행위로, 이것은 민중들 사이에 급속도로 번져 나갔다. 오늘날 불교 유적지에서 볼 수 있는 화려한 탑들은 바로 스투파 숭배 사상에서 비롯된 것들이다.

정안스투파

부처가 보리수를 움직이지 않고 지속적으로 뚫어지게 바라본 장소에 세워진 16.7미터의 탑과 마하보리대탑

초기 불교가 발전할 수 있었던 원동력으로 들 수 있는 것 중의 하나가 바로 경전의 편찬이다. 부처는 살아생전 자신의 가르침에 대해 글로 남긴 것이 아무것도 없었다. 하지만 부처가 죽자 그의 가르침이 없어지거나 잘못 전해진다거나 이해되는 일이 발생하기 시작했다. 이에 부처의 제자들은 이러한 일을 막을 필요를 느꼈고, 그래서 부처의 가르침을 글로 남기는 작업이 진행되었으며, 이 결과로 나타난 것이 바로 불교의 경전이다.

제자들은 경전을 만들기 위해 대규모의 집회를 열었는데, 이를 경전편찬회의(結集-결집이라고 함)이라고 부른다. 경전편찬회의(結集)는

제1~4차 결집

제1차 결집은 석가의 입멸(入滅) 직후 500명의 유능한 비구(比丘)들에 의해 열렸다.

제2차 결집은 석가 입멸 후 100년경에 계율에 대해 이론이 생겨 700명의 고승에 의해 이루어졌다.

제3차 결집은 불멸(佛滅) 후 200년경에 아소카왕 때 1,000명의 비구가 모여 이루어졌다.

제4차 결집은 2세기경, 카니슈카왕 때 비구 500명이 모여 이루어졌으며, 삼장(三藏)에 대한 해석을 완성하였다.

제자들이 부처의 가르침을 일제히 읊는 것으로 시작하여 모두 이의가 없는 것으로 확인되면 이를 경전으로 옮기는 식으로 진행되었다. 이러한 결집은 1차부터 4차까지 진행되었는데, 오랜 기간에 걸쳐 이루어졌고, AD 250년경에 이르러서야 그 대부분이 완성되었으며, 이렇게 하여 방대한 불교의 경전이 만들어지게 된 것이다.

이와 같이 제자들의 여러 활동으로 인해 초기 불교의 전도 사업은 왕성하게 이루어져 갔다. 그들의 세력은 중인도 전체는 물론이고 아라비아에까지 퍼져 나갈 정도로 발전하였다.

가속이 붙은 교단의 분열

부처가 죽은 후 곧바로 시행된 1차 경전편찬회의(제1 結集) 이후 불교 교단의 세력은 점점 커져갔다. 어느 곳이나 세력이 커지면 문제가 생기게 마련인데, 초기 불교 교단 역시 마찬가지였다.

당시 교단 내에는 보수적인 성향의 장로 그룹과 진보적인 성향의 개혁 그룹이 존재하고 있었다. 이 두 그룹은 부처의 가르침에 대한 해석이 조금씩 달랐으며, 결국 부처 사후 100여 년이 지났을 무렵에 이르자 두 세력 간의 대립은 극에 달하였다. 이에 당시 실권을 쥐고 있던 원로 그룹들이 진보 세력을 무시한 채 2차 경전편찬회의(제2 結集)를 베살리(Vaisali)에서 강행하고 말았다. 이에 진보 세력들도 대항하여 독자적인 행동을 하게 되면서 불교 교단은 보수파와 진보파로 완전히 분리되고 말았다. 이때 나누어진 보수파를 상좌부(上座部)라 부르며, 진보파를 대중부(大衆部)라고 부른다.

한 번 발동이 걸린 자동차가 씽씽 달리듯이, 한 번 이루어진 교단의 분열도 가속이 붙기 시작했다. 제2의 분열을 먼저 시작한 쪽은 대중부에서였으며, 이어 상좌부의 분열도 일어나게 되었다. 이렇게 분열을 거듭한 불교 교단은 부처 이후 불과 300여 년 만에 20개의 부파로 갈기갈기 찢어지고 말았다.

이들이 이렇게 분열을 거듭하게 된 이유는, 물론 부처의 가르침인 계율에 대한 해석의 차이가 가장 큰 원인이라고 할 수 있으나, 그 외의 환경적인 요인도 작용했다고 짐작된다. 즉, 인도라는 나라가 워낙 넓은 나라였기 때문에 지역적으로 멀리 떨어져 있어 생활 환경이 너무나 달랐던 것도 분열하는 데 한 몫 했을 것이라는 생각이다.

초기 불교 발전에 공헌한 아소카왕

아소카왕

아소카 바르다나는 인도의 마우리아 제국의 황제(재위 기원전 273년~기원전 232년)였으며 인도를 최초로 통일하였다.

기원전 317년경 마가다국에서 일어난 찬드라굽타는 인도 전역의 국가들을 정복하며 마우리아 왕조를 세운다. 그리고 드디어 찬드라굽타의 손자였던 아소카가 왕이 되면서 인도 대륙 전역을 통일하는 위업을 이룬다. 그러나 아소카왕은 자신이 전쟁에서 저지른 많은 살상에 대한 죄책감에 시달리

아소카왕의 석주

아소카왕이 인도 북부 지방의 불교 성지 안에 세운 기념 석주로 오늘날 독립 인도의 상징이다.

게 되는데, 이때 불교라는 종교와 만나게 된다. 이후 아소카왕은 열렬한 불교 신자가 되었고, 이는 곧 불교가 인도 전역으로 퍼져나가는 계기가 되었다.

아소카왕은 수많은 불교 기념비와 탑을 세우고, 불교를 위해 후원하였다. 뿐만 아니라 자신이 몸소 부처의 유적지를 찾아 참배하기도 하였으며, 불교 수행자가 된 왕자들을 곳곳으로 보내어 불교를 전하기도 하였다. 이 때문에 동남아 각국으로 불교가 전해지는 계기가 되었다. 왕자 중 한 사람인 마힌다가 실론(지금의 스리랑카)으로 가서 불교를 전파하였으며, 결국 스리랑카는 상좌부 불교의 중심지가 되었다. 또한, 이 시기에 3차 경전편찬회의(제3 結集)가 거대하게 열리기도 했다.

그러나 여기서 우리가 기억해야 할 것은 아소카왕이 불교를 신봉했으나 국교로 삼았던 것은 아니었다는 사실이다. 아소카왕은 불교 외 다른 종교도 허용하는 정책을 폈다. 아소카왕 이후 마우리아 왕조는 점차 쇠퇴하여 결국 BC 180년경 멸망하고 말았다.

대승불교 시대의 개막

근본 불교부터 부파 불교까지
부처가 살아 있을 당시의 불교를 근본 불교라고 부르며, 이후 약 200년간을 원시 불교, 이후 20개의 파로 나누어진 시기의 불교를 부파 불교라고 부른다.

부처 이후 분열을 거듭하며 발전한 초기 불교 시대를 부파 시대라고 하며, 이때의 불교 사상을 부파 불교라고 부른다.

부파 불교를 이끄는 사람들은 국왕이나 막강한 힘을 가진 제후들로부터 경제적인 지원을 받고 있었기 때문에 물질적으로 큰 어려움이 없었고, 수행과 깨달음을 위한 연구에만 몰두할 수 있었다. 그러나 먹고 사는 일에 급급해야 했던 일반 대중들은 사정이 달랐다. 대중들은 자신들을 외면한 현재의 불교 사상이 너무나 독선적이라고 생각하게 되었으며, 이 때문에 대중부 불교의 평신도들 사이에서는 서서히 다른 개혁적인 움직임이 일어나기 시작했다.

이러한 개혁 운동이 일어나게 된 배경에는 당시 활발하였던 힌두교의 영향이 컸다고 볼 수 있다. 힌두교는 신을 숭배하는 종교이다. 그러나 당시 불교에 깨달음의 존재는 있어도 신적인 존재는 없었기 때문에 대중들은 자신들을 구원해 줄 신적인 존재가 필요했다. 그래서 대중들 사이에 부처를 신적인 존재로 신격화시키는 새로운 움직임이 일어나게 되었다. 이러한 움직임은 신적 존재인 부처를 통하여 구원에 이를 수 있다는 생각으로 발전하였으며, 이를 '큰 가르침(또는 탈 것)'이라고 생각하여 대승(大乘, maha-ya-na) 불교라 부르고, 지금까지의 전통적인 부파 불교를 자기들의 사상보다 낮다고 생각하여 소승(小乘) 불교라고 불렀다.

소승 불교와 상좌부 불교

소승이란 말은 작은 수레란 뜻으로 대승에 비해 약간 비하하여 쓰이는 말이다. 이러한 말은 대승 불교계에서 자신들보다 낮다고 생각하여 쓰이는 용어이며, 소승 불교계에서는 절대 쓰이지 않는 말이다. 소승 불교계에서는 상좌부 불교라고 불리어진다.

이러한 대승 불교 사상은 AD 1세기경부터 생겨나 평신도들 사이에 번져나가기 시작했다. 대승 불교의 전파에 커다란 공을 세운 사람으로 AD 1세기 중엽에 활약한 **나가르쥬나**(Nagarjuna, 용수 龍樹)를 들 수 있다.

인도 나가르쥬나콘다

고고학박물관에 소장돼 있는 난다의 출가 벽화. 출가한 난다가 부처님을 따라 천상과 지옥을 오가는 이야기를 담고 있다.

그는 남인도 비달마의 어느 부잣집에서 태어났다. 청년이 되었을 때 이미 모든 학문에 정통했으나 어느 날 '모든 욕망은 괴로움의 근본'임을 깨닫고 불교에 귀의하게 되었다. 불교계에 들어온 나가르쥬나는 단시일 내에 불교의 경전을 독파하고 여러 나라로 다니며 불교의 경전을 읽어 나갔다. 그러던 중 히말라야 지방에서 처음으로 대승 경전을 접하게 되었고, 이때부터 대승 경전에 빠져들게 되었다. 이후 그는 대승 불교에 관한 수많은 책을 쓰면서 국왕까지 불교로 개종시키기에 이르렀다. 그는 계속적으로 대승 불교 운동을 전개하여 서인도와 북인도까지 대승 불교를 전파하였다.

이렇게 발전하기 시작한 대승 불교는 5세기 초에 이르러 라즈기르 부근에 **날란다**(Nalanda) **불교 대학**의 설립으로 그 절정기에 달하였다. 이 대학은 당시 굽타 왕조의 적극적인 지원 아래에 설립되었으며, 인도의 학생들만 공부할 뿐만 아니라 우리나라와 중국 등 다른 나라의 유학생들까지 와서 공부하기도 하였다. 이 때문에 우리나라와 중국 등에서는 대승 불교가 발달하는 계기가 되었다.

날란다 대학의 유적지

AD 5세기 경에 세워진 최초의 불교 대학이다. 날란다 대학은 대승 불교의 영광을 의미한다.

인도 불교 최후의 모습

초기 부처에 의해 만들어진 불교의 정신은 사실상 대승 불교 시대를 거치면서 약간씩 변질되기 시작했다고 볼 수 있다. 왜냐하면 부처 시대와 초기 불교 시대 교단의 기본적인 성격 중의 하나가 주술적·신비적인 요소를 배격하고 오직 스스로의 힘에 의해 깨달음에 이른다는 것이었다. 그러나 앞에서도 이야기했듯이 여기에 신적인 요소가 더해지면서 대승 불교가 만들어졌던 것이다. 이는 어쩌면 불교라는 자기 수양 위주의 종교가 대중과 만나기 위한 필연적인 과정이었는지도 모른다.

아무튼 대승 불교 시대를 거치면서 대중들은 점점 부처를 신적인 존재로 여기게 되었고, 이는 이 시대 여러 책들에 등장하는 부처가 기적을 일으키고 불가사의한 일을 행하는 것을 통해 쉽게 알 수 있다. 이렇게 신격화되어 가는 부처의 모습은 점점 발달하여 어느덧 일반 대중들에게 부처=신이라는 믿음이 확실해져 갔다.

이러한 생각은 7세기에 이르자 인도의 또 다른 종교였던 **힌두교**와 결합하여 일반 대중들의 생활 속에서 주문을 외워 병을 고친다거나 재앙을 제거한다거나 이를 통해 복을 받고 소망을 이룰 수 있다는 사상으로 발전하였다. 힌두교는 당시 지배층들의 종교로 확고히 자리 잡고 있는 종교였다. 이처럼 대승 불교와 힌두교 사상이 결합해서 생겨난 것이 '밀교'이다.

처음 밀교를 만든 이들은 밀교의 가르침이야 말로 최고의 가르침이라는 뜻에서 금강승(金剛乘, 대승보다 더 높은 가르침)이라고 불렀다. 즉, 금강은 보석 중 최고인 다이아몬드를 지칭하는 말로 밀교야 말로

힌두교
힌두라는 말은 큰 강이란 뜻으로 이는 인도 자체를 가리키는 말이다. 이러한 힌두교는 인도의 토착 신앙과 브라만교가 융합하여 만들어진 인도 고유의 종교이다. 구원에 이르는 세 가지 길로 공덕, 지혜, 봉헌을 들고 있다.

기도하는 힌두교 신자

인도 캘커타 갠지스 강에서 한 힌두교 신자가 조상에게 바치는 의식을 하고 있는 모습이다.

최고의 가르침이라는 뜻에서 금강승이라는 말을 사용한 것이다. 밀교는 7세기 말부터 급속히 발전하기 시작했으며, 이 때문에 상대적으로 대승 불교는 급격히 쇠퇴하게 되었다.

밀교는 8세기 중엽 성립된 팔라 왕조의 전폭적인 지원 속에 더욱 발전하게 되었다. 팔라 왕조의 창시자인 고파라(Gopala)와 그의 후계자 다마파라(Dharmapala)에 의해 밀교 연구의 종합 대학인 오단따뿌리(Odantapuri) 사원 대학과 비크라마시라(Vikramasila) 사원 대학이 설립되어 밀교 사상은 더욱 발전하였다. 이 사원 대학에는 인도 각지는 물론이거니와 네팔, 티벳, 중국과 동남아 등에서까지 유학승들이 와서 공부하여 각 나라에 영향을 주기도 하였다.

이렇게 승승장구하던 인도 불교계에 어두운 먹구름이 드리우기 시작한 것은 메카에서 일어난 이슬람교도들 때문이었다. 그들은 자신들의 세력을 키우기 위해 점점 동쪽으로 진격하면서 거대한 이슬람 왕국을 건립하기에 이르렀다. 이슬람 세력들은 인도에까지 세력을 미치게 되었으며, 결국 이들의 압박 때문에 인도는 1000년경이 지나면서 서서히 세력을 잃어가기 시작하였다. 드디어 1191년에는 북인도가 이슬람에게 점령당하였으며, 1206년경에는 인도에 이슬람 왕국이 건립되기에 이르렀다.

이슬람 세력들은 인도를 완전히 지배하기 위해서는 먼저 그들의 종교를 말살시켜야 한다고 생각했다. 그래서 당시 인도를 지배하고 있던 불교(밀교)와 힌두교의 지도자들을 모두 학살하고, 사원과 성지를 남김없이 모두 파괴하여 버렸다. 이때 인도 불교의 중심지 역할을 하던 비크라마시라 사원 대학, 날란다 대학까지 모든 것이 파괴되면서 인도 불교는 사실상 종말을 고하게 되었다.

이슬람 세력 때문에 인도 내에서 불교가 자취를 감추었지만, 이때 살아남은 승려들은 티벳, 네팔 그리고 인도의 남쪽으로 피신하여 그곳에서 불교를 발전시키는 역할을 하면서 명맥을 유지해 나갔다.

서두에서 우리는, 왜 불교가 탄생한 나라인 인도에서는 불교가 맥을 추지 못하고 있는지에 대해 의문 부호를 던졌었다. 이제 조금은 그 이유를 알게 되었을 것이다. 그러나 단순히 외부 세력의 침공에 의해 세계 제3대 종교 중의 하나였던 불교가 사라졌다는 것은 쉽게 이해가 되지 않는다. 만약 그것이 절대 진리였다면, 어떠한 외부의 침략에도 지켜져야 하지 않았을까? 그러나 인도인들은 그렇지 못했다. 인도의 불교는 처음의 순수한 정신을 지키지 못하고 점점 세상과 타협하면서 변질되어갔다. 결국 정신이 똑바로 살아 있지 못한 것은 오래가지 못한다는 진리를 우리는 인도 불교를 통해 다시 한 번 배울 수 있는 것이다.

실크로드를 타고 전파된 불교

인도에서 생겨난 불교는 어떻게 각국으로 전파되었을까? 이웃나라로 불교가 전파된 것은 이미 기원전 3세기부터 시작된 것으로 기록에 나타나 있다. 당시 인도의 왕이었던 아소카왕은 독실한 불교 신자였기 때문에 불교의 발전을 위해 수고를 아끼지 않았다. 그는 자국의 불교 발전을 위해 노력할 뿐만 아니라 이웃나라로 불교를 전파하는 데에도 힘썼다. 이러한 아소카왕의 불교 전파 노력은 동남아시아는 물론 서아시아에까지 이르렀다.

이때 이루어진 불교 전도 사역이 동남아시아에서는 결실을 맺었으나 서아시아 쪽은 사정이 달랐다. 역사서에 의하면 당시 아소카왕은 이집트, 그리스, 북아프리카에까지 불교 전파를 위한 포교단을 보냈던 것으로 알려져 있다. 그러나 이 지역에서의 불교 전파는 별다른 결실을 맺지 못했다.

인도 북쪽으로의 본격적인 불교 전파의 역사는 기원 후 1세기 무렵부터 시작되었다고 볼 수 있다. 당시 중앙아시아 유목민이었던 쿠샨족은 북인도 지역을 점령하면서 이 일대에 거대한 제국을 건설하였다. 이렇게 하여 쿠샨 왕국이 만들어졌고, 쿠샨 왕국의 국경지대에서는 주변국들과 긴밀한 문화적 교류가 일어났다.

당시 쿠샨 왕국에서는 여러 종교가 번성하고 있었는데, 그 중 하나가 불교였다. 이 시대 불교는 이미 대승 불교와 소승 불교(부파 불교)로 나뉘어져 있었다. 이러한 불교는 국경지대에서 각국과 교류가 일어날 때에 국경을 타고 각국으로 전파되었다. 중앙아시아 지역에 최초로 불교가 전해진 것은 이러한 과정으로 일어났을 것이라고 추측하고 있다.

당시 중앙아시아에는 **실크로드**라고 하여 동양과 서양의 무역로가 열려 있었다. 이 실크로드는 동쪽의 중국에서 서쪽의 투르키스탄(지금의 이란 지역)에 이르는 방대한 무역로였다. 이 무역로를 통하여 동양과 서양의 갖가지 문화들이 서로 교류되고 있었던 것이다. 이 실크로드 덕분에 불교가 인도의 이웃나라로 전파되는 것은 그리 어렵지 않았으리라는 추측을 할 수 있다.

현재 각 나라의 종교 분포를 볼 때 불교가 중앙아시아를 중심으로 동쪽으로는 매우 활발히 믿고 있으나 서쪽으로는 그 영향력이 매우 미미하다는 사실을 알 수 있다. 그 이유는 무엇일까?

1세기부터 시작된 중앙아시아 지역의 불교 전도는 실크로드를 통하여 동쪽과 서쪽으로 전파되어 갔다. 그런데 서쪽 지역에서의 불교 전파는 문제에 봉착하고 말았다. 그 이유

실크로드

중국에서 시작하여 서아시아와 지중해 연안 지방까지 횡단으로 연결하였던 고대의 무역로를 지칭하는 말로 비단길이라고도 한다. 고대 중국의 특산물인 비단을 서방의 여러 나라에 가져 간 데서 실크로드라는 말이 생겨났다.

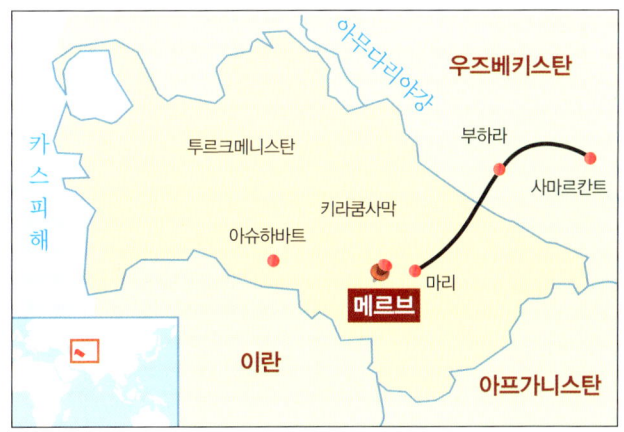

불교 전파의 서쪽 끝 - 메르브

8장 _세계 3대 종교의 발전 **221**

페르시아의 사산 왕조
226년부터 651년까지 페르시아를 지배하던 왕조이다. 아르다시르 1세가 세운 나라로 조로아스터교를 국교로 하여 신권 정치를 펼쳤다. 거대한 국가로 전성기를 이루다가 사라센 제국에 의해 멸망하였다.

는 외부 민족과의 교류에 매우 부정적이었던 사산 왕조가 등장하였기 때문이다. 3세기에 등장하여 7세기까지 세력을 유지했던 **페르시아의 사산 왕조**의 등장으로 수백 년 동안 동양과 서양의 문화 교류의 중심 역할을 했던 실크로드는 막히고 말았다. 이와 함께 서쪽 지역의 불교 전파의 길도 막히게 되었다고 볼 수 있다.

현재 서아시아 지역에서 불교의 유적이나 유물은 거의 발견되지 않고 있다. 아시아 서쪽 지역에서 마지막으로 불교 유적이 발견되는 곳은 투르크메니스탄의 메르브 지역까지이다. 이 이후의 지역에서는 설사 불교가 전파되었다고 할지라도 이슬람 세력의 배척 때문에라도 뿌리를 내리지 못했을 것으로 보인다.

서쪽과의 문화적 교류는 중단되었으나 중앙아시아를 비롯한 동쪽 나라와의 문화적 교류는 계속되었다. 이와 함께 불교의 전파도 힘을 얻었으며, 이때 전파된 불교는 대승 불교와 소승 불교를 모두 포함한 것들이었다. 이때의 불교문화에 관한 유적들이 무역로를 따라 동굴 벽화나 경전 등에서 고스란히 발견됨으로써 이 사실을 뒷받침해 주고 있다.

중앙아시아로 전해진 불교는 다시 무역로를 따라 당연히 동쪽의 끝인 중국에까지 전해졌을 것으로 여겨진다. 그리고 중국에 전해진 불교는 다시 우리나라로, 그리고 일본으로 전해졌다. 이렇게 하여 불교는 현재 중앙아시아를 비롯한 중국, 우리나라, 일본 등에서 주요 종교로 자리 잡고 있다.

한편, 초기에 동아시아로 전해진 불교는 대승 불교와 소승 불교 모두를 포함한 것이었으나 시간이 지나면서 소승 불교는 점점 쇠퇴하면서 대승 불교만 남았다.

중국에 전해진 불교

■ 초기의 중국 불교

중국에는 언제 최초로 불교가 전해졌을까? 이것에 관하여 정확히 전해 내려오는 역사적 증거는 없고 여러 가지 설만 난무할 뿐이다.

어떤 기록에 의하면 한나라 명제(明帝, 58~75년 재위) 때 왕의 명에 의해 직접 불교가 인도에서 전해졌다는 설이 있으나 학자들은 의견을 달리 한다. 학자들은 역시 실크로드를 통해 인도-중앙아시아를 거쳐 중국에 불교가 전해졌을 것으로 생각하고 있다.

중국 역사에서 불교에 관한 최초의 기록으로는 서기 65년 한나라 명제의 황태자가 취한 법령을 통해서이다. 이 법령에는 어떤 의식(儀式)을 행할 때 불교식으로 행한다는 내용이 등장한다. 이는 이때 당시 이미 중국 황실에 불교가 전해져 영향을 미치고 있었다는 사실을 뒷받침해준다.

중국에 불교가 전해질 당시 중국에는 **도교**(道敎)가 널리 퍼져 있었다. 도교는 노자와 장자의 사상(노장 사상이라 함)을 주축으로 하여 만들어진 것으로, 황제와 노자를 신격화하여 만들어진 종교이다. 이러한 상황에서 중국에 전해진 불교는 도교의 영향을 받을 수밖에 없었다.

도교

후한 말기 때 장도릉(張道陵)에 의해 기틀이 다져진 중국의 다신적 종교이다. 노장 철학 사상을 근본으로 하여 여기에 음양오행설과 신선 사상을 더하여 만들어진 종교로, 중국의 민간 속에 큰 영향을 미쳤다.

우선 최초 도교의 영향은 불경을 번역하는 과정에서 일어났다. 번역 작업에서 가장 큰 문제는 언어의 문제이다. 당시 인도어를 제대로 아는 중국인도 거의 없었고, 또 중국어를 제대로 아는 인도인도 거의 없는 상황이었다. 이런 상황에서 불교의 경전에 등장하는 수많은 전문적인 불교 용어를 중국어로 번역해야 했는데, 이때 마땅한 중국어를 찾지 못한 번역가들이 대부분의 용어를 도교에서 따와 사용하는 일이 발생했다. 이 때문에 중국 불교는 도교의 영향을 받을 수밖에 없었으며, AD 148년 드디어 안세고과 지루가참 등에 의해서 최초의 불경 번역 작업이 완성되었다. 이렇게 시작된 초기 중국의 불교 교단이나 사회 조직에 대해서는 알려진 것이 거의 없다.

구마라습의 청동 좌상

후한, 삼국 시대를 거친 4세기 무렵의 중국은 진나라 시대를 맞게 되었는데, 이때부터 중국에 전해진 불교는 본격적으로 발달하기 시작하였다. 이 당시 중국 불교에 결정적인 영향을 미친 사람이 서역의 승려였던 **구마라습**(鳩摩羅什, 344~413)이었다.

인도 구자국에서 태어난 구마라습은 7세 때 출가하여 여러 곳을 다니며 불교의 가르침을 받았다. 그는 소승 불교와 대승 불교를 모두 배웠으나 주로 대승 불교의 전파에 힘을 쏟았다. 구마라습이 구자국에서 대승 불교의 전파에 힘쓰고 있을 때 중국의 진나라가 구자국을 침공하는 일이 일어났다. 이때 구마라습은 중국으로 끌려가게 되는데, 이러한 인연으로 중국에서 구마라습의 활약이 시작되었다. 그는 중국에 있는 동안 무려

380여 권의 경전을 번역하였으며, 그를 따르는 제자만도 수천 명이 넘을 정도였다. 이때 그가 가르친 대승 불교는 고스란히 우리나라와 일본에까지 전해져 커다란 영향을 주었다.

이 외에도 이 시기에 불도징, 승랑, 도안 등의 승려들이 활약했으며, 특히 도안의 제자 혜원(慧遠)이 만든 불교 교단은 중국 불교사에 커다란 영향을 주기도 하였다.

■ 중국 불교의 전성 시대

진나라와 남북조 시대를 거친 중국은 중국 불교 최고의 전성기라고 할 수 있는 당나라 시대를 맞이하고 있었다.

618년, 중국 땅에는 중국 문화의 전성 시대라고 할 수 있는 당나라가 세워졌다. 당나라는 고조(高祖) 이연(李淵)이 장안을 수도로 삼고 건국한 나라로 태종 시대를 거치면서 이웃나라를 정복하는 등 막강한 힘을 과시하였다. 또한, 이 시기 당나라는 여러 나라와 무역을 활발히 함으로써 문화도 크게 발전하였다. 이러한 환경 속에서 중국 불교도 전례 없는 성장을 맛보게 되었다. 이 시기 가장 크게 활약한 인물은 **현장**(玄奘)이다.

현장법사

그는 어린 나이에 승려가 된 후 여러 곳으로 다니며 불교를 연구하였다. 그러나 연구를 거듭할수록 생기는 많은 의문점들을 해결할 수 없어, 결국 629년경 인도로 떠난다. 당시 인도 최고의 불교 대학 중 하나였던 날란다에서 불교 전반에 대해 공부한 그는 인도에 온지 17년 만에 많은 경전과 불상을 가지고 다시 당나라로 돌아왔다. 그 후 현장은 1,335권의 경전을 번역하는 놀라움을 과시했다. 이는 이전의 여러 승려들이 번역한 경전을 모두 합한 것보다 많을 정도였으니 그의 능력이 얼마나 대단했는지 짐작할 수 있다. 그는 또한 12권에 달하는 인도 여행기인 《대당서역기(大唐西域記)》를 저술하기도 하여 불교 발전에 공헌하였다.

이밖에도 의정, 금강지, 불공 등이 이 시기에 활약하여 불교 발전에 공헌하였으며, 수많은 불교 인재들이 배출되기도 하였다. 이렇게 발전한 당나라의 불교는 우리나라와 일본 등 동아시아 각 나라에 전해져 영향을 주었다.

그러나 이렇게 발전을 거듭하던 당나라 시대에도 한 차례 불교가 탄압을 받았던 적이 있었다. 당나라의 제15대 왕이었던 무종(武宗)은 도교에 깊이 빠져 불교를 탄압하였다. 그는 많은 사원들을 파괴하였으며, 승려들을 사원에서 내쫓았다. 그러나 무종 이후의 왕들은 불교를 탄압하지 않았으므로 중국에서 불교는 계속 발전할 수 있었다.

■ 후기 중국 불교의 모습

당나라가 망하고 송나라가 세워지기까지의 중국 불교는 정체된 모습을 보였다. 이 시기에는 수많은 전쟁으로 인하여 많은 경전들이 없어졌으며, 경전의 연구도 소홀히 되어 새로운 경전의 번역이 전혀 이루어지지 않았다.

이렇게 정체되었던 중국 불교는 송나라 시대를 맞이하면서 다시 발전을 거듭하였다. 송나라 시대 불교가 발전한 것은 송나라의 태조가 흐트러진 민심을 잡기 위하여 편 불교 장려 정책 때문이었다.

이 시기에 이루어진 불교문화 중 대표적인 것으로 대장경을 들 수 있다. 대장경은 불교의 경전을 총망라하여 집대성한 총서라고 볼 수 있는데, 이러한 대장경은 판에다 본을 떠 인쇄하여 만들어졌다. 송나라 때 세계 최초로 목판에다 대장경을 새겨 만들어진 **북송판대장경**(北宋版大藏經)이 만들어졌다. 이 북송판대장경은 우리나라에도 영향을 주어 고려 **팔만대장경**이 만들어지는 데 중요한 영향을 주기도 하였다.

또한, 이 시기에 발달한 불교 사상 중 하나가 정토신앙(淨土信仰)이다. 정토란

북송판대장경

촉판대장경이라고도 하며, 972년(송 태조 4)부터 983년(태종 11)까지 11년에 걸쳐 완성되었다. 총 1076부 5048권의 불경을 13만장의 목판에 새겨서 480개의 함에 보관하였다.

팔만대장경

1251년에 완성되어 지금까지 남아 있는 목판이 8만1258장이며 현재 해인사에 보존되어 있다.

말은 부처가 사는 곳이란 뜻으로 정토신앙의 핵심은 극락왕생(極樂往生)이라는 말에 있다. 극락왕생이란 죽어서 다시 극락에서 태어난다는 사상으로 아미타불을 염송함으로써 극락에 갈 수 있다는 신앙을 내포하고 있다. 이러한 정토신앙은 송나라 시대 크게 발달하였으며, 송대 수백 년간에 걸쳐 민중들 사이에 급속하게 퍼져나갔다.

송나라가 망하고 징기스칸의 몽고족에 의해 거대한 국가인 원나라가 세워지면서 중국 불교는 새로운 국면을 맞이하고 있었다. 바로 이 시기에 티베트(Tibet)로부터 라마교(티베트밀교라고 함)가 들어온 것이다. 라마교는 티베트에서 만들어진 밀교적 성격이 강한 불교의 한 종파로, 중국에 밀교가 이때 처음으로 들어온 것은 아니었다. 송대에도 많은 승려들에 의해 밀교 연구가 이루어졌다. 이때 수많은 승려들이 밀교를 배우기 위해 인도를 다녀오기도 하였다. 그러나 이러한 연구에도 불구하고 밀교는 중국 불교에 별다른 영향을 주지 못했다.

그러다가 원나라가 세워지면서 종교 정책이 달라졌다. 원나라는 반몽고적 색채를 띠지 않는 한 모든 종교에 대해 평등하고 관대한 태도를 취하였다. 이렇게 해서 라마교는 쉽게 원나라로 들어올 수 있었다.

중국에 들어온 티베트 라마교의 승려 가운데 팔사파(八思巴)는 원나라에 라마교가 성행하게 하는 데 결정적인 역할을 하였다. 그는 원나라 세조의 두터운 신임을 얻어 국가의 제사장으로 추대되었다. 이 때문에 라마교는 중국 내에서 국교의 자리에까지 오른다. 이후로 원나라에서는 라마교 승려들을 제사장으로 세우는 문화가 만들어졌고 중국에서 라마교의 영향력은 점점 더 커져 갔다. 이러한 라마교 사상은 명나라를 거쳐 청나라 시대까지 이어졌다.

청나라는 기본적으로 불교와 도교를 억압하는 정책을 폈다. 그러나 그 와중에서도 민중들 사이에서 불교의 발전은 이루어지고 있었고, 강희제와 옹정제 같은 왕들은 불교(라마교) 장려 정책을 펴기도 하였다. 특히, 청나라의 제5대 왕이었던 옹정제는 황태자가 살고 있는 궁전인 자금성에 중국 라마교의 본산이라고 할 수 있는 불교 사원인 **옹화궁**을 건립하기에 이른다.

라마교의 불교 사원 옹화궁의 모습

청나라 이후 중국은 아편 전쟁(1840년), 태평천국의 난(1851년) 등의 소용돌이를 거치면서 청조는 멸망하고 근대적인 민국정부가 세워진다. 민국정부는 근대문물을 받아들이기 위해 옛것을 버려야 한다는 생각으로 불교를 탄압하였다. 이에 불교는 점점 쇠락하였다. 그러나 불교계 일부에서 이러한 침체된 불교를 부흥시키려는 노력이 전개되었다. 이들은 당시 기독교의 복음 전파에 영향을 받아 인도, 일본, 동남아시아 각국은 물론 서양의 불교 단체들과도 협력하면서 불교 부흥에 앞장섰다.

그러나 1949년 중화인민공화국이 수립되면서 모든 것이 물거품이 되고 말았다. 공산 정권은 불교 말살 정책을 폈으며, 이로 인해 불교계는 급격히 쇠퇴하였다. 그야말로 불교의 암흑 시대가 시작된 것이다. 다만, 1978년 이후 중국이 개방되면서 불교는 다시 부흥의 기회를 맞고 있다.

우리나라를 거쳐 일본으로 전해진 불교

인도를 거쳐 중국으로 전해진 불교는 우리나라를 거쳐 다시 일본으로 전해졌다. 일본에 최초로 불교가 전해진 시기는 기록상으로는 552년경(흠명천왕 13년)이나 학자들은 그보다 훨씬 이전일 것으로 보고 있다. 그 이유는 그 이전부터 백제의 이주민이 일본으로 건너가 살았다는 기록이 남아 있기 때문이다. 이때 불교도였던 백제인들로부터 이미 일본에 불교가 전해졌을 것으로 여겨진다.

일본으로 전해진 불교는 쇼토쿠(聖德) 태자 시대(574~622)에 이르러 발전의 기틀을 마련하였다. 고구려 혜자 스님의 가르침을 받은 쇼토쿠 태자는 불교의 진리에 심취하여 불교 정신을 국가의 통치 이념으로 삼았다. 그가 일본 불교에 끼친 영향이 매우 크기 때문에 그를 일본 불교의 교조라고 부르기도 한다. 이후 이어지는 나라 시대(719~784)에도 불교는 국가의 전폭적인 지원 속에 발달하여 일본의 주요 종교로 자리 잡았다. 이 시기 일본 불교는 매우 크게

승만경 강찬도

쇼토쿠 태자가 마흔 다섯에 승만경을 설법하고 그 공덕을 기리는 모습이다.

발전하였으며, 이에 따라 승려들에게 막강한 권력이 생겼다. 이 때문에 부패한 모습을 보이는 승려들이 곳곳에서 나타나기도 하였다.

발전을 거듭하던 일본 불교는 헤이안 시대(784~1185)에 중국의 불교가 수입되면서 새로운 종파가 생겨나고, 여러 종파로 나누어졌다. 이는 불교가 전파된 다른 여러 나라에서도 공통적으로 볼 수 있는 현상이다. 그리고 가마꾸라 시대(1185~1333), 무로마찌 시대(1392~1477)를 거치면서도 계속적으로 새로운 불교 운동들이 일어나 일본적인 불교 종파를 만들어냈다. 이 시대 일본 불교의 특징은 국가와 귀족 중심의 교단 활동에서 일반 민중 사이에 활동하는 교단 활동으로 흐름이 바뀌어갔다는 것이다.

그러나 에도 시대(1598~1867)에 이르면서 국가적 정책에 따라 일본 불교의 중심은 일반 민중에게서 다시 국가로 바뀌었다. 즉, 이 시대를 지배했던 도꾸가와 막부는 불교의 권력을 장악하기 위해 모든 불교 사찰을 무장해제시키며 국가 체재 안에서만 종교 활동을 하도

일본 최초의 절 시텐노사

593년 쇼토쿠(聖德) 태자가 건설한 일본 최초의 절인 시텐노사의 모습

록 통제함으로써, 서민의 불교를 국가의 불교로 바꾸어 놓았던 것이다.

1867년, 일본은 근대화의 물결을 주도한 **명치유신**(明治維新)의 소용돌이 속으로 빠지게 된다. 명치유신 시대 일본은 불교를 배척하고 일본의 전통 종교인 신도(神道)를 표방하였다. 이 때문에 일본에서 불교의 영향력은 점점 약화되고 신도의 영향력은 점점 커졌다.

현재 일본의 종교 현황은 신도가 가장 많은 51% 정도이고, 그 다음이 불교이다. 불교는 일본 전체 종교 인구의 48% 정도가 믿고 있는 것으로 알려져 있다.

> **명치유신**
> 메이지유신을 한자어로 명치유신이라고 한다. 19세기 후반 일본의 메이지 천황 때, 전통적인 에도막부를 무너뜨리고 개혁적인 중앙 집권 통일 국가를 이루어 일본 자본주가 만들어지게 된 변혁의 과정을 말한다.

동남아시아로 전해진 불교

우리는 동남아시아 하면 불교를 떠올릴 정도로 이 지역에는 불교가 많이 퍼져 있다. 그리고 이 지역의 불교는 대승 불교 지역인 우리나라 중국과는 달리 소승 불교 지역으로 알려져 있다. 그러나 우리가 동남아시아 불교에 대해 알고 있는 것은 여기까지 뿐, 과연 동남아시아에 어떻게 불교가 전해졌으며, 왜 소승 불교가 널리 퍼졌는지에 대해 답을 아는 사람은 극히 드문 것이 현실이다.

동남아 지역은 아열대 기후로 황금의 땅이라 불릴 만큼 자원이 풍부하였기 때문에, 예로부터 이웃 강대국인 인도와 중국의 침략을 많이 받아왔다. 이 때문에 인도와 접한 나라는 인도 문화의 영향을, 중국과 접한 나라는 중국 문화의 영향을 받을 수 밖에 없었다. 동남아 지역의 불교 전파는 이런 역사적 배경 가운데 이루어졌다.

인도와 인접한 나라였던 스리랑카, 미얀마, 태국, 캄보디아 등은 인도의 불교가 그대로 전해진 것으로 보이는 반면, 중국과 인접한 나라였던 베트남의 경우 이웃한 서쪽 나라로부터 불교가 유입되기도 하였지만, 중국의 지배권에 놓여 있었던 관계로 중국의 대승 불교가 전해져 영향을 주었다.

■ 인도에서 스리랑카에 전해진 불교

스리랑카는 인도 반도 끝에 있는 작은 섬나라이다. 이 섬에는 언제부터 불교가 전해졌을까? 앞에서 인도 불교의 역사를 다룰 때 잠깐 등장했듯이 스리랑카에 불교가 전해진 것은 인도 아쇼카왕 때였다. 당시 열렬한 불교 신자였던 아쇼카왕은 스리랑카에 불교를 전하기 위해 그의 아들 마힌다를 스리랑카로 보냈다. 이때 마힌다와 함께 스리랑카로 온 일행들은 모두 상좌부파(소승 불교)에 속한 사람들이었다.

이렇게 전파된 불교는 대륙에서 건너온 종교라 하여 스리랑카 왕실로부터 높은 지지를 받았다. 이렇듯 처음부터 왕실로 깊숙이 침투해 들어간 스리랑카 불교는 초창기부터 왕실의 지원을 받으며 성장할 수 있

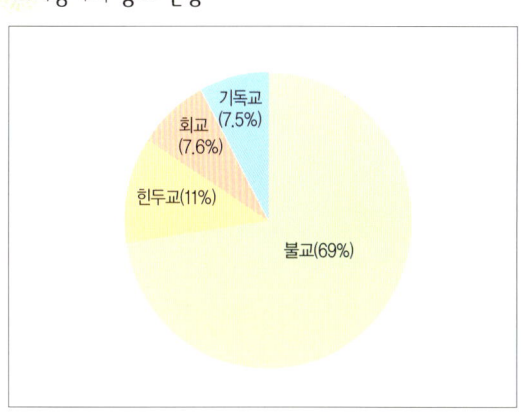

스리랑카의 종교 현황

스리랑카는 국교로 불교가 정해진 것은 아니지만 대부분의 사람들이 불교를 믿고 있다.

었다. 이 때문에 스리랑카의 불교는 별다른 국가적 저항 없이 쉽게 여러 지역으로 퍼져나갈 수 있었다.

스리랑카에 상좌부 불교만 전해진 것은 아니었다. 3세기경에는 대승 계열의 불교가 전해지기도 하였으나 스리랑카에서 상좌부 불교는 계율과 전통을 매우 중요시하였기 때문에 이러한 것은 이단으로 취급받아 스리랑카에서 발을 붙일 수가 없었다.

스리랑카 불교 역사에서 가장 유명한 인물로는 **붓다고사**(Buddhaghosa)를 들 수 있다. 인도인이었던 붓다고사는 5세기 중엽 마하나마왕(Mahanama, 406~428) 때 스리랑카로 건너와 당시 정비가 되어 있지 않았던 불교 주석서를 정비하여 완전한 주석서를 편찬하였으며, 특히 상좌부 불교의 교리와 학설을 집대성한 『청정도론(淸淨道論, Visuddhimagga)』을 펴낸 것은 그의 가장 큰 업적으로 기록되고 있다. 이 책은 오늘날까지도 남방 불교계(소승 불교)의 가장 권위있는 책으로 첫 손에 꼽히고 있을 정도이다.

불교가 도입된 후 계속 불교 국가로 발전해 온 스리랑카에도 한 번의 위기가 있었다. 그것은 7세기경 유입된 밀교 때문이었다. 스리랑카에 들어온 밀교는 스리랑카 전역을 흔들어 놓았다. 이러한 밀교에 의해 스리랑카 불교계는 300여 년간이나 혼란에 빠졌는데, 비자야바후 1세 때에 와서야 심각성을 깨닫고 불교 재정비에 나서게 된다. 이로 인해 스리랑카 불교계는 안정을 되찾고 다시 상좌부 불교가 부흥할 수 있었다.

■ 미얀마, 태국에 전해진 불교

최근 싸이클론으로 인해 엄청난 피해를 입은 미얀마(옛 이름은 버마)도 대표적인 동남아시아의 불교 국가 중 하나이다. 이러한 미얀마에 불교가 전해진 것은 기원전 3세기경으로 추정된다. 당시 인도의 아쇼카왕이 미얀마에 불교를 전파하기 위해 보낸 소나와 유타라에 의해 미얀마에 불교(소승 불교)가 전해졌다. 그러나 미얀마의 북쪽에서는 북인도 지역에서 넘어온 대승 불교가 들어와 대승 불교의 영향을 받기도 하였다. 이렇게 미얀마에서는 대승 불교와 소승 불교가 혼재된 상태로 불교가 발전하였다. 그러나 11세기 무렵, 아노라타왕(1044~1077) 때에 전 미얀마를 통일하면서 대승 불교는 쇠퇴하고 상좌부 불교(소승 불교)가 발전하였다. 이러한 미얀마의 불교는 이웃 나라인 스리랑카와 활발히 교류하면서 지속적으로 발전을 거듭하였다.

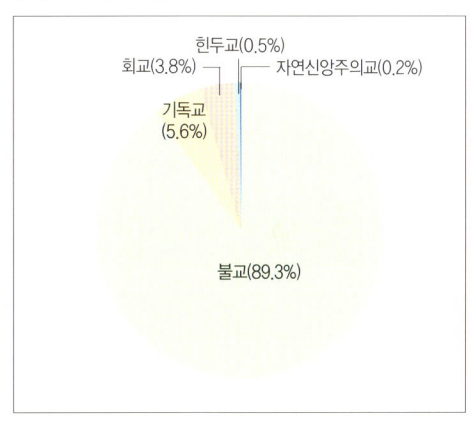

미얀마의 종교 분포

우리에게 대표적인 동남아시아 국가로 인식되고 있는 태국에는 어떻게 불교가 전파되었을까? 우선 이 이야기를 하기 전에 태국의 역사를 먼저 이해해야 한다. 타

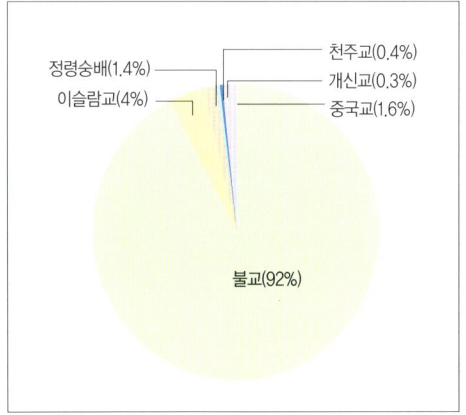

태국의 종교 분포

태국의 에메랄드 사원

에메랄드 사원은 태국을 대표하는 아름다운 사원 중에 하나이다. 1784년 세워졌으며, 에메랄드 사원이라는 이름은 전신이 에메랄드 불상 때문에 붙은 이름이다.

이족에 의해 태국이란 나라가 세워진 것은 우리의 생각보다 매우 늦은 13세기 무렵이다. 1238년, 크메르 제국이 쇠퇴하는 것을 틈타 쿤 방끌랑타오와 쿤 빠므망은 크메르 제국의 북부를 점령하여 태국 민족 최초로 독립 왕국인 쑤코타이 왕조(1238~1378년)를 건설하였다. 이렇게 만들어진 태국은 스리랑카로부터 불교를 들여와 국교로 삼음으로써 태국 불교의 역사가 시작되었다. 이후 태국은 아유타야 왕조 시대(1350~1767년)에 동남아시아 최대 강국이 되나 미얀마에 의해 멸망당한다. 이후 많은 혼란기를 거치다가 1782년 독립하면서 방콕 왕조(1782년~현재)가 세워진다. 이때 태국은 불교를 통하여 각종 개혁을 단행함으로써 국가의 기틀을 마련하는데, 이 때문에 태국에서 불교의 영향력은 더욱 강해졌다. 현재 태국의 불교 인구는 국민의 약 90% 이상이 믿고 있을 정도로 불교 국가로 알려져 있다.

■ 중국의 영향을 받은 베트남의 불교

베트남은 월남이라고도 하는데, 월남이란 말은 중국 월나라가 망하고 그 부족들이 남쪽으로 이주하여 만들어졌다고 해서 붙여진 이름이다. 즉, 이를 통해 베트남의 역사는 중국과 밀접한 관계를 가지고 있을 것이란 추측을 할 수 있다.

베트남의 불교 역사를 알기 위해서는 역시 베트남의 역사를 이해하지 않으면 안 된다. 베트남의 역사는 오래 전인 약 4000여 년 전에 시작된 것으로 알려져 있다. 그러나 기원전 111년 중국 한나라의 무제에 의해 정복된 후 6세기경 잠깐 독립하였다가 다시 중국에 정복되어 거의 10세기까지 중국의 지배를 받았다. 근 1000여 년 동안이나 중국의 지배를 받은 셈이다. 이렇게 중국의 지배를 받고 있던 베트남에 언제 불교가 전해졌을까?

학자들의 추측에 의하면, 2~3세기경 인도차이나 반도 여러 나라로 불교가 퍼져나가면서 자연스럽게 베트남에도 불교가 유입되었을 것으로 보고 있다. 그리고 당시 중국의 속국이었기 때문에 중국 불교의 발전은 고스란히 베트남으로 전해졌을 것으로 보인다.

초기 베트남 불교의 대표적인 인물은 6세기경에 활동한 남천축의 비니다류지를 들 수 있다. 그는 인도의 선을 중심으로 한 불교 사상을 발전시켰다. 그러나 9세기경 무언통에 의해 중국의 선을 중심으로 한 무언통파가 생기면서 비니다류지파와 무언통파는 베트남 불교의 쌍벽을 이루었다.

그러는 사이 10세기경에 이르러 베트남은 중국으로부터 독립하여 본격적인 베트남 불교를 발전시켜 나간다. 독립 베트남의 초기 왕조들은 불교를 통하여 국가를 바로 잡고자 하였다. 이 때문에 불

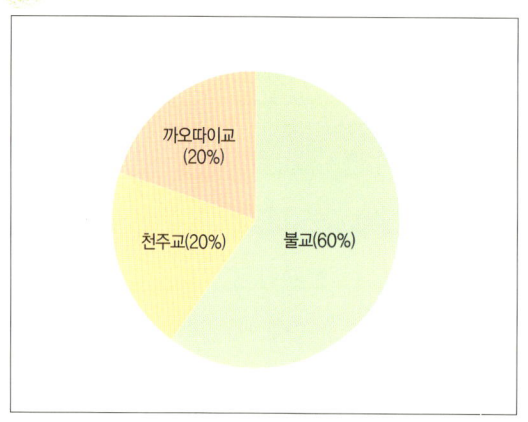

베트남의 종교 분포

교는 왕들의 지원 속에 국가적인 종교로 발전을 거듭하였다.

그러나 이런 가운데 중국의 유교가 베트남의 지도층에 전해지면서 국가적 종교였던 불교는 서서히 밀려나기 시작했다. 이렇게 지도층에서 밀려난 불교는 일반 백성에게로 눈을 돌려야 했다. 이렇게 서민 속으로 들어간 베트남 불교는 당시 서민 사이에 퍼져 있던 민간 신앙과 결합하여 독특한 베트남식 불교로 변모하였다. 이후 베트남의 불교는 프랑스 식민 시대, 제국 시대, 공화국 시대를 거치면서도 명맥을 잃지 않고 민족 종교로 발전을 거듭하였다.

현재 베트남의 불교는 전 국민의 60% 정도가 믿고 있는 주요 종교로 자리 잡고 있다.

부활을 외치는 현대 인도의 불교

현재 힌두교가 중심 종교로 자리 잡고 있는 불교의 발상지인 인도에서 불교가 다시 부활하고 있다는 소식이 들려오고 있다.

인도 불교의 부활을 외치는 소리는 철저한 계급 사회인 인도의 하층 계급에서 시작되었다. 그들은 인도 계급 사회의 부당함을 주장하며, 평등을 가르치는 불교야 말로 진리의 종교라고 들고 나온 것이다. 이들이 불교의 부활을 외치는 배경에는 티베트 불교의 영향이 적지 않게 작용한 것으로 보인다.

달라이 라마를 중심으로 대표적인 불교 국가였던 티베트는 1950년 중국 공산당에게 점령당한 뒤 종교적인 박해를 당하기 시작했다. 급기야 1959년 대규모 독립 운동이 일어났고, 이는 중국 공산당에 의해 처참히 저지되고 말았다. 이때 박해를 견디지 못한 10만여 명의 티베트인들이 인도로 이주해 왔다. 이후에도 중국의 티베트 불교 박해 정책은 계속되었으며, 티베트인들의 인도 이주는 계속 이어졌다. 이렇게 인도에 정착하게 된 티베트인들은 이미 불꽃이 꺼져버린 인도 불교에 서서히 영향을 주기 시작했다. 이러한 배경 가운데 인도 불교의 부흥 운동이 시작된 것이다.

인도 불교 부흥 운동의 움직임은 2001년 11월에 인도의 수도 뉴델리에서 있었던 거대한 불교개종집회를 통해서도 감지할 수 있다. 이때 이 집회에 참석한 불교도의 수는 100만 명에 육박할 정도였다고 한다. 그러나 이러한 불교 부활 운동이 순탄한 것만은 아니다. 인도 사회를 지배하고 있는 거대한 힌두교 세력의 반대가 거세기 때문이다. 인도 불교가 다시 부흥하기 위해서는 재정적인 지원과 함께 해외 불교 교단들의 적극적인 지원이 있어야 할 것이다.

02 세계 최고의 종교로 발전한 기독교의 역사

세계 3대 종교의 발전

박해 속에서도 발전을 거듭한 초기 기독교

BC와 AD
BC는 기원전이라고 하며, Before Christ의 약자이다. 즉, 예수 탄생 이전을 가리킨다.
AD는 기원후라고 하며, Anno Domini의 약자이다. 예수의 해를 뜻하는 라틴어로 예수 탄생 이후를 뜻하는 말이다.
서기는 예수의 탄생 연도를 0년으로 하여 연도를 계산하는 방식으로, 서력기원이라고도 한다.

초기 기독교 당시 유대의 상황
유대는 BC 50년경 로마의 공격을 받아 로마의 속국이 되었다. 이때 당시 로마는 정책적으로 유대와 마찰을 일으키지 않기 위해 유대의 관습과 종교를 인정하였으므로, 로마에 대한 유대의 저항을 막을 수 있었다. 그러나 AD 4년경 유대가 로마의 총독에 의해 직접 통치되면서 상황이 변하였다. 이때부터 로마에 대한 유대의 독립 운동이 시작된 것이다. 이러한 시기에 예수가 태어나 기독교가 탄생하였다.

연도를 계산하기 위해 지금 전 세계적으로 사용하고 있는 BC나 AD, 서기 등은 모두 예수의 탄생을 기준으로 하는 것들이다. 이는 서양의 역사에서 기독교의 영향력이 얼마나 큰지를 여실히 보여주는 대목이라 하지 않을 수 없다.

기독교를 탄생시킨 예수는 33살에 세상을 떠난 것으로 알려져 있으므로, 이때가 AD 33년경일 것이다. 그렇다면 AD 33년 이후 기독교는 어떤 길을 걸었기에 오늘날 세계 최대의 종교가 될 수 있었을까?

AD 33년경, 예수가 승천한 후 예수의 제자들은 오순절 성령세례를 받는다. 성령이란 기독교에서 하느님, 예수와 동일시되는 영적인 존재를 말하는데, 이 성령이 각 제자들에게 임한 사건을 성령세례라고 한다. 이 사건 이후 베드로와 바울 등으로 대표되는 예수의 제자들은 예수와 비슷한 기적 등을 행하며 각 지역으로 기독교를 전파하였으며, 이때 바울은 유대의 이웃나라뿐만 아니라 로마에까지 가서 기독교를 전하였다.

이 사이 유대의 국내 상황은 급격하게 돌아가고 있었다. 로마에 대한 유대의 저항은 점점 더 커져 갔다. AD 50년경이 되면서 로마와 유대의 대립은 극에 달하였는데, 이때 당시 3만 명 가량의 유대인이 로마군에 의해 학살되는 사건이 발생하였다. 분노가 극에 달한 유대인들은 드디어 64년 대규모 폭동을 일으켜 로마군의 요새를 공격하였으며, 이 사건은 유대의 독립전쟁으로 이어졌다. 이에 로마 제국은 70년 디도 장군을 예루살렘으로 보내었으며, 예루살렘은 다시 로마에 의해 함락되고 말았다. 이때 예루살렘의 성전은 완전히 파괴되었으며, 독립운동에 가담했던 유대인들은 모두 학살되거나 노예로 팔려갔다.

이 사건 이후 유대 내부에서도 갈등이 생기면서 기독교인들은 전통 유대교인들로부터 배척당하면서 이 두 종교는 완전히 분리되고 말았다. 이후 유대 내에서 기독교의 입지는 더욱 좁아졌다.

한편, 일찍부터 나라를 잃었던 많은 유대인들은 아시아와 유럽 각지에 퍼져 있었는데, 이들을 **디아스포라**(Diaspora)라고 한다. 디아스포라 유대인들을 중심으로 기독교는 광범위하게 퍼져나갔다. 어떤 곳에서는 회당에서 기독교 예배를 드리며 교회로 변하는 곳도 생겨났다. 이렇게 하여 초기 기독교는 짧은 시간에 유대에서 시작하여 소아시아와

디아스포라가 생겨난 배경

유대는 과거에 북이스라엘과 남유다 두 나라로 분리되어 있었다. 이 중 BC 7세기경 이스라엘 왕국이 먼저 아시리아에 의해 멸망당하였으며, BC 5세기경 바빌로니아인의 침략으로 유다 왕국마저 멸망당하였다. 이때 많은 유대인들이 포로로 끌려가면서 각지에 디아스포라 유대인이 생겨나기 시작했다. 디아스포라 유대인들은 시리아, 이집트, 소아시아, 메소포타미아, 그리스, 로마에까지 퍼져 있었는데, 이들은 초기 기독교가 세계적인 종교가 되는 데 매우 중요한 역할을 하였다.

로마의 화제

위베르 로베르의 작, 서기 64년 7월 19일 로마의 팔라티움 언덕에서 발발한 화재가 온 도시로 번졌다.

유럽까지 퍼져나갈 수 있었다.

한편, 로마의 황제들은 초기 기독교 세력이 커지는 것에 대해 별 관심을 두지 않았었다. 그러던 중 기독교가 박해를 받게 된 결정적인 사건이 있었으니, 64년 여름에 있었던 '로마 대화재'가 바로 그것이다. 이 화재는 로마의 반 이상을 태워버릴 정도로 엄청났었는데, 로마의 시민들은 이 화재가 당시 황제였던 네로가 저지른 일이라고 생각하였다.

이에 당황한 네로 황제는 당시 로마인들과 그리 좋은 관계가 아니었던 기독교인들을 희생양으로 삼아 그들이 불을 질렀다고 하면서 위기를 탈출하였다. 이때부터 오해를 받은 기독교인에 대한 탄압이 시작되어 거의 4세기까지 계속되었다.

로마제국에서 기독교인이 되려면 목숨을 잃을 각오를 해야만 했다. 그럼에도 불구하고 당시 기독교 교회 지도자들은 자신들의 신앙을 지키기 위해 교회 조직을 만들고 이를 체계화시켜 나갔다. 많은 기독교인이 로마의 박해에 죽어갔지만 그와 함께 기독교의 세력도 매우 빠르게 번져나갔다.

2~3세기를 지나면서 기독교는 교회마다 나름대로의 건물을 가지고 있을 정도로 커다란 조직으로 성장하였다. 그런데 기독교가 새로운 체재를 만들고 발전을 거듭하고 있는 사이 또다시 대규모 박해가 시작될 움직임이 일고 있었다.

때는 247년, 로마는 건국 1000년의 기념일을 맞아 축제 분위기에 휩싸여 대규모 파티를 열었다. 문제는 파티 후에 **흑사병**이 로마를 휩쓸어 수많은 사람들이 목숨을 잃는 사태가 발생한 것이다. 로마시민들은 이러한 재앙이 파티에 기독교인들이 참석하지 않아 신이 노하여 재앙이 발생했다고 믿었다. 이 사건으로 로마 황제 데키우스(Decius, Gaius Messius Quintus Trajanus)는 로마의 신에게 제사지내지 않는 기독교인은 가차 없이 죽이며 박해를 가하였다. 이때 교회는 많은 지도자들을 잃었으며, 로마의 신에게 제사를 지내는 굴욕을 겪기도 하였다.

흑사병(黑死病)

흑사병으로 죽음의 도시가 된 유럽을 묘사한 작품. 흑사병은 치명적인 전염병으로, 걸리면 피부가 검은 빛으로 변하는 증상에서 흑사병이란 이름이 유래되었다.

로마의 국교로 급부상한 기독교

예수 이후 수백 년간 로마의 박해를 받아오던 기독교는 어느 날 로마의 국교로 승인된다. 도대체 무슨 일이 있었기에 이런 일이 일어난 것일

콘스탄티누스는 진정한 기독교인이었을까?

콘스탄티누스 황제가 정말 기독교인이었는지에 대해서는 많은 이견이 있다. 당시 로마는 다신교 사상이었기 때문에 콘스탄티누스는 예수를 또 하나의 신으로 여겼던 것으로 생각된다. 또한, 그는 진정으로 예수를 믿기보다는 제국을 통치하기 위한 수단으로 기독교가 필요했고, 이를 이용하였던 것으로 추측된다.

콘스탄티누스 황제의 기증

작자 미상 (프레스코화, 1246년) 정식으로 교황의 동의를 얻어 왕좌에 오른 콘스탄티누스 황제

까? 이러한 변화는 로마의 황제가 되었던 **콘스탄티누스**(Flavius Valerius Constantinus)와 기독교의 만남이 있었기에 가능했다.

3세기경 점점 세력이 약해지고 있던 로마는 동부와 서부의 두 개 지역으로 나뉘어 통치되고 있었다. 당시 로마는 군인이 황제가 되어 통치하는 형식을 취하고 있었는데, 갈레리우스 황제가 죽고 나자 로마 제국의 황제 자리를 놓고 두 명의 군인인 콘스탄티누스와 막센티우스가 전쟁을 벌였다. 그런데 전투가 벌어지기 전날 밤 콘스탄티누스는 꿈에 십자가를 보았다. 이때 콘스탄티누스는 뭔가 영감을 얻었던 것 같다.

다음날 아침, 콘스탄티누스는 전 병사들의 방패에 그리스도를 상징하는 글자를 새기도록 하고 전투에 나섰다. 결과는 콘스탄티누스의 대승이었다. 그는 이 전쟁에서 승리한 다음 해인 313년 '밀라노 칙령'을 발표하였다. 밀라노 칙령에는 로마에서 기독교를 공식적으로 인정한다는 내용을 담고 있었다. 밀라노 칙령으로 인해 그동안 박해만 받아왔던 기독교는 이제 새로운 시대를 맞이한 것이다.

이후부터 콘스탄티누스 황제는 로마의 수도를 콘스탄티노플로 옮기고 기독교 교회를 적극적으로 지원하였다. 그는 더 나아가 기독교를 통하여 로마 제국 전체를 하나로 통치할 생각까지 하였다. 덕분에 기독교는 이제 안정한 상태에서 국가의 지원을 받으며 성장할 수 있었다.

규모가 커져 커다란 세력으로 성장한 기독교 교회는 내부적으로 여러 가지 신앙에 관한 문제가 생기기 시작했다.

우선, 예수가 말하는 하느님이 구약성경에 나오는 하느님인가에 대한 의문은 모두가 '그렇다'라고 인정하여 문제가 쉽게 해결되었다. 그러나 '예수가 과연 하느님인가'에 대한 의문은 쉽게 해결되지 않았다. 한 부류는 '예수는 단지 사람일 뿐이다'라고 주장하고, 다른 부류는 '예수는 곧 하느님'이라고 주장하였다. 예수가 하느님이 아니라고 주장한 사람은 이집트 알렉산드리아의 주교였던 아리우스(Arius)였다. 많은 기독교인들이 아리우스의 생각을 따르고 있었는데, 전통 기독교인들은 이들을 이단으로 취급하였기 때문에 두 세력 사이에 극심한 논쟁이 일어났다.

오로지 제국의 단결에 관심을 두고 있었던 콘스탄티누스 황제는 이를 수습하기 위해 2300여 명에 달하는 각 지역의 대표적인 지도자들을 니케아에 모아놓고 회의를 열었다. 그리고 '예수는 곧 하느님이다' 라는 신조(니케아 신조라 함)를 만들어 이에 반대하는 아리우스를 교회에서 추방시키는 일을 감행했다. 그럼에도 불구하고 아리우스를 따르는 세력은 줄어들지 않았으며, 시간이 지나면서 콘스탄티누스와 교회는 다시 아리우스를 받아들이고자 하였다. 이즈음 등장한 인물이 아타나시우스(Athanasius)이다. 아타나시우스는 아리우스를 다시 받아들이는 것에 격렬히 반대했다.

콘스탄티누스의 뒤를 이은 줄리안 황제는 기독교를 매우 싫어하였다. 그는 기독교의 분란을 일으키기 위해 아리우스파를 다시 불러들였다. 그러나 이때 아타나시우스의 대활약으로 교회의 혼란은 다시 수습되기에 이르렀다.

한편, 콘스탄티누스 이후 로마 제국은 이민족 간의 갈등으로 급격한 혼란 속에 빠져들었다. 이때 당시 황제였던 데오도시우스는 이러한 위기 상황을 수습하기 위해 여러 민족을 하나로 묶어주는 종교가 필요하다고 판단, 379년에 기독교를 국교로 인정하였다. 주로 소외 계층 일부가 믿으며 온갖 핍박을 받아오던 기독교가 일약 대로마 제국의 국교로 올라선 것이다.

기독교를 통해 혼란을 수습해 보려는 데오도시우스 황제의 노력에도 불구하고 로마의 혼란은 더욱 가속화되었으며, 결국 동로마 제국과 서로마 제국으로 분리되고 말았다. 그리고 세력이 점점 약해져가던 서로마 제국은 476년, 게르만족의 용병 대장 오도아케르에 의해 마지막 황제가 암살되면서 역사 속에서 사라지고 만다. 이 사건을 계기로 1000년 이상이나 유럽을 지배하였던 로마 시대는 끝이 나고, 바야흐로 중세 **봉건 시대**가 열렸다.

그렇다면 로마의 국교였던 기독교의 운명은 어찌되었을까? 당시 유럽은 로마의 영향력이 워낙 컸기 때문에 대부분의 나라에서 기독교를 받아들인 상태였다. 따라서 기독교는 이미 로마인뿐만 아니라 다른 민족에게도 널리 퍼져 있었으며, 이 때문에 로마의 멸망에도 불구하고 유럽(서유럽)에서 기독교의 역사는 계속될 수 있었다. 한편, 동로마 제국은 이러한 위기 상황 속에서도 나라를 유지시켜 나갔으며, 기독교 또한 여전히 국교로 지켜지고 있었다.

봉건 시대
자치권을 가진 촌락 공동체인 장원에서 마치 왕 같은 존재인 영주들이 농노들을 부리며 살아가는 형태의 생활방식을 봉건 제도라고 한다. 이때 농노들은 자급자족적으로 가정을 꾸리고, 영주는 많은 세금과 부역을 제공받아 부를 유지하였다.

기독교의 성장, 분열 그리고 타락

로마의 국교가 된 기독교는 외형적으로는 엄청난 성장을 이루었다. 기독교의 성장은 중세 시대에까지도 이어지는데, 이러한 성장을 이룬 핵심적인 배경에는 **수도원**(Abbey) 제도와 교황(敎皇, Pope) 제도를 들 수 있다. 수도원은 수많은 훌륭한 교회 지도자를 배출함

수도원
기독교 신자가 자원하여 노동과 공동생활(수도생활)을 하는 시설을 말한다. 수도사들은 결혼을 하지 않으며 평생을 수도생활을 통해 하느님을 받들었다. 사진은 유럽 최대의 바로크 양식 건축인 멜크 수도원

으로써 기독교 전파에 일등 공신 역할을 하였다. 또한, 교황 제도는 기독교가 막강한 로마의 국교로 되면서 생긴 산유물이라고 할 수 있는데, 예수로부터 지상의 대리자로 임명 받은 베드로에서 유래되었다. 기독교가 로마의 국교로 되면서 자연히 전체를 대표할 상징적인 인물이 필요했고, 성경에서 찾아낸 인물이 바로 베드로였다. 로마 교회는 베드로를 제1대 교황으로 추대하면서 로마의 주교는 자연히 베드로의 뒤를 잇는 교황이 되는 제도를 만들었다. 이렇게 만들어진 교황 제도는 막강한 힘을 발휘하여 로마 제국이 멸망한 후에도 전 유럽을 기독교로 묶는 중요한 역할을 했다. 어떻게 교황 제도가 이런 일을 할 수 있었을까?

로마 멸망 후 중세가 되면서 서유럽은 여러 나라가 혼재하는 시대를 맞이하였다. 그러나 각 나라의 종교로는 여전히 기독교가 유지되었는데, 그 중심에 교황 제도가 있었다. 당시 중세 유럽은 로마의 교황이 각 나라의 종교를 지배하는 독특한 제도를 가지고 있었기 때문에, 비록 나라는 여러 나라이지만 종교는 기독교인 형태를 유지할 수 있었다. 이러한 상황에서 각 나라의 국왕들은 국가의 권력을 유지하는 데 교황이 힘이 절대적으로 필요했다. 이에 따라 기독교의 권위는 하늘 높은 줄 모르고 치솟았으며, 그에 따른 부정과 부패도 뒤따랐다. 9~10세기를 거치면서 부패한 교황들이 등장하면서 기독교는 점점 더 타락하였다. 955년에 교황의 자리에 오른 요한 12세의 경우 전혀 경건하지 않은 악마 같은 생활방식으로 커다란 물의를 일으켰으며, 이후의 교황들도 별반 다르지 않았다. 이제 기독교는 뭔가 개혁이 일어나지 않으면 안 되는 상황이 되었다.

한편, 로마를 중심으로 혼란스럽게 기독교가 유지되고 있던 서유럽과는 달리, 동로마 제국(비잔틴 제국이라 함 - 수도 콘스탄티노플)에서는 기독교가 국교로 안정하게 유지되고 있었다. 그들은 혼란 속에 있는 서유럽의 로마 교황에 대한 권위를 인정할 수 없었다. 때문에 동로마 제국에서는 수도인 콘스탄티노플 총대주교 역시 로마 교황에 맞먹는 영향력을 가진다고 주장하면서 로마 교회와 갈등이 생기기 시작했다. 이러한 동서 갈등에 불을 지핀 것이 성상 숭배이다.

중세 당시 유행한 것 중에 '성상 숭배 사상'이란 것이 있었다. 이것은 예수나 성자들의 모습을 그린 그림이나 형상을 예배 시간에 사용하며 숭배하는 사상이다. 이를 놓고 성상 찬성론자였던 로마 교회와 성상 반대론자였던 동로마 제국 사이에 한판 대결이 벌어졌다. 이러한 대결 양상은 수세기 동안 계속되다가 결국 교리 차이를 좁히지 못하고 동서 교회로 분열되고 말았다. 즉, 서방의 교회는 로마 가톨릭(Catholic)으로, 동방의 교회는 동방 정교회로 나누어진 것이다.

이렇게 로마의 가톨릭과 동방 정교회로 나누어진 기독교의 체재는 서로가 너무나 달랐다. 가톨릭의 경우 모든 나라의 교회가 로마 교회의 주교인 교황에 의해 지배를 받는 체재이며, 교황 아래에 있는 대주교(추기경)는 자기가 맡은 각 지역에 권위를 행사하는 체재였다. 이에 반해 동방 정교회의 경우 수도인 콘스탄티노플의 총주교를 존경하지만 총주교는 교황처럼 모든 지역에 권위를 행사하지 못하고 자신이 담당한 지역만 지배할 수 있다. 이런 체재상의 차이점 때문에 동방 정교회보다 막강한 권한을 가진 로마 가톨릭교회 쪽에서 많은 비리와 부패 현상이 일어났다.

　　　기독교 타락의 대표적인 사건으로 **십자군 전쟁**을 들 수 있다. 십자군 전쟁이란 당시 이슬람 세력에 의해 지배당하고 있던 기독교 성지인 예루살렘을 탈환하기 위해 이슬람과 기독교간에 일어난 전쟁을 말한다. 전쟁의 시작은 1095년 교황 우르반 2세의 설교로부터 비롯되었다. 교황 우르반 2세는 성지인 예루살렘에서 이슬람 세력을 몰아내야 한다는 설교를 하였는데, 이것이 계기가 되어 군중들이 들고 일어나 십자군이 만들어진 것이다. 이렇게 결성된 십자군을 이끄는 사람 중 피에르라는 수도사가 있었는데, 그는 예루살렘으로 가는 길에 동로마 제국을 들러 온갖 만행을 저질렀다. 그리고 예루살렘으로 진격한 십자군은 거기에 있던 모든 이슬람교도들과 유대인들을 무참하게 학살하였다. 그야말로 하느님을

십자군 전쟁

십자군 전쟁은 11세기 말에서 13세기 말 사이에 서유럽의 기독교도들이 성지인 예루살렘을 이슬람교도들로부터 탈환하기 위해 8차에 걸쳐 감행한 대원정 전쟁을 말한다. 이 전쟁을 계기로 기독교와 이슬람교는 완전히 적대 관계가 되었다.

따른다고 하는 사람들이 하느님의 이름을 가장 크게 더럽힌 사건이라 하지 않을 수 없을 정도로 예루살렘은 피로 물들여졌다. 오늘날에도 이슬람교와 유대교는 기독교와 적대 관계로 지내는 것을 볼 수 있는데, 바로 이 사건이 계기가 되었다고 할 수 있다.

또 다른 교회 부패 현상으로 면죄부 발행을 들 수 있다. 교회는 성당 건축 등을 위해 돈이 필요해지자 면죄부를 발행하여 돈을 받고 파는 행위를 자행하면서 수많은 부패를 낳고 기독교를 타락의 길로 빠져들게 했다.

중세 기독교 역사에 부패와 타락만 있었던 것은 아니다. 교회 지도자들이 위에서 부패와 타락을 일삼는 동안에도 순수한 기독교 신앙을 유지하며 예수를 전하려는 선교사와 수도사들이 있었다. 그들에 의해 기독교는 그나마 유지될 수 있었고, 유럽 전역으로 퍼져나갈 수도 있었다.

마녀사냥

여러 가지 사건으로 위기에 빠진 권력층과 교회가 주민들의 관심을 다른 데로 돌리기 위해 멀쩡한 사람을 마녀 또는 악마의 사도로 몰아 대대적인 재판을 벌여 처형하는 것을 말한다.

속속 등장하는 종교 개혁의 움직임들

14세기에 들어서면서 그동안 막강하게 누렸던 교회의 권위가 서서히 무너지는 사건이 하나 둘 생기기 시작했다. 첫 번째 사건은 다름 아닌 교황으로부터 시작되었다. 1302년, 교황 보니페이스 8세는 유럽의 모든 국왕보다 교황이 더 강해야 한다는 교서를 발표했다. 이에 프랑스 국왕이 발끈하였고, 얼마 후 교황이 죽는 사건이 발생하고 말았다. 이 사건을 계기로 로마 교회의 권위는 크게 손상을 입었으며 심지어 교황이 쫓겨 다니는 신세가 되기도 하였다. 이런 가운데 흑사병이 전 유럽을 휩쓸고 갔다. 흑사병은 1347년부터 1350년 사이에 전 유럽 인구의 1/3에 해당하는 사람의 목숨을 앗아갈 정도로 대단했다. 이런 상황에서도 교회는 아무런 힘을 쓰지 못하고 권력 다툼과 부패에만 빠져 있었다. 이에 교회에 대한 사람들의 실망은 점점 커져갔고, 교회 개혁에 대한 새로운 움직임들이 꿈틀거리기 시작했다.

교회 개혁의 분위기 속에 등장한 영국 옥스퍼드 대학의 철학 교수였던 위클립은 교회가 교황이나 사제가 아닌 예수를 통해 하느님의 부름을 받는 모든 사람들로 구성되어야 한다고 주장하고 나섰다가 결국 순교하였다. 그러나 이러한 위클립의 개혁 사상은 많은 사람들의 환호를 받으면서 영국은 물론 유럽의 여러 나라로까지 번져나갔다. 곳곳에서 종교 개혁의 움직임이 일어났으며, 뭔가 터질듯한 분위기 속에서 등장한 인물이 바로 마르틴 루터(Martin Luther)이다.

루터는 당시 독일의 마인츠 지방 근처 마을의 목회자이자 신학 교수였다. 그런데 교황 레오 10세가 성 베드로 성당을 건축하기 위해 자금이 필요하다며 (실제로는 자신의 빚을 갚기 위해) 면죄부 판매를 허용하는 사건이 일어났다. 이에 루터는 교회의 권력이 돈벌이에 사용되는 것에 분노하면서 **95개조의 반박문**

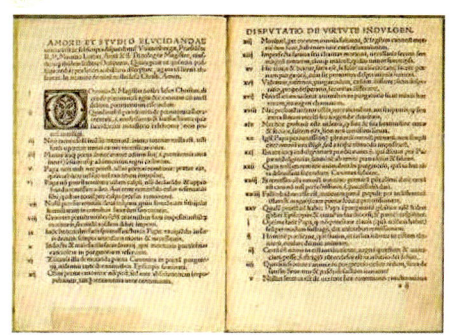

마르틴 루터의 95개조 반박문

루터가 면죄부(免罪符) 판매에 항의하여 비텐베르크성(城) 교회 정문에 내붙인 95개조의 의견서이다. 95개조 논제(論題) · 95개조 항의문이라고도 한다.

을 만들어 비텐베르크 교회 정문에 붙여버렸다. 이 조그마한 사건은 엄청난 반향을 불러일으켰다.

루터의 주장은, 인간의 죄로 인해 받아야 할 모든 벌이 교황의 면죄부를 산다고 하여 면제되지는 않는다는 것과 더 나아가 인간은 선행에 의해 구원받는 것이 아니라, 오직 믿음과 신의 은총에 의해서만 구원받을 수 있다는 것이었다. 이에 발끈한 교황과 독일 황제는 루터를 불러 그의 주장을 철회할 것을 강요했다. 그러나 루터는 자신의 주장을 굽히지 않았으며, 이러한 루터를 따르는 많은 사람들이 생기게 되었다.

한편 프랑스에서도 루터의 영향을 받아 또 하나의 종교 개혁 움직임이 **칼뱅**(Jean Calvin)에 의해 일고 있었다. 칼뱅은 스위스 제네바에서 활동하며, 자신만의 신학 체계를 만들어냈는데, 바로 유명한 '**기독교 강요**(基督敎綱要)'이다. 그의 교리는 많은 사람들의 지지를 얻어 프랑스, 네덜란드, 영국 등 서유럽 각지로 퍼져나갔다.

이제 교회는 새로운 기독교를 지향하는 개혁 세력인 루터파, 칼뱅파와 이전의 교황파로 나뉘어 대립하였다. 그리고 독일에서는 1555년 교황파와 루터파 간에 아우스부르크 평화 조약이 맺어짐으로써 공식적으로 루터파의 종교 활동을 인정하였다. 이에 따라 각 사람과 도시들은 교황의 지배에서 완전히 벗어나 루터파 교회를 선택할 자유를 가질 수 있었다. 그러나 여전히 칼뱅파 등 다른 개신

칼뱅

프랑스의 종교 개혁자(1509~1564). 칼뱅파의 교조로 제네바에서 종교 개혁을 단행하여 일종의 신권 정치를 하였다.

기독교 강요

1536년에 프랑스의 종교 개혁자 칼뱅이 지은 신학서. 십계명·사도신경·주기도문 따위의 기독교 교리를 해설하고, 종교 개혁의 근본 사상인 복음주의를 제창하여 신의 주권은 절대적이며 신의 의사가 세계를 창조한다고 하였다.

교들에 대한 자유는 공식적으로 주어지지 않은 상태였다.

루터파와 칼뱅파 등 종교 개혁을 주도한 세력들은 이제 진정한 신앙생활을 할 수 있는 날이 올 줄만 알았다. 그러나 세상은 이들의 꿈이 그냥 이루어지도록 내버려두지 않았다. 사실 가톨릭교회 입장에서 보면 기독교가 완전히 산산조각 난 상황이나 다름없었으며, 나날이 커져 가는 개신교(프로테스탄트) 세력들을 가만히 보고만 있을 수도 없는 상황이었다. 결국 두 세력 사이에는 극심한 긴장과 갈등이 생기기 시작했고 이는 전쟁이라는 극단적인 상황으로 이어졌다.

개신교와 구교 사이에 벌어진 전쟁은 근 1세기 동안 유럽 각지에서 계속 일어났다. 대표적인 것이 프랑스에서 일어난 위그노 전쟁, 스페인을 상대로 한 네덜란드 독립 전쟁, 그리고 독일에서 일어난 30년 전쟁 등이다. 특히 30년 전쟁의 경우 종교의 자유를 인정받지 못한 칼뱅파와 구교와의 대립 때문에 생겨난 전쟁으로, 독일 시민만 천만 명 이상이 학살되는 참극을 빚을 정도로 치열한 싸움을 벌였으며, 결국 개신교의 승리로 끝났다.

한편, 유럽의 섬나라였던 영국에서는 또 다른 종파가 생겨나고 있었다. 당시 영국 국왕인 헨리 8세는 로마교회로부터 간섭을 피하고 독립을 꾀하기 위해 영국만의 기독교 교파인 국교회(성공회라고 함)를 만들었다. 당시 로마 교회는 종교 전쟁의 소용돌이 속에 있었기 때문에 영국의 종교 독립을 막을 겨를이 없었다. 또한, 영국에서는 전혀 새로운 기독교 세력인 청교도들이 생겨나고 있었다. 그들은 철저한 칼뱅주의 교리를 따르며, 근본적인 신앙생활을 했기 때문에

성공회

1534년에 로마 가톨릭 교회에서 분파하여 종교개혁의 결과로 만들어진 영국 교회의 전통과 조직을 같이하는 교회를 통틀어 이르는 말이다. 교의적(敎義的)으로는 프로테스탄트를 따르며, 교회 정치와 예배 양식은 가톨릭을 따른다.

청교도淸敎徒라고 불리었다. 청교도들은 여전히 구교의 냄새가 강한 국교회에 반대하며, 영국 교회 정화 운동을 벌였다.

가자! 전 세계로 – 세계로 전파되는 기독교

현재 기독교는 유럽은 물론 아메리카, 아시아, 오세아니아 등 전 세계에 퍼져 있다. 어떻게 소아시아와 유럽의 종교였던 기독교가 전 세계로 퍼져나갈 수 있었을까? 그것은 소용돌이치는 유럽의 근대사가 있었기에 가능한 일이었다.

15~18세기에 들어서면서 유럽 사회에는 타락일로를 걷던 중세 교회에 대한 종교 개혁의 물결만 일어난 것이 아니었다. 문화적으로는 신 중심의 억압적인 중세 문화에 대항하여 인간성의 재발견을 강조하는 **르네상스**(Renaissance) 운동이 일어났으며, 정치적으로는 곳곳에서 시민 중심의 혁명들이 일어났다. 또한, 근대 과학 이론과 기술이 크게 발전하였으며, 이 때문에 유럽 사회는 짧은 기간 동안 획기적인 발전을 이루었다. 이러한 변화와 함께 유럽 사회의 관심은 이제 유럽 내부에만 머물러 있지 않고 다른 세계와 대륙으로 돌려졌다.

중세 말부터 유럽에는 동방과의 교류를 통해 비단, 향료 등과 같

> **르네상스**
> 14~16세기에 이탈리아를 중심으로 하여 유럽 여러 나라에서 일어난 인간성 해방을 위한 문화 운동이다. 이러한 운동은 신 중심의 중세 봉건주의에 대항하여 도시의 발달과 상업 자본의 형성을 배경으로 하여 일어났으며, 문학·미술·건축·자연 과학 등 여러 방면에 영향을 주어 유럽 문화의 근대화에 크게 기여하였다.

은 물품들이 들어와 사용되고 있었다. 그러나 15세기에 들어서면서 동방과의 교류에 커다란 문제가 생기고 말았다. 이슬람 세력인 오스만 투르크가 동유럽 기독교의 중심 국가인 비잔틴 제국을 멸망시키고 강력한 **오스만 제국**을 건설하였기 때문이었다. 결국 동방과 무역할 수 있는 길이 막힌 유럽 국가들은 동방과의 무역을 위해 새로운 항로를 찾아야만 했다. 또한, 오스만 제국에 의한 이슬람교 확장에 위협을 느껴 기독교를 세계 여러 나라로 전파할 필요성이 생기기도 하였다.

유럽은 이러한 경제적·종교적 이유를 들고 신항로 개척에 나서면서, 아시아로 가는 새로운 항로가 개척되고, 1492년에는 에스파냐 왕의 후원을 받은 콜럼버스(Christopher Columbus)가 신대륙(아메리카)을 발견하기에 이른다. 아시아와 아메리카라는 새로운 시장을 개척한 유럽은 이들과의 무역을 통하여 엄청난 경제적 이익을 챙긴다. 이로 인해 국가의 권력은 급격히 커졌고 **절대 주의** 왕권 국가라는 새로운 국가 형태가 생겨났다. 16~18세기의 절대주의 국가들은 강력한 힘을 바탕으로 방대한 지역에 식민지를 만들어나갔다. 이때 그들의 새로운 식민지에는 유럽의 과학 문명과 함께 그들의 종교인 기독교가 전파되어 영향을 주었다.

유럽 외의 지역에 식민지를 건설한 대표적인 나라로 에스파냐, 포르투갈, 영국 등을 들 수 있다. 에스파냐는 브라질을 제외한 중남미 대부분의 지역을 식민지로 삼았다. 그리고 브

오스만 제국
중앙아시아에서 이주한 터키족(오스만 투르크)이 서아시아 지역에 건국한 이슬람 왕조(1299~1922)를 말한다. 오스만 제국은 13세기 말에 성립되어 제1차 세계대전 후 멸망할 때까지 600년 이상 지속되었으며, 서아시아와 발칸 반도, 북아프리카에 이르는 방대한 지역을 지배하였다.

절대 주의(絕對主義 absolutism)
국왕이 절대적 권력을 잡고 온 나라를 통치하는 정치 형태를 말하며 전제주의, 제국주의라고 부르기도 한다. 이러한 정치 형태는 중세 봉건사회로부터 근대 시민사회로 변하던 16세기부터 18세기 사이 서유럽에서 나타났다.

라질은 포르투갈의 식민지가 되었다. 당시 에스파냐와 포르투갈의 종교는 가톨릭이었기 때문에 이 지역에 가톨릭이 전파되어 지금도 가톨릭이 중남미 지역의 대표적인 종교로 이어져 오고 있다.

아메리카 지역 중 미국과 캐나다의 경우 당시 쓸 만한 자원이 없다고 여겨져 에스파냐의 정복 대상에서 제외되어 있었다. 버려진 땅으로 여겨졌던 이곳에 식민지를 건설한 나라는 프랑스, 네덜란드, 스웨덴 등 유럽의 여러 나라가 있었으나 17세기말에 이르러서는 대부분이 영국의 식민지가 되었다. 당시 영국에서 북아메리카로 이주한 사람들 중 개신교를 믿는 청교도(淸敎徒 Puritans)들도 있었다. 그들은 본국에서의 박해를 피해 네덜란드로 이주했다가 다시 신천지인 미국 땅에 이르게 된 것이다. 이들을 중심으로 불과 150년 만에 세계 최고의 국가가 될 미국이라는 나라가 건설되었다. 이때 나라를 세운 지도 세력이 청교도(개신교)들이었기 때문에 미국은 현재까지 개신교가 우세한 상황으로 이어져 오고 있다.

전 세계에 유럽의 식민지를 건설한 나라 중 단연 독보적인 존재가 바로 영국이다. 17세기 이후 영국의 힘은 실로 막강하여서 아시아, 아프리카, 북아메리카와 남아메리카 일부, 오세아니아 등 전 세계에 식민지를 건설하였다. 그래서 이처럼 막강한 영국을 비유하여 붙여진 말이 '해가 지지 않는 나라'이다. 1914년, 즉 1차 세계대전 직전까지 전 세계 인구의 약 23%, 전 세계 면적의 약 20%가 영국의 지배를 받고 있었다고 하니, 가히 당시 영국의 국력이 어느 정도였는지 짐작이 갈 것이다.

이렇게 유럽 국가의 식민지가 된 나라에는 어김없이 기독교가 전해졌다. 물론 식민지로 지배하게 되면서 자신들의 종교가 전해진 면도 있겠지만, 이 식민지 지역에 기독교가 급속하게 퍼질 수 있었던 것은 당시 활약한 선교사들의 힘이 매우 컸다고 할 수 있다.

이때 활약한 개신교 선교사들 중 현대 선교의 아버지라고 불리는 윌리엄 캐리(William Carey)가 있다. 그는 구두수선공이었지만 26세 때 선교의 꿈을 가지고 인도를 선교하기 위해 아내와 의사 한 명을 데리고 인도로 떠났다. 그는 온갖 고난을 이겨내면서 신약성경을 24개의 인도 방언으로 번역해서 출판하여 미래 선교사들을 위한 기초를 닦아 놓았다. 윌리엄의 이러한 노력은 개신교의 세계 선교에 불을 지폈다. 이후 수많은 선교사들이 세계 각지로 다니며 기독교를 전파하였다. 1840년에는 데이비드 리빙스턴(David Livingstone)이 남아프리카 선교를 위해 떠났고, 1860년에는 허드슨 테일러(Hudson Taylor)가 중국 선교를 위해 떠났다. 이러한 선교사들의 노력으로 개신교 기독교는 전 세계적인 종교로까지 발전할 수 있었다.

예수회(Societas Jesu)
로마 가톨릭의 수도회로서 1534년 로마 가톨릭 수사 이냐시오 데 로욜라에 의하여 창설되었다. 예수회는 청빈, 순결, 순종 외에 영혼의 구원과 믿음의 전파를 위해 헌신하는 것으로 목적으로 하고 있다. 오늘날 예수회는 100여 개 나라에 진출하여 가톨릭 전파에 힘쓰고 있다.

가톨릭의 경우도 마찬가지였다. 가톨릭은 국가의 든든한 지원을 바탕으로 식민지에 대한 해외 선교를 펼칠 수 있었기 때문에 개신교에 비해 비교적 쉽게 전 세계로 기독교를 전파할 수 있었다. 대표적인 선교사로 중국을 선교한 **예수회**의 마테오리치(Matteo Ricci)를 들 수 있는데, 그의 영향력은 당시 25,000명의 개종자를 얻어 낼 정도였다.

한편, 또 하나의 기독교 교파인 동방 정교회는 어떻게 되었을까?

사실 동방 정교회의 경우 다른 종파에 비해 전파가 미미했다는 사실을 금방 알아낼 수 있다. 그 이유는 이슬람 세력의 방해 때문이었다. 당시 동유럽은 이슬람 세력에 의해 지배당하고 있었고, 이슬람 세력들은 동방 정교회가 다른 지역으로 전파되는 것을 철저히 막았기 때문에 동방 정교회는 동유럽에서 다른 곳으로 쉽게 퍼져나가지 못했다.

우리나라에 들어온 기독교 역사

현재 우리나라의 대표적인 종교로는 불교, 개신교, 천주교(가톨릭) 등을 들 수 있다. 이중 불교는 오랜 전통을 가지고 있으나 기독교인 개신교와 천주교의 경우 짧은 역사에도 불구하고 비약적인 발전을 거듭하였다. 기독교는 어떻게 해서 이렇게 짧은 역사에도 불구하고 커다란 발전을 이룩할 수 있었던 걸까? 거기에는 산모의 진통처럼 초기 선교사들의 숨은 노력이 있었다.

우리나라 기독교의 역사는 천주교(가톨릭)에 의해 먼저 시작되었다. 그러나 아이러니한 것은 우리나라에 천주교를 전파한 선교사가 외국인이 아닌 조선 사람이었다는 사실이다. 1783년 중국에 가게 된 이승훈은 그곳에서 천주교를 만나 영세를 받고 이듬해 우리나라로 들어와서 포교 활동에 나섰다. 이렇게 우리나라에 전해진 천주교는 1800년을 넘어서면서 1만 명이 넘어설 될 정도

우리나라 기독교의 역사
중국과 일본은 이미 16세기 중엽부터 복음을 받아들였고, 특히 일본교회는 16세기 말엽에 수십만의 신자를 헤아릴 정도로 그 전성기에 도달해 있었다.

우리나라의 종교 분포

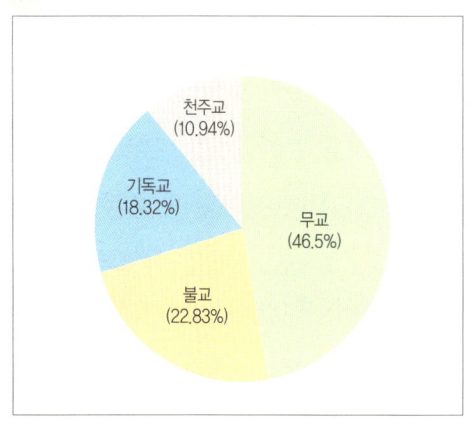

로 크게 확장되었다. 그러나 천주교는 당시 조선 당국의 눈에 이상한 외래 이단 종교로 비칠 수밖에 없어 이에 대한 대대적인 박해가 시작되었다. 이러한 천주교에 대한 박해는 이후 거의 백 년이나 계속되었고 수많은 사람들이 순교하였다.

거의 1세기 간 지속된 박해의 시간이 지나고 개방화의 바람이 불어 닥친 1800년대 후반이 되면서 드디어 천주교에도 자유의 바람이 일어났다. 이를 계기로 우리나라의 천주교는 비약적인 발전을 이루게 된다.

이런 가운데 천주교는 일제 시대를 맞이 하였다. 이 시기에 천주교 교회는 일제의 탄압으로 많은 어려움을 겪어야 했음에도 불구하고, 7만 여 명이던 천주교 신자의 수가 18만 여 명으로 늘어나는 등 지속적인 발전을 이룰 수 있었다. 그리고 휴전 이후 10년 사이에 근 40만의 신자가 늘어났고, 1969년에는 서울 대교구장이었던 김수환(金壽煥) 대주교가 추기경이 됨으로써 동양에서는 최초의 추기경을 배출하기도 하였다. 그리고 2006년에는 정진석 대주교가 추기경에 임명되어 오늘에 이르며 우리나라의 주요 종교 중 하나로 자리 잡고 있다.

우리나라의 개신교 역사는 천주교보다 100여 년이나 늦게 시작되었다. 1800년대 후반 개방화의 물결과 함께 수많은 개신교 선교사들이 함께 들어왔다. 당시 혼란기에 있었던 우리나라는 선교의 자유가 보장된 나라가 아니었다. 따라서 이때의 선교사들은 직접 기독교를 전파하기보다는 학교와 병원 등을 통해서 간접적으로 선교하는 방식을 선택했다.

개신교 선교사들에 의해 세워진 근대적인 학교와 병원은 당시 유교적 문화 속에 있던 우리나라 사람들의 의식을 상당 부분 바꿔주는 역할을 하였다. 즉, 당시 사람들에게 개신교는 종교라기보다는 새로운 근대문명의 하나로 생각되기에 이르렀다. 이러한 사회적 분위기 속에 개신교는 급속히 전파되기 시작했다.

근대 문명의 선구자 역할을 하던 개신교는 일제 시대에도 민족 독립과 계몽운동의 중심 역할을 하였다. 많은 기독교인들이 3.1 독립운동에 참여하였으며, 수많은 개신교 지도자들이 독립운동에 참여하기도 하였다. 그러나 일부 교단은 일제의 강압에 못 이겨 신사참배에 동조하기도 하면서 기독교 교단 내에서 분열이 생기도 하였다.

해방 이후 개신교는 또 다른 시대를 맞이 하였다. 미국에서 활동한 이승만 초대 대통령은 기독교인이었고, 그 밑에서 일하는 수많은 지도자들이 기독교를 배경으로 하고 있었다. 덕분에 기독교는 국가적 지원 아래 비약적인 발전을 할 수 있었다.

해방 당시 기독교의 중심은 단연 평양을 기점으로 하는 북한이었다. 그러나 6.25 전쟁과 함께 북한의 기독교인이 월남하면서 남한에도 기독교가 활발하게 전해질 수 있었다. 월남한 북한의 기독교인들은 가는 곳곳마다 교회를 세웠다. 교회는 고향을 잃은 사람들이 함께 모여 자신들의 고통과 아픔을 나눌 수 있는 유일한 장소였다. 이런 영향으로 개신교는 서민들 사이로 급속히 전파되어 나갈 수 있었다.

1962년부터 박정희 군사 정권이 들어서면서 우리나라는 세계에서 유래를 찾아보기 힘든 경제 성장을 이루었다. 이와 함께 개신교도 근대화와 현대화의 흐름에 자연스럽게 합류하면서 성장에 성장을 거듭하여 개신교 인구만 천만에 달할 정도로 크게 발전하였다.

오늘날 우리나라의 개신교는 세계에서 가장 큰 대형 교회가 밀집해 있을 정도로 가장 짧은 시간 내에 가장 커다란 발전을 이룬 것으로 유명하다. 이는 세계에서 유래를 찾아볼 수 없는 현상이다. 그러나 교회가 대형화되면서 중세 교회에서 나타났던 부패 현상이 우리나라 교회에서도 그대로 재현되는 분위기가 일고 있다. 그리고 우

세계에서 가장 큰 평화의 모후 대성당

교회는 건물 면적보다 신자(성도) 수로 따지는데, 세계에서 신자 수가 가장 많은 교회는 우리나라의 순복음 교회이다. 전체 교인 70만이라는 말도 있으나 출석 성도 기준으로 10만~20만 정도 되는 것으로 추산하고 있다. 그리고 성당은 외부 건물의 크기로 따지는데, 바티칸 성당이 가장 웅대하고 전 세계 가톨릭의 중심이지만 외관의 크기만으로 따지면 아프리카 코트디부아르(Ivory Coast)에 1989년에 세워진 평화의 모후 대성당(Basilica of Our Lady of Peace)이라고 할 수 있다. 이 성당은 높이 158미터, 넓이 30000평방미터에 달하는 초대규모 시설을 자랑하고 있다.

리나라 교회는 서로 간의 의견 차이로 인해 수백 개의 교파로 분열되어 있는 상황이다. 이러한 병폐는 고스란히 교회의 성장을 막는 데 기여하고 있다. 실제 우리나라 개신교의 성장은 20세기 후반부터 정지되었으며, 현재는 오히려 마이너스 성장을 하고 있는 상황에 놓여 있다.

세계 3대 종교의 발전

03 세계로 뻗어나가는 이슬람교의 역사

초기 이슬람교의 발전 – 정통 칼리프 시대

세계 속 이슬람

세계에서 이슬람 인구가 가장 많은 인도네시아에서 이슬람 단식월인 라마단에도 비무슬림을 위해 낮 시간에 식당의 영업을 허용하는 대신 흰 커튼을 쳐서 먹는 모습을 보이지 않게 함으로써 무슬림을 배려한다.

이슬람교는 현재 전 세계에서 가장 급속도로 성장하고 있는 종교이다. 한 통계에 따르면 이슬람교 인구가 20세기 초에는 세계 인구의 약 12%를 차지했으나 20세기 말에는 세계 인구의 약 21%를 넘어섰으며, 이는 지난 50여 년간 500% 가까운 급성장세를 보인 것이라고 한다. 이러한 추세라면 이미 하락세에 접어든 세계 1위의 종교인 기독교를 앞설 날도 멀지 않아 보일 정도이다. 도대체 이슬람교는 어떻게 해서 이렇게 급성장할 수 있었을까?

사실 우리나라 사람들에게 이슬람교는 아직 생소하게 느껴지는 것이 사실이다. 그러나 우리도 모르는 사이 이슬람교는 세계적인 종교로 우뚝 섰다. 이제 이 신비의 이슬람교가 어떤 길을 걸어 오늘에 이르게 되었는지 그 역사 속으로 들어가 보자.

이슬람교의 탄생은 불교나 기독교와는 조금 다른 역사를 가지고 있다. 마호메트에 의해 생겨난 이슬람교는 탄생 초기부터 전쟁을 치르며 이미 하나의 국가로 성립되어 발전하기 시작했다. 이는 예수나 부처라는 성자에 의해 생겨난 불교나 기독교의 발전과는 성격이 조금 다른 것이며, 이 때문에 이슬람교의 역사는 이슬람 세력의 영토 확장과 함께 하고 있다.

이슬람 세력들의 영토 확장은 이슬람교의 창시자 마호메트가 죽자마자 곧바로 시작되었다. 초대 칼리프였던 아부 바크르 때부터 시작된 영토 확장은 2대 칼리프인 오마르 시대에 이미 엄청난 지역의 영토를 차지하였다. 오마르가 다스린 10년(634~644년) 동안 이슬람은 페르시아의 거의 전 지역과 팔레스타인, 시리아, 이집트 및 비잔틴 제국의 동방 땅에까지 이르는 막대한 영토를 차지하였다.

이슬람 세력은 탄생 후 실로 짧은 기간 동안 엄청난 지역의 영토를 차지한 셈이었다. 어떻게 이런 일이 가능할 수 있었을까? 물론 기마술을 바탕으로 한 이슬람군의 막강한 전투력 때문이라고 할 수도 있지만 그 내면에는 또 다른 이유가 있었다.

그것은 바로 당시 이슬람군은 이슬람교 전파를 위한 죽음이야 말로 천국으로 가는 지름길이라는 믿음의 지하드(성전) 정신을 가지고 있었기 때문이다. 이런 정신으로 무장한 이슬람군을 어느 누가 당

사라센 제국(이슬람 제국)
이슬람교도가 서아시아를 중심으로 건설했던 대제국을 말한다. 632년 예언자 마호메트가 죽은 뒤 초대 칼리프인 아부 바크르를 시작으로 1258년 아바스 왕조가 멸망할 때까지 계속 칼리프 제도가 있었던 시대의 나라들을 모두 사라센 제국(이슬람 제국)이라고 한다.

해낼 수 있으랴! 또한, 이슬람교가 지배한 영토의 백성들에게 쉽게 침투할 수 있었던 이유는, 당시 정복당한 나라가 대부분 혼란 상태에 있었고, 이 때문에 새로운 구원자를 기다리고 있던 백성들은 이슬람교를 자신들의 구원자로 쉽게 받아들일 수밖에 없었기 때문이었다.

너무 급속한 발전 때문이었을까? 2대 칼리프 오마르의 뒤를 이어 3대 칼리프로 오스만 빈 아판이 선출되면서 이슬람 사회는 변화의 소용돌이 속으로 빠져든다. 이때의 이슬람 제국은 이미 엄청난 지역을 다스리는 거대 국가가 되어 있었으며, 정복지로부터 들어오는 엄청난 부와 재화들로 인해 국고가 넘치고 백성들은 풍요로운 생활을 하는 상태가 되었다. 이런 환경 속에 태어난 이슬람 2세대들은 첫 세대들과 가치관부터 달랐다. 그들은 더 이상 부모 세대처럼 소박하고 검소한 생활을 하지 않았으며, 종교에 대한 열정도 없었다. 권력 내부에서도 더 이상 외부 세계의 정복에 대한 관심보다는 내부 권력 투쟁에 더 열을 올렸다. 이러한 변화 속에서 결국 3대 칼리프 오스만은 내부 이슬람 세력에 의해 암살당한다. 그리고 661년 제4대 칼리프인 알리마저 옴미아드가(家)의 무아위야와 지도권 다툼을 벌이는 가운데, 이슬람 공동체의 윤리성을 극단적으로 추구하는 과격파 단체인 하와리지파까지 개입하면서 결국 알리는 자객에게 암살당하고 만다(이것은 이미 '4장 다양화된 종교의 역사'에서 이야기한 바 있다). 이렇게 해서 이슬람은 제국의 분열과 함께 종교적으로도 알리를 따르는 시아파와 무아위야를 따르는 수니파로 나눠지는 분열을 맛본다.

정통 칼리프 시대
632년 아부 바크르의 즉위부터 661년 알리의 암살까지를 정통 칼리프 시대라고 한다.

왕조 시대를 맞이한 이슬람 세력의 성장

4대 칼리프 알리의 죽음으로 정통 칼리프 시대는 끝이 났다. 이후의 권력은 그와 대립관계에 있었던 옴미아드가의 무아위야가 차지하였다. 그는 다마스쿠스에 수도를 정하고 새로운 옴미아드 왕조(Umayyad dynasty)를 세워 느슨해졌던 정복사업을 계속하였다.

이슬람의 시기별 정복 지역

이슬람은 출현 후 약 100년 동안 동쪽으로는 중앙아시아의 하외(河外) 지역과 인더스강까지, 서쪽으로는 북아프리카와 유럽의 이베리아반도까지 확산되었다.

8세기 초까지 옴미아드 왕조는 비 아랍계라고 할 수 있는 스페인을 포함한 이베리아 반도, 아프가니스탄, 중앙아시아 및 인도에 이르는 지역까지 정복할 정도로 세력이 막강했다. 이때 각 정복지로 이슬람교가 전파되었다. 그러나 이슬람 제국은 정복지를 다스릴 때 강제로 이슬람교를 믿게 하는 통치 방법을 쓰지 않았다. 각 지역의 종교를 인정해 주며 이슬람교를 전파하는 정책을 폈기 때문에 커다란 종교적 반발 없이 각 지역을 다스릴 수 있었던 것이다. 그래서 당시 이슬람에 의해 정복당했던 이집트나 스페인에서 기독교나 유

옴미아드 궁전

옴미아드 왕조와 우마이야 왕조는 같은 말로 발음에 따라 다르게 표현된 것일 뿐이다. 옴미아드 가문은 메카에 모여 살던 쿠라이시 부족의 일족이었다. 처음에는 이슬람교를 거부하여 개종하지 않았으나 이후 마호메트가 메카를 완전 점령한 이후에 개종하였으며, 당시 유능한 행정관으로 두각을 나타내었던 일족이다.

대교 같은 다른 종교를 가진 사람들도 세금만 잘 내면 얼마든지 자신들의 종교 생활을 유지할 수 있었다.

이러한 옴미아드 왕조에도 위기가 찾아왔다. 아랍인 중심의 국가 운영과 이슬람교의 전통 신앙에 반하는 세속적인 성격의 왕조에 대해 이단으로 몰아붙이며 등장한 시아파와 하와리지파의 반체제 운동이 계속되었으며, 특히 마호메트의 정통 후계자로 자처한 아바스가(家)의 반대가 극심했다. 결국 747년 아바스가에 의해 혁명이 일어났으며, 아부 알 아바스가 새로운 칼리프로 추대되면서 아바스 왕조(Abbasid dynasty)가 탄생하였다.

새롭게 등장한 아바스 왕조는 아랍계 위주로 다스렸던 옴미아드 왕조와 달리 국가의 통치기반을 정통 이슬람교에 두고, 이슬람법에 의해 국가를 다스리고자 했다. 그들은 광대한 영토에 수많은 서로 다른 민족들이 퍼져 살고 있는 이슬람 세계를 하나의 이슬람법 아래 융합하여 단일 국가로 만들고자하는 의지가 있었다. 이와 함께 아바스 왕조는 동진 정책을 써서 당시 중국을 지배하고 있던 당나라와 무역로를 놓고 한판 대결을 벌이기도 했다. 이 전쟁에서 승리한 아바스 왕조는 독자적인 이슬람 문명을 꽃피울 수 있었으며,

바그다드(Baghdad)는 세계적인 도시가 되었다.

그러나 곧 위기가 닥쳐왔다. 아바스 왕조의 권력이 약해지면서 곳곳에서 독립 왕조들이 생겨나기 시작한 것이다. 이러한 현상은 10세기 들어 더욱 가속화되면서 이슬람 제국은 여러 개의 왕조로 나누어졌다.

우선, 이집트에서는 시아파 내 이스마일파의 파티마 왕조가 독립을 선언하고 나왔으며, 스페인에서는 아바스 왕조의 대학살과 핍박에 쫓겨 온 옴미아드 왕조가 이 지역에 정착하며 후옴미아드 왕조를 건설하였다. 아라비아 반도 내의 사정도 만만치 않았다. 아라비아 반도에서는 시아파의 세력이 커지면서 이 지역을 장악하기에 이르렀으며, 결국 바그다드에서도 시아파의 부와이(Buwayh) 왕조에게 실권을 빼앗겼다. 이에 아바스 왕조는 부와이 왕조를 타도하기 위해 동방에서 넘어온 셀주크(Seljuk) 투르크족에게 구원을 요청하여 부와이 왕조를 무너뜨리고 다시 실권을 잡았다. 그러나 이미 권력을 장악한 셀주크 투르크가 자신들의 국가인 셀주크 왕조를 세우면서 이후 11세기의 이슬람 세계는 칼리프 시대에서 술탄 시대를 맞이하게 된다.

바그다드

바그다드는 이라크의 수도로서 함무라비 법전, 길가메시 서사시, 천일야화 등 수많은 역사를 간직하고 있는 도시이다. 762년 아바스 왕조의 제2대 칼리프 알 만수르가 이곳을 수도로 삼으면서부터 부각받기 시작했다.

칼리프 시대에서 술탄 시대로

3차 십자군 원정

1187년 예루살렘을 이슬람 군이 함락하면서 제3차 십자군 원정이 시작되었다.

칼리프가 종교적 지배자이면서 동시에 정치적 지배자를 뜻하는 반면, 술탄(sultan)이란 국가의 정치적 최고 지배자를 뜻한다. 셀주크 투르크가 부와이 왕조를 누르고 아바스 왕조 칼리프의 보호자로 나서면서 술탄의 칭호를 얻게 된 데서 유래되었다.

술탄 시대를 연 셀주크 왕조는 거침없이 이슬람 통일 정책을 펴나갔다. 셀주크 왕조는 페르시아, 메소포타미아, 시리아, 팔레스타인을 포함하는 대제국을 건설했으며, 분열되어 있었던 중동의 이슬람 세계를 다시 통일하는 위업을 이루었다. 뿐만 아니라 술탄이었던 알프 아르슬란(Alp Arslan)은 비잔틴 제국의 영토를 공격하여 흑해와 지중해 사이에 있는 터키의 넓은 고원 지대인 아나톨리아 지역 대부분을 점령하기도 하였다. 이때 이 지역 전체가 이슬람화되었다.

그러나 셀주크 왕조의 전성기는 그리 오래가지 못했다. 가장 큰 원인은 11세기 말에 시작된 기독교 십자군의 침공 때문이었다. 십자군 전쟁은 200여 년간 10차례에 걸쳐 계속 되었으며, 이로 인해 셀주크 왕조의 세력은 극도로 약해지기 시작했다. 결국 1157년 바그다드를 중심으로 하는 대(大)셀주크 왕조의 술탄이었던 산자르(Sanjar)가 죽은 후 내부 분열이 일어나 셀주크 왕조는 여러 개의 소국가들로 나누어지고 말았다. 이어서 1258년 이슬람 세력들은 몽골군의 대대적인 침입을 받는다. 몽골군들은 이슬람 세계를 철저히 파괴하였고, 이로 인해 대부분의 셀주크 소국가들이 멸망하였으며, 종교적 명맥만 유지해 오던 아바스 왕조 칼리프도 완전히 멸망하고 말았다.

파티마 왕조와 후옴미아드 왕조의 소멸
이집트의 파티마 왕조는 십자군과의 전쟁에서 이름을 떨치던 셀주크의 살라웃딘이 세운 아이유브 왕조에 정복당하면서 소멸되었고, 스페인에 세워졌던 후옴미아드 왕조의 칼리프도 1031년 세력이 약해지면서 소멸되고 말았다.

이렇게 이슬람 세력은 사라졌지만 이슬람교는 계속 부흥하였다. 이는 몽고가 다스리는 카잔한국(Kazan Khanate) 때 이슬람교가 국교가 되었기 때문으로, 몽고가 지배하는 시대에도 이슬람 문명은 더욱 발달하였다.

이 시기 이슬람교 내부에서는 수피파라는 새로운 종파(宗派)가 크게 발전하고 있었다. 수피파는 금욕과 수행을 중시하고 청빈한 생활을 하는 이슬람교의 신비주의 경향을 띤 종파로, 형식적이던 고전 이슬람교에 대항하여 나타났다. 고전 이슬람교가 이슬람법에 의해 공동체를 다스리고 신을 받드는 공동체적 이슬람인 것에 비해, 수피파는 각 개인이 수행을 통해 깨달음을 얻고 직접 신과 통하는 개인적인 이슬람교의 형태라고 할 수 있다. 이러한 수피파의 사상은 이미 9세기 무렵부터 나타났으며, 12~13세기 들어 사회적 혼란을 틈타 급속히 발전하였다. 수피즘(Sufism)은 대중 속으로 급속히 전파되었으며, 얼마 지나지 않아 이슬람 세계 전 지역으로 퍼져나갔다.

오스만 제국의 등장과 이슬람 세계의 분열

이슬람 세계가 몽고의 지배를 받고 있는 13세기가 끝나갈 무렵 소아시아(Asia Minor, 아나톨리아라고도 함) 지역에서는 장차 이슬람 세계를 지배할 새로운 세력이 싹트고 있었다. 이 세력 역시 투르크족에 의해 형성되었으며, 그 중심에 오스만 베이(Osman Bey)가 있었다.

오스만 베이는 투르크족을 이끌고 소아시아 지역에 자신의 이름을 딴 **오스만 제국**을 세우고, 1326년까지 콘스탄티노플을 마주보는 부르사를 포함한 소아시아 지역을 점령하였다. 그리고 비잔틴 제국 제2의 도시인 아드리아노플까지 점령하고, 나아가 십자군을 격파하며, 발칸 지역의 대부분을 차지하였다.

기세를 이어가던 오스만 제국은 메흐메드 2세 때 드디어 콘스탄티노플을 점령함으로써 수백 년간 이어온 비잔틴 제국(동로마 제국)을 멸망시키기에 이른다. 이는 당시 유럽 사회를 긴장의 소용돌이로 몰고 가기에 충분한 사건이었다. 메흐메드 2세는 곧바로 수도를 콘스탄티노플로 옮기고 수도의 이름을 이슬람식 명칭

오스만 제국의 위기

1402년 오스만 제국은 서진(西進)하여 온 티무르군에게 앙카라에서 패하면서 한 때 멸망당할 위기에 빠지기도 하였으나 티무르 제국이 스스로 물러남으로써 위기를 피할 수 있었다.

인 이스탄불로 고쳐 이슬람 세계의 위상을 과시하였다. 그러나 메흐메드 2세는 비잔틴 제국의 기독교도들을 탄압하지 않고 융화하는 정책을 폈다. 이후에도 오스만 제국의 정복 사업은 계속되어 이란, 시리아, 아라비아에 이어 이집트까지 정복함으로써 드디어 이슬람교의 전통을 잇는 이슬람 세계의 일인자로 우뚝 섰다.

오스만 제국 최고의 전성기를 이룬 **쉴레이만 1세**는 왕위에 오르자마자 동유럽의 헝가리 땅 대부분을 점령하는 한편, 동쪽으로는 사파비 왕조를 공격하여 바그다드까지 차지하였으며, 남쪽으로는 예멘의 아덴까지 정복하였다. 이제 쉴레이만 1세의 정복 야욕은 동유럽에서 서유럽으로 이어져 빈(오스트리아 수도)을 포위하기에 이르렀다. 이는 유럽의 기독교 국가들을 경악케 하는 사건이었다. 이후 1538년 프레베자 해전에서 기독교 세계의 연합 함대를 크게 무찌름으로써 지중해의 해상권을 장악하기에 이른다.

오스만 제국은 1차 공격이 있은 지 3년 후, 빈에 대해 2차 공격을 감행했다. 오스만 제국의 도전에 유럽의 나라들은 단합하지 않을 수 없었다. 이는 단순히 오스만 제국과 일개 유럽 나라의 싸움이 아니었다. 기독교 세력과 이슬람교 세력의 한판 전쟁이었다. 유럽의 기독교 국가들은 연합하여 오스만 제국의 2차 빈 공격에 대항하였고, 결국 오스만 제국은 두 번째 빈 공격에서 참패하고 만다. 이후 막강한 힘을 자랑하던 쉴레이만 1세가 죽은 후 무능한 술탄들

쉴레이만 1세

오스만 제국은 쉴레이만 1세의 영도 아래 악명 높은 해적출신 발바롯사 하이레딘 파샤(또는 하이르 앗 딘)를 해군제독으로 내세워 프레베자 해전(1538)에서 에스파냐, 로마 교황청, 베네치아 공화국의 연합 함대를 무찌름으로서 지중해를 장악하기에 이른다. 이로 인하여 쉴레이만 1세 치하의 오스만 제국은 최전성기를 누린다.

이 등장하면서 오스만 제국의 힘은 서서히 약해졌다. 1571년, 설상가상으로 레판토 해전에서 오스만 제국의 함대는 기독교 세계의 연합 함대에게 대패함으로써 그동안 쥐고 있던 지중해의 패권도 상실하고 만다.

이렇게 서서히 힘이 약해져가던 오스만 제국에 비해, 유럽에서는 근대화의 물결이 일어나 많은 강대국들이 생겨나고 경제적인 부를 누리고 있었다. 오스만 제국은 전혀 근대화에 대비하지 못한 채, 결국 힘이 약해져 유럽 강대국들의 표적의 대상이 될 수밖에 없는 처지에 놓였다.

17~18세기를 거치면서 오스만 제국은 오스트리아를 비롯한 여러 유럽 국가들에게 오스만 제국이 차지했던 유럽의 땅을 내어주었으며, 아랍 지역에서도 여러 민족들이 오스만 제국으로부터 독립하고자 운동을 벌였다. 이런 상황 속에서 오스만 제국의 술탄 압둘 메지드(Abdulmecid) 1세는 근대화를 받아들이는 내용의 개혁 정책(탄지마트 Tanzimat라고 함)을 2차에 걸쳐 시도하였으나 이는 국가 재정의 파산으로 이어져 결국 실패로 끝나고 말았다. 이에 대재상 **미드하트** 파샤의 지도 아래 아시아 최초의 근대적인 헌법인 '미드하트 헌법'을 발표하지만, 전제 군주인 압둘 하미드 2세의 등장으로 오스만 제국의 근대화에 대한 꿈은 물거품이 되고 말았다. 이런 혼란을 겪는 사이 오스만 제국의 힘은 더욱 더 약해져 갔고, 제국에 속한 수많은 나라들이 독립하기에 이르렀다. 이 시기에 독립한 나라들은 세르비아, 몬테네그로, 루마니아, 불가리아, 알바니아 등이 있다.

미드하트 헌법
(Midhat constitution)
오스만 제국에서 만들어진 최초의 근대적인 헌법으로, 헌법의 초안을 만든 미드하트 파샤의 이름을 따서 미트하트 헌법이라고 부른다.

전 세계가 근대화로 가고 있던 20세기 초반, 오스만 제국 역시 이 거센 물결을 피할 수 없었다. 1908년, 결국 압둘 하미드 2세는 청년 투르크 당의 반란에 의해 죽음을 맞이한다. 이런 상황에서 제1차 세계대전이 터졌다. 청년 투르크당 정권 아래에 있던 오스만 제국은 독일편에 붙었고, 전쟁에서 패하여 쓸쓸한 패전국이 되고 만다.

패자인 오스만 제국은 승자들에 의해 세브르 조약에 강제로 사인하지 않을 수 없었다. 그 조약에 의하면 오스만 제국은 자신들의 영토를 대부분 잃게 되는 상황이었다. 결국 오스만 제국은 1922년 술탄 정부의 폐지를 선언함으로써 600여 년간 이어져 온 제국의 역사는 끝이 났다. 이렇게 하여 오스만 제국은 터키, 그리스, 알제리, 이집트, 불가리아, 알바니아, 프랑스 위임통치령 시리아, 프랑스 위임통치령 레바논, 영국 위임통치령 이라크, 영국 위임통치령 팔레스타인으로 나누어졌다.

여러 나라로 전해진 이슬람교의 역사

서아시아에서 시작된 이슬람 세력들은 투쟁의 역사를 거치면서 북아프리카, 동유럽, 중앙아시아와 인도는 물론 서유럽의 끝인 스페인에까지 영토를 확장함으로써 영향력을 미친 것으로 알려져 있다. 이러한 과정에서 이슬람교는 자연스럽게 각 지역으로 전해졌다. 이는 현재 전 세계적으로 이슬람교를 믿고 있는 지역의 현황과 크게 다르지 않다. 그렇다면 정복당한 각 지역에서는 어떻게 이슬람교가 전파되었을까?

■ 기독교에서 이슬람교로 바뀐 아프리카

가장 먼저 이슬람교가 영향을 미친 지역은 북아프리카이다. 북아프리카 지역은 이슬람교가 전해지기 전 기독교 교리의 중심 역할을 하고 있던 곳이었다. 이곳에서 최초로 기독교 수도원이 탄생했으며, 수많은 기독교 지도자를 배출하기도 하였다. 그러나 이곳의 기독교는 어느 순간부터 교리논쟁과 교권 쟁탈전의 중심지가 되어버리고 말았다. 이러한 혼란의 틈 가운데 이슬람 제국에 의해 북아프리카는 하나둘씩 정복당하기 시작했다. 635년 **다마스쿠스**를 필두로 이집트까지 손쉽게 이슬람 제국에게 정복당하였다. 그리고 7~8세기를 거치면서 튀니지, 모로코를 비롯한 북아프리카 전역이 이슬람 제국의 식민지가 되었다.

그러나 이슬람의 식민지가 되었다고 해서 이 지역이 한순간에 이슬람화 된 것은 아니었다. 초기 옴미아드 왕조는 종교적으로 너그러운 정책을 폈기 때문에 북아프리카의 토착민이었던 베르베르인들도 자신들의 종교인 기독교를 버리지 않고 유지해 나갈 수 있었다. 그런

다마스쿠스

다마스쿠스는 시리아 남서부에 있는 수도로, 성경에 다메섹이란 이름으로 등장한다. 옛날부터 '동양의 진주'라고 불렸으며, 많은 유대인들이 살고 있었다. 세계에서 가장 오래된 도시로 알려진 이곳을 이슬람 제국은 수도로 삼았다.

데 시간이 지나면서 베르베르인들은 점차 기독교를 버리고 이슬람교를 받아들였다. 그들이 추종한 이슬람교의 종파는 시아파에서 분리된 이스마일파였다. 이런 가운데 이슬람 제국의 왕조가 아바스 왕조로 바뀌었다. 아바스 왕조는 이집트에 대한 통제를 허술하게 했고 그들과 종파가 달랐던 북아프리카 지역에는 격렬한 소요 사태가 일어났다. 결국 969년 북아프리카 지역에 베르베르인들의 이스마일파를 지지기반으로 한 파티마 왕조라는 독립 왕조가 생겨났다.

파티마 왕조는 북아프리카 전역을 통일한 이슬람 국가를 만들었다. 파티마 왕조 역시 이슬람교를 중심으로 통치하였지만 여전히 다른 종교의 자유를 허락하는 정책을 폈다. 그러나 13세기를 지나면서 북아프리카에는 강력한 군사 정권인 맘루크 왕국이 들어서면서 기독교도들과 수많은 전쟁을 일으키며 이슬람 세력의 위세를 떨쳤다. 이때 술탄에 대한 절대적 숭배 사상이 생겨나면서 술탄을 초능력을 가진 신령한 존재로 여기는 사상이 생겨났다.

북아프리카 전역이 이슬람화 되면서 이슬람교는 상인들과 식민지 지배자들, 설교자 등을 통해서 가나, 말리 등 아프리카 중부 내륙 지방으로도 퍼져나갔다. 이 지역의 통치자들은 경제적·정치적 이득으로 인해 쉽게 이슬람교로 개종하였다.

■ **기독교의 나라 스페인에 시작된 이슬람의 역사**

한편, 서유럽의 끝인 이베리아 반도의 스페인에도 이슬람교의 역사가 전해지고 있다. 스페인은 강력한 기독교 국가였던 서로마 제

서고트 왕국

서로마 제국의 멸망 이후 414년 스페인 지역에는 서고트족이 침입하여 서고트 왕국을 건설하였다. 서고트 왕조는 처음에 아리우스파의 기독교를 믿었으나, 점차 가톨릭 세력이 주도권을 잡았다.

국이 멸망한 후 서고트족(게르만의 한 부족으로 고트파의 분파)에 의해 지배당하고 있었다. 그러나 711년 스페인을 점령한 이슬람 제국이 스페인 사회에 자신의 종교를 전파시켜 나가면서 스페인에서의 이슬람 역사가 시작되었다.

그러는 사이 이슬람 제국에 새로운 아바스 왕조가 들어서면서 아바스 혁명군에 쫓긴 옴미아드 왕조가 이곳 스페인으로 도주해와 독립적인 후 옴미아드 왕조를 건설한다. 이때부터 스페인은 독립적인 하나의 이슬람 국가로 발전해 나갔다. 스페인의 이슬람 왕국은 10세기경 압두르 라흐만 3세 때 최고의 전성기를 누리지만, 그가 죽은 뒤 분열이 일어나면서 스페인의 옴미아드 왕조는 몰락의 길을 걷는다. 비록 이슬람 정권은 몰락했지만 이후에도 스페인의 무슬림(이슬람교를 믿는 사람)들은 자신들의 종교를 지키며 풍요로운 생활을 누릴 수 있었다.

그러나 스페인 땅을 되찾으려는 기독교인들이 무슬림들을 가만히 놓아둘 리 없었다. 13세기를 지나면서 결국 기독교와 이슬람교 사이에 필연적인 전쟁이 일어났다. 이 전쟁에서 이슬람 세력들은 패하고, 기독교가 다시

알함브라 궁전

이슬람 예술 최고의 극치를 보여주는 알함브라 궁전. 스페인의 남쪽인 안달루시아 지방에 세운 알함브라 궁전은 스페인의 마지막 이슬람 왕조인 나스르 왕조의 무하마드 1세 알 갈리브가 13세기 후반에 창립하기 시작하여 증축과 개수를 거쳐 완성되었다.

스페인을 차지하였다. 다시 정권을 잡은 기독교인들은 처음에는 종교적으로 이슬람교를 허용하는 유화정책을 펼쳤다. 그러나 시간이 지나면서 이들의 사이는 갈라졌고, 14세기말에 이르러 무슬림들을 강제로 개종시키는 일이 일어났다. 이제 스페인의 무슬림들은 기독교로 개종하거나 스페인을 떠나거나 둘 중 하나를 선택해야 하는 기로에 선 것이다.

■ 불교의 나라 인도에 꽃핀 이슬람교

불교의 나라였던 인도에는 어떻게 이슬람교가 전파되었을까? 최초로 인도에 이슬람교가 전해진 것은 초기 이슬람 제국이 팽창했던 7세기말이었지만, 본격적인 이슬람교의 전파는 12세기에 들어 인도가 이슬람 세력에 의해 정복당하면서부터였다. 이어 13세기 초에는 인도 최초의 이슬람 왕조인 델리 **술탄 왕조**(노예 왕조라고도 함)가 세워졌다.

델리 술탄 왕조는 모든 정치 체제를 이슬람 방식으로

노예 왕조
12세기 인도를 정복한 구르 왕조의 시하붓딘의 부하였던 아이박이 왕조의 분열을 틈타 독자적인 왕조를 세우면서 탄생하였으며, 아이박이 노예 출신이어서 노예 왕조라고 부르기도 한다.

타지마할(Taj Mahal)
타지마할은 마할의 왕관이라는 뜻으로 무굴 제국의 5대 황제 샤자한이 사랑하는 왕비를 위해 지은 화려한 무덤이다. 타지마할 전체가 완공되기까지는 22년이 걸렸다. 인도 이슬람 건축을 대표하는 걸작이자 세계에서 가장 화려한 건물로 꼽힌다.

바꾸었으며, 힌두교 사원들을 파괴하고 이슬람 사원을 세우는 등 이슬람교를 전파하기 시작했다. 이때 인도는 힌두교가 주류를 이루고 있었는데, 많은 힌두교인이 이슬람교로 개종하였다. 이후 여러 이슬람 왕조를 거치면서 1526년, 300년 동안 인도를 다스린 무굴 제국이 탄생하였다. 무굴 제국 역시 이슬람교를 기반으로 한 정권으로, 아프가니스탄, 페르시아, 터키 출신의 무슬림들과 인도 현지에서 개종한 무슬림들이 지배층을 이루고 있었다. 무굴 제국은 넓은 지역을 효과적으로 다스리기 위해 힌두교인들을 너그럽게 대하는 정책을 펼쳐나갔다. 덕분에 커다란 마찰 없이 무굴 제국은 번영을 누릴 수 있었다. 그러나 17세기 아우랑제브가 왕위에 오르면서 이러한 평화에는 금이 가기 시작했다. 이후 인도 사회는 힌두교와 이슬람교가 대립하면서 국력이 급격히 약해졌고, 국제적으로는 근대화의 물결에 농락당하는 신세가 되고 말았다.

위기를 극복하고 다시 전 세계로 퍼져나간 이슬람교

이슬람교의 전파 역사는 그들의 정복 사업과 맥락을 함께 하고 있다고 해도 과언이 아니다. 그들은 늘 끊임없이 주변 지역으로 영토를 확장해 나갔으며, 그때마다 각 지역에 이슬람교는 전파되었다. 비록 어느 지역은 역사의 소용돌이와 함께 이슬람교의 흔적이 미미해진 곳도 있으나 대부분의 지역에서는 이슬람교가 훌륭히 뿌리를 내렸다고 할 수 있다. 현재 이슬람교는 최고의 전성기를 맞고 있지만, 이는 위기를 훌륭하게 극복했기 때문에 가능한 일이었다.

16세기 이슬람교는 역사상 가장 넓은 지역으로 전파되었다. 북아프리카, 스페인, 시칠리아 섬은 물론 터키, 발칸 반도, 중앙아시아, 아프가니스탄, 인도, 중국, 말레이시아, 인도네시아 등에까지 이슬람교가 전파되었다. 이때 이슬람교 전파에 가장 큰 공로자는 수피 교단의 설교자들과 아랍 상인들이라고 할 수 있다.

그러나 번영 뒤에는 꼭 위기가 찾아오게 마련이듯이 이슬람교에도 위기가 찾아왔다. 17~19세기를 거치면서 기독교를 기반으로 한 서구 강대국들에 의해 이슬람 국가들이 너나할 것 없이 하나둘 식민지화되기 시작한 것이다. 1830년 프랑스에 의해 정복당한 북아프리카의 알제리를 시작으로 북아프리카에서 서아시아로 이어지는 식민 통치가 시작되었다. 서구 강대국들의 종교적 기반은 당연히 기독교였기 때문에 이슬람교가 위협을 받는 상황이 발생한 것이다. 그리고 1차 세계대전의 패망으로 마지막 이슬람 제국이었던 오스만 제국까지 멸망하면서 전 세계로 뻗어나가던 이슬람교의 불꽃은 꺼지는 듯했다.

그러나 절망적이었던 이슬람교의 역사는 두 차례의 세계대전을 거치면서 등장한 초강대국 미국과 소련으로 인해 새로운 기회를 맞이할 수 있었다. 이를 기점으로 유럽 강대국들의 힘이 극도로 약해지면서 식민 지배 시대가 끝나게 되었기 때문이다. 영국과 프랑스에 의해 지배당하고 있던 많은 이슬람교 국가들이 하나둘씩 독

이슬람 국가의 독립
1945년에는 시리아, 1946년에는 요르단이 각각 독립을 쟁취했다. 그리고 1947년에는 파키스탄, 1949년에는 인도네시아가 독립했다.

터키 공화국의 독립
1920년에는 오스만 제국의 멸망으로 붕괴 위기에 처하게 된 투르크 민족을 살리기 위해 무스타파 케말(Mustafa Kemal Ataturk)이라는 지도자가 나타나 터키 공화국을 건설하였다. 그리고 터키 공화국은 1923년 국제 사회로부터 인정을 받는다.

립하기 시작했다. 그러나 독립의 과정이 순탄하지만은 않았다.

우선, 팔레스타인 지역이 새로운 문젯거리로 떠올랐다. 1917년 발생한 팔레스타인 문제는 영국이 이 지역에 유대인들을 거주시키면서 발생했다. 그러나 이 지역은 과거 유대인이 살던 곳이긴 하지만 이후에는 아랍인들이 거주하던 곳이다. 조상 대대로 살아오던 아랍인들은 흥분하였으며, 영국의 조치에 즉각 반기를 들었다. 하지만 유대인들의 이주는 계속되었고 급기야 이스라엘이라는 나라가 건설되기에 이른다. 2차 세계대전 후, 결국 이 문제는 유엔의 주도 아래 해결 방안이 모색되었다. 유엔은 두 지역 모두 국가로 인정하는 안을 통과시켰다. 이후 이스라엘과 아랍 연합 국가는 수차례에 걸쳐 피의 전쟁을 치렀으며, 이 팔레스타인 문제는 오늘날까지 계속되고 있다.

이슬람 국가의 독립 쟁취 과정에서 분쟁을 불러일으킨 또 다른 지역이 인도였다. 1857년 무굴 제국의 멸망과 함께 영국의 식민지가 된 인도는 독립 과정에서 엄청난 종교 분쟁을 겪어야만 했다. 당시 인도의 독립 문제는 독립을 주도하던 세력이 힌두교도 중심의 국민회의파였다는 데 있었다. 이에 이슬람교 중심의 무슬림 연맹들은 자신들을 따로 분리하여 독립시켜 줄 것을 강하게 요구하였다. 당시 인도를 다스리던 영국 총독은 결국 인도를 힌두교 지역의 인도와 이슬람 지역의 파키스탄으로 분리 독립한다는 안을 발표하였다. 이 과정에서 인도에 있던 무슬림들은 파키스탄으로, 파키스탄에 있던 힌두교도들은 인도로 추방당하면서 100만 명 이상이 학살당하는 20세기 최대의 참극이 일어났다. 이후 인도와 파키스탄은 3차례나 전쟁을 치르면서 오늘에 이르고 있다.

이 외에도 수많은 이슬람 국가들이 영국과 프랑스로부터 우여곡절 끝에 독립하였다. 독립한 이슬람 국가들이 시급히 해결해야 할 과제는 근대화를 추진하는 것이었다. 그러나 오랜 식민 통치 아래에 있었던 이슬람 국가들의 힘은 역부족이었다. 그나마 위안이 되는 것은 식민 통치 아래에서도 신앙적으로 결코 굴복당하지 않았다는 사실이다. 이에 이슬람 국가들은 서로 협력하기 시작했다. 하나의 신앙을 가지고 있었기에 서로 단결하는 것이 그리 어려운 일은 아니었다. 1958년에는 이집트, 시리아, 예멘 등이 함께 참여하여 아랍통일공화국을 만들기도 했으며, 1960년에는 아랍 지역의 석유 수출 국가들로 조직된 OPEC(Organization of Petroleum Exporting Countries 석유수출기구)이 탄생하였다. 그리고 1962년에는 무슬림세계연맹(Muslim World Leage)이, 1969년에는 이슬람회의기구(Organization of the Islamic Conference)가 만들어졌다. 현재 사우디아라비아의 메카에 본부를 둔 무슬림세계연맹은 전 세계에 이슬람교를 전파하기 위해 노력하고 있는 대표적인 이슬람 단체이다. 이곳에는 매년 이천팔백만 권의 코란을 인쇄할 수 있는 세계에서 가장 큰 인쇄기가 있다고 한다.

오늘날 중동 지역의 이슬람 국가들은 석유 때문에 대부분 부유한 나라가 되었다. 이제 이들의 목표는 전 세계에 이슬람교를 전파하는 것이 되었다. 이러한 이슬람교의 목표는 21세기를 사는 오늘날 실제 현실에서 나타나고 있다. 현재 세계에서 가장 빠르게 성장하는 종교가 이슬람교이다.

이슬람교의 세계화 전략의 핵심에는 다와(Da' wha)와 지하드라는 것이 있다. 다와란 다른 사람들이 이슬람교를 믿도록 하는 행위를 말하며, 지하드란 이슬람을 확대하고 지키기 위해 무력의 사용도 불사한다는 것을 뜻한다.

현재(2008년 기준) 전 세계적으로 이슬람교를 믿는 인구는 최소 13억이 넘는 것으로 알려져 있다(최대 16억까지로 보는 이도 있음). 이는 기독교가 사실상 가톨릭과 개신교로 나누어진 종교라고 봤을 때, 이슬람교가 세계 최대의 종교로 성장했다는 것을 대변해 준다. 현재 이슬람 국가는 동남아시아의 인도네시아와 말레이시아, 중동의 대부분 국가들과 중북부 아프리카, 중앙아시아의 대부분 지역 등에 분포해 있다. 그리고 이슬람 세계화의 영향으로 유럽과 미국 등에서도 수많은 무슬림들이 생겨나고 있다.

이슬람교 선교사
이슬람교가 얼마나 세계 전파에 노력하고 있는지 보여 주는 대표적인 사례가 선교사의 수이다. 실제 이슬람권에서 활동하는 미국인 선교사의 수보다 미국에서 활동하는 이슬람권 선교사들이 더 많다고 한다.

우리나라에 전파된 이슬람교

우리나라 사람들은 아직까지 이슬람교에 대해서 생소한 것이 사실이다. 일단 주변에서 이슬람교를 믿는 사람들을 만나기가 무척 어렵다. 그러나 이런 우리의 생각과는 달리 우리나라에도 많은 이슬람교도들이 있다. 유독 기독교와 불교의 세력이 강한 우리나라에 어떻게 이슬람교가 전파되었을까?

이슬람 세력들이 우리나라와 처음으로 접촉한 시기는 기록상 9세기경 통일신라 시대로 거슬러 올라간다. 이는 우리의 역사가 아닌 아랍 측의 역사 기록에서 발견된 사실이다. 그들에 의하면, 당시 통일신라는 매우 살기 좋은 곳이었으며 많은 무슬림들이 여기에 매료되어 한반도에 영구 정착했다는 기록을 남기고 있다. 그러나 이때의 무슬림들이 종교적으로 영향을 주었다는 기록은 남아 있지 않다. 이후 고려 시대 몽고 침공의 영향으로 우리나라에 이슬람 세력이 들어왔다. 이때 중앙아시아에서 온 적지 않은 터키계 위구르인 무슬림들이 한반도에 정착한 것으로 알려지고 있다. 이러한 이슬람 세력들은 한반도에 적지 않은 영향을 끼쳤던 것으로 추정되지만, 조선 시대로 바뀌면서 유교주의 정책에 따라 쇠퇴의 길을 걸었다.

이후 우리나라와 이슬람교와의 본격적인 만남은 일제 시대(日帝時代)에 이루어졌다. 당시 구소련 치하의 소수 민족으로 살던 투르크계 무슬림들이 일제 치하의 우리나라를 망명지로 선택해 이주해 왔던 것이다. 이들은 일본 총독부와 가까이 지내면서 만주와 일본을 잇는 무역을 통해 상당한 부를 축적하였다. 약 200명 정도로 추산되는 이들 무슬림들은 서울 시내에 이슬람 사원을 건립하고 코란을 출판하는 등의 종교 활동을 하여 우리나라 사람들에게 이슬람교를 전파하기도 하였다. 이때 최초로 우리나라 사람 중에도 무슬림이 탄생하였다. 그러나 이들은 6.25 전쟁과 함께 대부분 해외로 이주해 가버렸다.

6.25 전쟁은 우리 민족의 비극적인 사건이기도 하지만 우리나라

의 이슬람교 역사에서는 획을 긋는 사건이기도 하다. 왜냐하면 이 때 참전한 나라 중 이슬람교 국가였던 터키가 있었기 때문이었다. 당시 참전한 터키군은 전방에서는 가장 용맹스러운 군대의 모습을 보였으며, 후방에서도 전쟁고아들에 대해 헌신적인 모습을 보여 우리 국민에게 커다란 감동을 주었다. 이러한 터키군 중에 압둘 가푸르(Abdulgafur Karaismailoglu)라는 이슬람 종교 지도자가 있었다. 그의 영향과 터키군의 인도주의는 당시 몇몇 우리나라 사람들의 마음을 움직였고, 그 결과 이슬람교를 믿는 사람들이 생겨나기 시작했다. 1955년에는 김유도와 김진규 형제에 의해 신도 70여 명으로 구성된 '한국이슬람협회'가 서울 이문동에 설립되어 본격적으로 우리나라에서 이슬람교를 전파하는 사역을 시작하였다.

그 후 1956년 주베이르 코치가 부임해와 우리나라 최초의 모스크(이슬람 사원)를 설립하였다. 이때 최초의 모스크에 입교한 사람이 200여 명에 달했다고 한다. 1967년은 우리나라 이슬람교에 있어 매우 의미있는 해이다. 왜냐하면 터키군 철수 후 최초로 우리나라만의 독자적인 이슬람 단체인 '한국이슬람재단'이 설립된 해이기 때문이다.

그러나 기독교와 불교가 득세한 우리나라에서 이슬람교를 전파하기란 쉽지 않은 일이었다. 좀처럼 성장하지 못하고 정체되는 상태가 계속되는 상황에서 한줄기 빛이 되어 준 인물이 있었으니 그는 다름 아닌 박정희 대통령이었다.

당시 세계는 석유 위기를 겪고 있었고, 이에 우리나라도 중동 산유국과의 관계를 개선할 필요가 있었다. 이를 위해 우리나라에서도

우리나라 이슬람교의 대부

1966년에는 파키스탄의 종교지도자 사이드 무함마드 자밀이 들어와 우리나라 이슬람교에 커다란 영향을 주었다. 이러한 이유로 그를 우리나라 이슬람교의 대부라고 부른다.

친 아랍 정책의 차원에서 국가적으로 이슬람교를 지원할 수밖에 없는 상황이었다. 드디어 박대통령의 적극적인 지원과 사우디아라비아 등 기타 6개국에서 지원한 자금으로 1976년 한남동에 중앙모스크가 설립되었다. 중앙모스크는 당시 일던 중동 붐과 함께 크게 성장하기 시작했다. 신자 수는 3년 만에 5배로 늘어났다. 이러한 이슬람교의 성장은 계속되어 이슬람 성원이 부산, 경기도 광주, 안양, 전주 등에 건립되었으며, 해외교포를 위한 사우디아라비아, 쿠웨이트, 인도네시아 등에 지회도 설립되었다. 이때 당시 우리나라의 이슬람교 신도 수는 약 3만 4000명에 달할 정도였다.

그러나 그 이후부터 지금에 이르기까지 우리나라 이슬람교의 성장세는 주춤하고 있는 상황이다. 우리나라에서 이슬람교가 지속적으로 성장하지 못하는 가장 큰 이유 중의 하나는 바로 문화적인 이질감 때문이라고 할 수 있다. 아무래도 유교적 문화와 서구적 문화권 속에 젖어 있는 우리나라 사람들에게 유목 문화와 일부다처제로 상징되는 이슬람 문화가 침투하기에는 분명히 한계가 있다. 실제 우리나라의 무슬림조차도 이슬람교식으로 행하는 의식을 잘 지키지 못하고 있을 정도라고 한다. 과연 우리나라 이슬람교의 미래가 어떻게 펼쳐질지는 두고 볼 일이다.

중앙모스크의 설립 배경

고 박정희 전대통령은 중앙모스크 설립을 위해 당시 서초동 쓰레기 매립장과 지금의 사원 자리 등 두 군데 중 한 곳을 이슬람 단체에게 무상으로 제공하기로 했다. 이에 이슬람 단체는 한남동이 아랍 상인들과 이슬람 신도들이 많이 모여 살았던 곳이라 이곳을 선택했다고 한다.

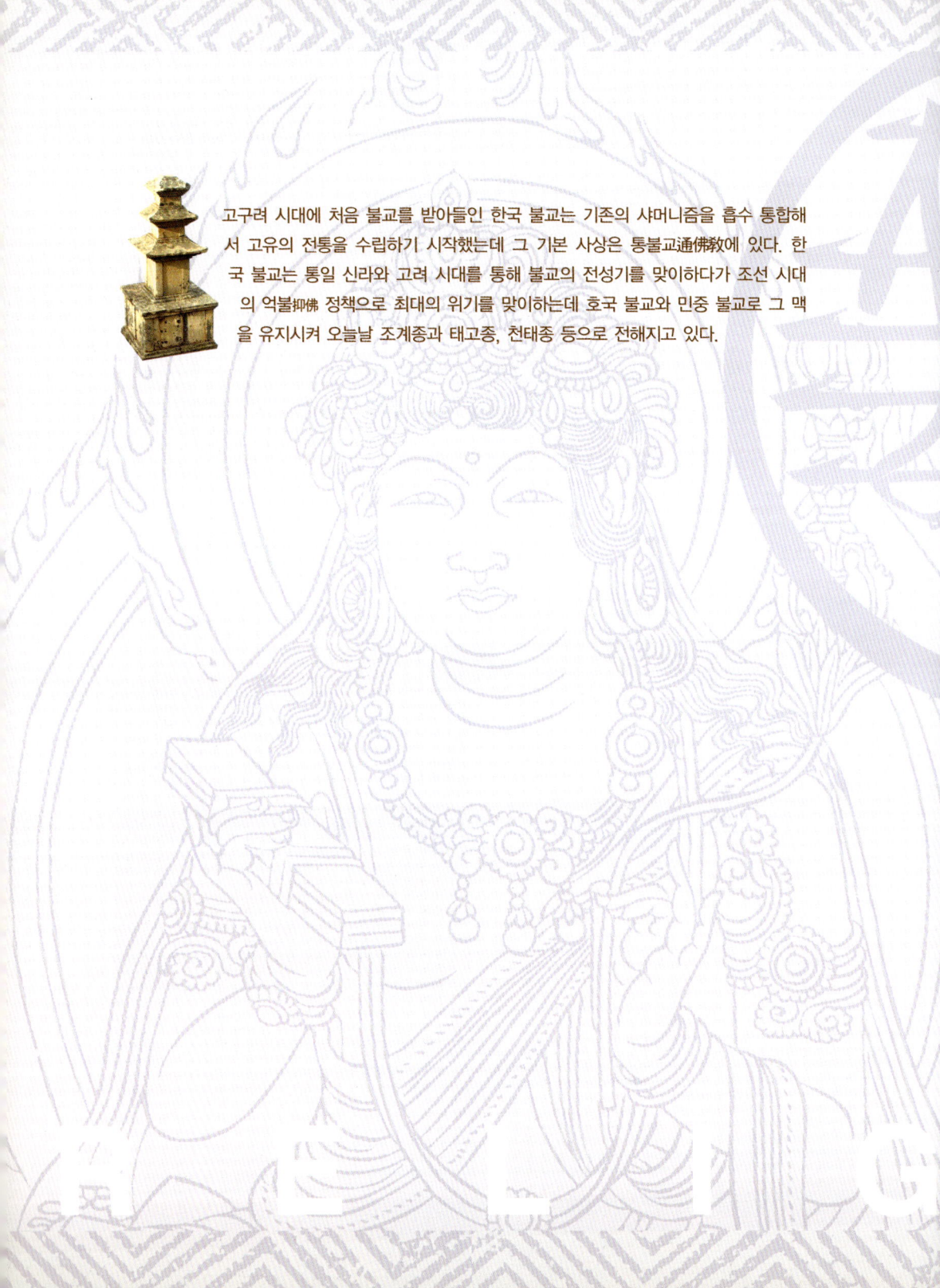

고구려 시대에 처음 불교를 받아들인 한국 불교는 기존의 샤머니즘을 흡수 통합해서 고유의 전통을 수립하기 시작했는데 그 기본 사상은 통불교通佛敎에 있다. 한국 불교는 통일 신라와 고려 시대를 통해 불교의 전성기를 맞이하다가 조선 시대의 억불抑佛 정책으로 최대의 위기를 맞이하는데 호국 불교와 민중 불교로 그 맥을 유지시켜 오늘날 조계종과 태고종, 천태종 등으로 전해지고 있다.

부록
한국 불교의 역사와 종파
어떠한 과정을 통해 현재의 불교를 이룩하게 되었는가?

한국 불교의 역사와 종파

01 한국 불교의 역사

샤머니즘을 흡수 통합한 초대 불교

우리나라에 불교가 전해진 것은 인도에서 중국을 거쳐 4세기 중반 삼국 시대 고구려에 처음으로 들어왔다. 그 후 백제와 신라 순으로 불교를 받아들이게 되는데 삼국이 공통적으로 갖는 특성은 기존에 있던 샤머니즘을 흡수 통합해 고유의 불교를 정착시켰다는 데 있다.

불교가 샤머니즘을 대체할 수 있었던 것은 체계적인 종교적 형태를 갖추고 있었기 때문인데 토착 신앙은 종교라고 부르기에는 확실한 경전이 없었으며 일정한 종교 의식도, 내세관도 없었다. 문자가 없었던 시대에 생겨나 하나의 미신적인 신앙으로 민간으로 퍼져나간 데 원인이 있었는데 이러한 이유로 종교적인 체계를 갖추고 있는 불교가 삼국 시대에 전래되면서 빠르게 흡수 통합된 것이다.

또한 삼국 시대의 각국의 왕은 무엇보다도 백성들을 효과적으로 통솔하기 위한 이데올로기가 필요했는데 불교는 이에 부합하는 체계적인 사상을 제공해 주었다. 고구려가 불법을 아무런 저항 없이 받아들인 것도 율령을 통해 지배를 강화하려던 왕의 뜻에 잘 맞았기 때문이며 샤머니즘에 사상적 한계를 느끼던 백제 역시 새로운 이념을 필요로 하던 차에 불교를 받아들이게 되었다. 백제 때 겸익 謙益은 고구려보다 먼저 인도에 들어가 율학을 배워 왔고, 545년에는 일본에 장육불상을 조성하여 보냈는데 이것이 일본 불교의 시작이 되었다.

백제의 불교는 한때 침체기를 거치기도 하지만 후기 멸망당할 때까지 고구려가 말기에 도교로 대처한 것과는 달리 끝까지 불법을 수호했다. 한편 신라는 계속해서 샤머니즘을 고수하다 고구려에서 건너간 묵호자에 의해 불교가 처음으로 전해지게 된다. 법흥왕 자신이 먼저 신자가 되는 등 적극적으로 불교를 수용한 데 반해 대신들은 강력하게 반대를 하고 나선다. 그러나 이차돈의 순교 뒤 일어난 기이한 현상으로 잠잠해졌고 결국 불교를 공인하기에 이른다.

불국토 사상

불국토란 부처가 있는 국토를 말하는데 신라인들은 자신의 나라를 불국토라 여겼다. 경주 남산 서쪽 면에 발코니처럼 튀어나와 장엄한 전망을 이루고 있는 화강암 바위 위의 위 석탑은 신라인들의 이러한 불국토 사상을 잘 보여 주고 있다. 불교적 이상세계를 구현하려는 신라인들의 강렬한 염원은 영취산, 불지촌, 사라수, 낙산 등 인도의 지명을 그대로 적용한 것과 불국사라는 사찰 명칭을 통해서도 알 수 있다.

이렇듯 한국 불교의 특성은 불교의 탄생지인 인도와 중국과는 다른 특징을 지니고 있는데 먼저 큰 포용성을 갖고 있었던 점을 들 수 있다. 불교를 받아들이는 과정에서 우리 고유의 문화를 배척하지 않고 수용하고 인정하여 공존의 길을 택한 것이다. 따라서 한국 불교는 일정 부분 샤머니즘 요소를 포함하고 있는데 조선 시대 강력한 탄압을 받으면서도 부녀자 등을 통해 계속 신봉되어 맥이 끊어지지 않고 유지되어 올 수 있었던 힘이 된 것이다.

중생 계도로 대중 속에 들어간 선종

신라 불교의 큰 흐름을 잡은 승려는 원효와 의상이다. 원효는 설총薛聰(신라 경덕왕景德王 때의 학자)의 아버지로 귀족의 맨 끝자리 후손이며 의상은 김씨 성을 가진 왕족으로 경주 출신이었다. 661년 원효와 의상은 유학길을 떠나 당항성唐項城:南陽에 이르게 되는데 여기서 원효는 잠결에 목이 말라 물을 마시게 된다. 아침에 일어난 원효는 그 물이 해골 속에 들어 있는 물이라는 걸 알고 구역질을 하는데 순간 큰 깨달음을 얻게 된다. 원효는 의상과 헤어지게 되고 이 두 사람의 갈림길은 신라 불교의 두 흐름을 만들어 낸다. 무애행無碍行을 벌이던 원효는 번뇌 속에서 새로운 깨달음을 얻고 고답적인 이론 공부보다는 신라 사회의 현실에 뛰어들려 했으며 이에 반해 의상은 왕실의 도움을 받아 원효가 요점만 소개한 화엄학을 널리 가르쳤으며 이로써 신라 화엄학의 중흥조가 되었다.

7세기 끝 무렵 신라는 정토 신앙을 본격적으로 받들기 시작하고 밀교 신앙을 비롯한 약사 신앙과 율종의 실천 사상도 널리 퍼졌다. 우리나라 불교의 3대 신앙인 아미타 신앙, 관음 신앙, 미륵 신앙의 전통이 성립된 시기이기도 했다.

821년 도의道義는 당나라에서 귀국하여 무위도식하며 신흥 귀족으로 급부상한 승려들의 행태와 유학승들과 재지승들 간의 갈등을 꼬집으며 선의 무위법無爲法을 설파하였으나 경교經敎 위주로 무장한 승려들은 그의 말에 전혀 귀를 기울이지 않았다. 도의는 설악산으로 들어가 40년 동안 수도하며 제자를 길렀는데 그의 법맥을 이은 제자들이 적극적으로 불교 개혁에 앞장섰으며 이리하여 도의는 조계종(선종)의 개조가 되었다. 선종은, 선禪은 "마음에서 마음으로 전하는 것을 벼리로 삼고 고요한 생각과 참선으로 안을 살펴 불성을 찾으며 설법이나 문자를 떠나 곧바로 부처님의 마음을 중생에게 전한다"는 종파이다.

단편적으로 신라에 전해진 선종은 **달마**의 가르침에 충실했는데 그 요체는 불립문자不立文字, 교외별전敎外別傳, 직지인심直旨人心, 견성성불見性成佛로 요약된다. 곧, 문자를 세우지 않고 불경 밖의 별전으로 바로 마음을 꿰뚫어 본래의 성품을 보아 성불하는 것이다. 가난한 불제자들이 수많은 불경을 터득해야 성불할 수 있는 교종보다 화두를 가지고 깨우침을 얻는 선정禪定의 방법에 끌린 것은 너무나 당연한 일이었다.

달마(達磨)

인도 남천축국의 세 번째 왕자로 원래 이름은 보리달마다. 중국 남북조 시대의 선승으로 선종禪宗의 창시자이다. 520년경 중국에 들어와 9년간 면벽좌선面壁坐禪을 하고 난 후, 마음이 모든 것의 근본이므로 모든 현상은 오직 마음에서 일어나고 마음으로 깨달으면 만 가지 행을 다 갖추게 된다는 선법禪法을 주장했다. 원래는 잘 생긴 외모였는데 유체이탈하여 도력을 펼치던 도중 흉물스런 요괴가 그의 육체를 강탈해 바꿔치기하는 바람에 지금의 모습이 되었다고 전한다.

초기의 선종은 교종계 사찰에 살면서 선을 전수하였고 교종 승려들도 기꺼이 이를 수용하였다. 그러나 9세기 선풍은 기성의 체제와 권위를 거부하는 방향으로 돌아갔으며 혜소慧昭, 무염無染, 범일梵日 등의 선종 승려들은 새로운 선풍을 조성해 나갔다. 몰락한 양반이나 부유한 평민, 지방 신흥 세력들은 선종의 사찰 건립을 적극적으로 도왔다. 왕들도 민심이 떠난 정치 현실을 인정하고 선승들에게 자문을 구하기도 했다. 선종은 본격적으로 수용된 지 50여 년 만에 사상계의 주도권을 장악하게 되었는데 선종이 주창한 노동관과 평등관은 실천성을 수반하였고 중생 제도의 가르침에 근접한 행동 양식이라는 평가를 받고 있다.

천태종의 뿌리 대각국사 의천과 보조국사 지눌

고려를 건국한 궁예는 민중들 사이에 널리 퍼진 미륵 신앙을 교묘히 이용해 자칭 미륵이라고 불렀다. 교종과 선종에 등을 돌린 민중의 심리를 이용해 미륵 중심의 신앙 체계를 세우기에 급급했는데 그의 경전 풀이를 괴담 사설이라고 비판하는 설총을 철퇴로 쳐 죽이기까지 했다.

반면 왕건은 밀교에 관심을 기울이면서 다양한 사상을 수용하려는 의지를 보였다. 지난날의 폐단을 잘 알고 있던 그는 상당히 합리적인 의식을 갖고 있어서 특정 종파에 치중하지 않았다. 종파의 상반된 견해에 따라 교리를 수용, 평가, 해석하는 단계를 거쳐 여러 파를 성립함으로써 불교의 발전을 유도했고 왕실과 귀족 중심의 불교에서 일반 민중으로 퍼져 나가게 한 것도 그의 정책 덕분이다. 고려 초기부터 정토 신앙, 관음 신앙, 미륵 신앙이 고루 유행한 것을 통해 이러한 사실들을 잘 알 수 있다.

대각국사 의천은 문종의 네 번째 아들로 처음에는 화엄종 사상을 중심으로 펴려 했으나 나중에는 천태종을 구현하려 했다. 천태종의 기본 경전은 법화경法華經으로 이 경의 중심 사상은 화엄경보다 구체적인 회삼귀일會三歸一에 있다. 곧 사람의 등급을 셋으로 나누는데 "아무리 모자라는 중생이라도 성불할 수 있다"고 하였고 "마음이 바로 부처이고 중생"이라고도 하였다. 그러니 셋은 마침내 하나로 돌아간다는 것이다.

의천은 부처님이 마지막으로 설법한 이 사상을 고려 현실에 뿌리내리려 하였는데 신분 갈등을 해소하는 평등관의 구현이었던 것이다. 그는 원효의 화쟁 사상을 새로운 환경에 맞는 이념으로 만드는 데 부심하여 결국 이론과 실천의 양면을 강조하는 교관겸수敎觀兼修를 제창하였다. 화엄종을 비롯하여 교의만 닦는 종파들은 실천성이 없다고 보았으며 선종처럼 참선에만 치우치는 종파들은 현실을 소홀하게 된다고 여겼다. 그래서 교의 공부와 함께 이를 실천해야 한다는

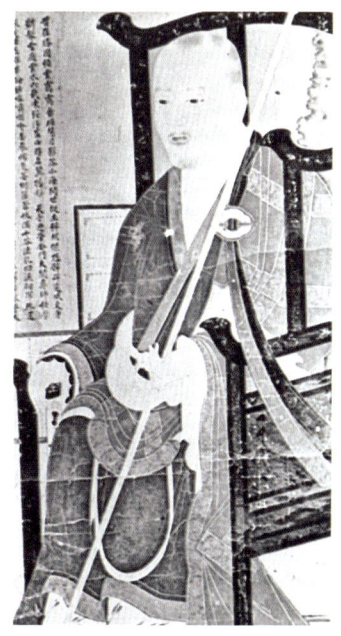

대각국사 의천

고려 시대의 승려로 천태종의 개조開祖. 아버지는 고려 11대 왕인 문종이며, 어머니는 인예왕후仁睿王后 이씨이다. 11세에 출가해 47세 입적할 때까지 구법과 수행, 학문과 강학으로 일생을 살았던 대표적 고승이면서 탁월한 불교 학자였다.

보조국사 지눌

고려 시대의 승려로 조계종 개조開祖. 스스로 목우자牧牛者라는 호로 불렀으며 태생은 황해도 서흥으로 하층 귀족 가문 출신이다. 8세 때 선종 사굴산파山派의 종휘宗暉에게 출가해서 53세 되는 해 입적할 때까지 선종과 교종의 가르침을 두루 섭렵하여 그 합일점과 조화점을 모색하였다.

점을 강하게 주장하였다. 하지만 의천의 한계는 이러한 사상이 나아갈 방향을 제대로 제시하지 못했다는 데 있다.

이 부분을 극복해 낸 것이 **보조국사 지눌**로 정혜쌍수定慧雙修를 주장하면서도 선종에 더 가까운 이론을 펼쳐 궁극적인 세계관을 선 사상에서 찾았다. 그는 불교계에 누적되어 온 모순을 처절하게 자각하고 첫 단계에서는 이를 반성하고 비판하였으며 다음 단계에서는 이를 뜯어고쳐 새로운 기풍을 세우려는 실천 운동으로 옮겨 나갔다. 무신 정권 최충헌의 강압 정치 아래 지눌의 이러한 세계관은 민중들과 깨어 있는 벼슬아치들에게 강하게 다가갔으며 정혜결사 운동을 벌이는 데도 큰 몫을 했다.

원효 다음으로 한국 불교의 대중화에 공로를 세웠다고 평가를 받고 있는 지눌은 독창적인 사상 체계로 현실과 인간의 문제를 풀어나갔다. 즉, 그는 불교 테두리 안에서 종교 해방을 통해 사회 개혁을 이룩하려 했다. 그러나 그는 원효처럼 적극적으로 민중의 고통에 동참하지는 않았으며 사회 전반에 걸친 현실의 모순에는 큰 관심을 기울이지 않았다. 따라서 사회 사상가로서보다는 불교 사상가의 인식 수준을 벗어나지 못하였다는 평가가 따른다.

삼국 시대부터 불교는 왕권 강화와 호국 불교에 큰 역할을 해 왔다는 것이 한국 불교의 큰 특징이다. 나라를 건국하거나 정권을 이어 받을 때, 전쟁이나 나라가 어려움에 처할 때마다 불교의 힘을 빌어 극복하려는 의지를 보였고 그때마다 마찰을 빚긴 하지만 정책에 잘 부합되어 왔다.

팔만대장경은 호국 불교의 특징을 상징적으로 보여 주는 것으로 몽골군의 침입을 겪고 회의를 벌인 왕실에서 불력의 힘을 빌어 나라를 지키려는 신앙 의식에서 출발한 정책의 결과물이었다. 만든 지 16년 만에 완성한 것을 염두에 둘 때 얼마나 방대한 작업이었는지 짐작이 가며 오늘날까지 보관하는 데 들인 엄청난 노력과 그를 뒷받침하는 기술력은 과히 세계에 자랑할 만한 한국의 민족 유산으로 손색이 없다.

이외에도 고려는 불경의 보급에 관심을 기울이기 시작해 신라의 전통적 인쇄술을 그대로 전수하여 목판 활자를 찍었는데 1011년에 시작하여 70여 년에 걸쳐 대장경 6천여 권을 인쇄하였다. 의천이 송나라에 유학을 다녀와 금속화폐의 유통을 조정에 건의하게 된 것이 금속 활자를 만드는 발단이 되어 고려 사람들은 구리나 무쇠를 녹여 부어서 해동통보 같은 글자를 만드는 방법을 찾아냈다.

불교의 대중화에 결정적인 공헌을 한 금속 활자

팔만대장경

팔만대장경 장경판전 보관의 비밀 열쇠는 적절한 환기와 온도 및 습기의 제거에 있다. 건물 외벽에 살창을 두었고 벽면의 아래와 위, 건물의 앞면과 뒷면의 살창 크기를 달리함으로 공기가 실내에 들어가서 아래위로 돌아나가도록 절묘한 건축 기술을 발휘했다. 바닥은 깊이 땅을 파고 숯, 찰흙, 모래, 소금, 횟가루를 뿌려 장마와 가뭄에 자동으로 조절되도록 했다. 이러한 시설은 가장 추울 때와 더울 때의 차이가 10~15도를 넘지 않을 정도로 적정의 온도를 유지시켜 주었다.

지금까지 남아 있는 고려의 금속 활자본은 1297년에 발행한 '청량답순종심요법문'과 1377년에 발행한 '직지심체요절' 등이 있는데 이러한 인쇄본의 불경 보급은 고려 불교가 대중화되고 민중 속으로 전파되는 데 가장 크게 공헌을 했다.

불교 정책의 이중성

조선 시대 억불 정책

고려 말 불교의 고리대업 등의 폐단으로 일기 시작한 유학자들의 배불 운동은 왕조가 바뀌자 구체화되기 시작했다. 정치적 지배 법칙에 의한 힘 있는 자들의 고려 왕실과 구 귀족을 몰락시키기 위한 자연스런 수순이었다. 태조는 도첩제(고려와 조선 시대에 관청에서 발행한 출가出家의 공인장公認状)를 엄격하게 시행하였고 태종은 왕사와 국사 제도를 폐지하였다. 성종은 승려가 되는 길을 근절하기 위해 아예 도첩제를 폐지하였고 중종은 과거 시험에서 승과를 없앴다. 반면 불우한 민중들에게는 유일한 종교로, 위안과 용기를 주는 원천이 되어 유사시 살신활인殺身活人의 저력을 발휘하여 국가를 지키는 원동력을 제공했다.

태조 이성계는 주위의 끊임없는 불교 이단론에도 불구하고 불교 정책을 계속 고수해 나간다. 그의 불교관은 무학대사 진영을 왕사로 추대한 것으로도 알 수 있는데 임금이 국사, 왕사를 추대하는 고려의 관례를 그대로 따른 것이다. 정치적으로도 감각이 뛰어났던 무학은 태조의 불심을 키워 불교 탄압을 누그러뜨리려고 했는데 늘 겸손한 자세를 유지한 그는 어떠한 불교 개혁책도 제시하지 않았다. 온건하고 타협적으로 조선 건국을 도우며 대신들에게도 지탄을 받지 않고 백성들의 우러름을 샀다. 태조는 고희를 넘기면서 신앙이 깊어졌고 그의 그러한 태도는 조선 궁중 불교에 결정적 영향을 끼쳐 하나의 전통을 세웠다.

태종이 아버지의 불교 귀의를 못마땅하게 여겨 "부처는 이단이다"라고 하며 내불당에서 불경 외우는 일을 중지시키는 등 불교 탄압 정책을 편 것에 반해 세종은 불교 옹호 정책을 폈다. 유교적 가치관에서 불교를 바라보던 호학好學의 군주 세종이 결정적으로 불교에 대한 인식이 달라진 것은 늙게 병에 시달리면서부터이다. 자연스레 불교에 대한 정책도 변화가 오기 시작했고 이때가 바로 여러 가지 천문 기기를 만들고 훈민정음 창제에 열중한 시기였다. 게다가 작은 형 효령대군이 맹렬한 불도가 되어 궁중에 출입하면서 불교를 알린 것에도 영향을 받게 된다. 효령대군은 왕실 불교의 공로자로, 여성 불교에 힘쓴 왕비 송씨와 거사 불교에 큰 역할을 한 김시습과 더불어 승려와 신도들 사이에 널리 회자되고 있다.

불심이 깊었던 세조는 요란 거창한 원각사를 지었으나 워낙 짓는 과정에서 많은 물의를 일으켜 원성이 잦았다. 세조의 불교 중흥 정책은 성종과 태종 시대를 거치며 더욱 모진 탄압을 받았다. '중'이라는 보통 명사가 일반 사람들에게 천하고 얕잡아 보이는 명사로 각인되기 시작했던 것도 이 시기의 일이다.

휴정은 불교가 가장 탄압받고 있던 시대에 살면서 옛 선승의 선통을 이어갔던 스님으로 비록 대중 속으로 파고들지는 않았으나 고고한 고덕의 삶을 보여 새로운 모범을 보였고 이것이 민중 불교로 가는 징검다리 역할을 했다. 이와 더불어 문정왕후는 승과를 부활시킨 공로자로 인정을 받고 있으며 비록 그녀에게 끌려다니며 주체적인 불교 진흥 운동을 펴지는 못했지만 보우 역시 불교 중흥에 책임을 다한 인물로 전해진다.

임진왜란의 호국 불교와 개화기의 불교

서산대사 휴정

조선 시대의 승려로 승병장. 아버지는 향관鄕官을 지낸 세창世昌이며, 어머니는 김씨金氏이다. 선교일치뿐만 아니라 함허가 주창한 유儒, 불佛, 도道, 삼교회통三敎會通 사상을 더욱 구체화하여 삼가귀감三家龜鑑을 저술하였다. 삼가귀감은 삼교의 사상 요체를 기술한 것으로 도의 근원적 원리는 동일하다는 내용이다.

1592년 일본군은 부산에 상륙한 지 한 달도 못 되어 서울로 치달았고(임진왜란) 다급해진 선조는 급히 **서산대사** 휴정을 불러들여 승병을 모집하라고 명한다. 도총섭의 직함을 받은 휴정은 승병장 유정이 이끄는 군대와 평양 전투에서 합동 작전을 벌여 많은 성과를 거둔다. 조선 후기 이 두 고승의 배출로 불교의 명맥을 잇게 되는데 이는 문정왕후의 섭정에 의한 승과 부활 덕분이라고 해도 무리가 없을 것이다.

휴정의 불교 이론은 지금도 주목받고 있는데 그의 유불선 합일 사상은 '삼가귀감'을 제시하지만 그 중심은 분명 불교에 두고 있다. 불교에 대해서도 선교 일치를 주장하였으나 "법은 일미一味이지만 선은 주主가 되고 교는 종從이 된다"고 갈파하여 선을 우위에 두었다.

휴정은 특별한 불교 이론을 내세웠다기보다는 호국에 관련된 이론을 많이 냈는데 해인사 부근에서 야로冶爐와 화살을 만들기도 하고 무기 개량과 화약 제조법, 조총 사용법 등을 개발하였으며 산성 개축에도 관심을 쏟았다.

17세기 후반 효종, 현종 시대 불교는 다시 된서리를 맞는데 완고한 송시열과 그 계열은 정권을 잡고 불교와 무속을 더욱 강도 높게 탄압하기 시작했다. 숙종 역시 철저한 배불론자로 공식적으로 불교 배척을 선언하였다. 살 길이 어려워진 절은 새로운 활로를 모색하여 불공만을 사찰 수입의 원천으로 삼지 않고 작명, 사주, 관상을 보아 주거나 재앙을 물리치는 방법을 알려 주며 부적을 돌리거나 점을 쳐주었다. 또한 민중 신앙으로 자리 잡은 산신과 칠성을 절 안으로 끌어들였다. 이러한 몇 가지 현상은 민중 불교의 한 표현이었지만 불교의 본질을 왜곡시킨 한 전형이 되기도 했다. 지나치게 기복 불교의 성향을 갖게 되는 계기가 된 것이다.

19세기 첫 무렵부터 1876년 개항 이전까지의 시기는 종교 탄압의 시대로 천주교와 동학이 박해를 받았다. 불교도에게는 생명의 위해를 가하는 직접적인 탄압은 없었으나 대부분의 절은 황폐해지고 승려들은 탁발이나 또는 걸식승으로 떠도는 경우가 많았다. 이런 환경에서 사찰을 유지하며 살아남기 위해 공명첩을 발급받고 계 조직 활동을 벌여 나름의 자생력을 키웠다.

초기 개화파인 유홍기, 김옥균, 박영효는 불심이 투철한 자들로 사회의 봉건적 모순을 극복해 개혁의 길로 이끌어 나라의 근대화에 앞장서려 했다. 이동인, 탁정식, 차홍식 등 승려 그룹은 이들 개화파와 연계를 가지고 개화 운동에 참여했다. 특히 이동인은 잘못되어 가는 나라의 현실을 보고 개혁, 개방의 필요성을 통감하고 자발적으로 개화 운동에 나섰다. 다만 일본의 힘을 빌리려는 방법적 모순이 논란을 불러일으켰으며 따라서 친일파라는 비난을 받기도 했다.

1902년 대한제국은 일본 불교가 들어오자 탄압과 방임을 지양하고 적극적으로 국가 정책 안에 끌어들여 불교 발전을 도모하겠다는 의지를 보였다. 사서관리사를 두고 사찰령을 공포하고 원흥사를 창건한 조치는 한국 불교의 한 획을 긋는 전환점이 되었는데 여러 복잡한 종파를 통합하고 승려 조직을 일원화하였으며 산중 불교를 도시 불교로 전환하는 계기가 되었다.

일제강점기 친일 불교와 해방 후 비구의 대처

한용운

일제강점기 한국 근대 불교계에 혁신적인 사상과 활동을 펼쳤으며 3·1독립 선언에 민족 대표로 참가하는 등 일제강점기의 혁명적인 독립운동에 앞장섰다. 한국 최초의 근대 시인으로 전통 문학을 현대적으로 계승했으며 대표적인 시집으로 '님의 침묵'이 있다.

'주지 전단 시대'라고 불리는 1910년대의 한국 불교는 부패의 온상이었다. 본사 주지들은 총독에게 잘 보이는 일에 급급했고 재산 처분에 있어서도 로비만 잘하면 주지가 원하는 대로 다 처리할 수가 있었다. 당연히 주지들은 많은 재산을 가지고 호화로운 생활을 영위하며 세속적인 삶을 즐겼다.

1912년 한용운을 주도로 한 불교 승려들은 서울 대사동(현재 인사동)에 조선 임제종 중앙 포교당을 설립하여 친일 불교에 맞섰지만 총독부에서 원종圓宗(이회광이 한국 불교를 일본 조동종과 병합하려고 만든 종단)과 함께 이를 폐지하였다. 다시 총독부의 보호 아래 있던 30본산에 맞서 조선 불교회를 조직하려 했으나 이 일도 이루지 못하고 말았다.

1913년, 전국 사찰 대표의 한 사람이기도 했던 한용운은 사회진화론에 입각하여 우승열패優勝劣敗 약육강식弱肉强食의 이론을 도입하여 경쟁을 통해 살아남아야 한다는 주장을 기조로 하는 조선 불교 유신론을 발표한다. 그는 불교의 개혁에 대한 절대 필요성을 제시하며 그러한 관점에서 철저한 자기반성과 현실 비판을 도모하였다.

한국 불교의 친일화는 1941년 일본이 태평양 전쟁을 일으킨 뒤 그 도를 점점 더해갔다. 전쟁이 발발한 그날, 당시 불교의 총본산이었던 태고사에서는 조선의 전 사찰에 일본군의 승리를 위해 정성을 다해 기도를 하라는 통고문을 보내기에 이르고 승려와 신도들은 합동 기도회에 참석하고 조일 승려들이 황군의 전승을 위한 기도회를 열기도 했다. 이런 상황에서 민족 불교를 지향하던 소수의 승려들은 산속을 떠돌면서 신념을 지켜 겨우 명맥만 유지할 뿐이었다.

기독교 감리교 신자였던 이승만은 불교를 미신이라고 여겼는데 왜색 불교의 잔재인 대처승帶妻僧을 사찰에서 몰아내라는 강력한 정화 담화문을 발표한다. 해방 후에도 여전히 불교의 교권과 재산을 쥐고 비구승들과 민족주의자들의 활동을 방해하는 대처승들의 세력을 몰아내기 위해서였다.

이러한 이승만의 유시諭示는 비구승들의 불만을 터뜨리게 하는 시발점이 되어 주었는데 이어 2차 유시가 발표되자 더욱 고무된 비구승들은 급기야 대처승들과 폭력전을 벌이기까지 한다. 급기야 이승만은 "대처승은 물러가라"라는 노골적인 담화문을 발표하게 되고 이에 힘을 얻은 비구승들은 다음 해 조계사에서 승려 대회를 연다. 이로써 비구승들은 일방적으로 주지를 임명하게 되고 정부에서도 승인하게 이른다.

1962년 비구 측의 종헌이 확정되었고 종단 이름은 대한 불교 조계종이라고 하고 종조를 도의, 보조를 중천조中闡祖, 보우를 중흥조中興祖로 삼았으며 대처 측에서도 종로 경복궁 옆에 있는 법륜사에 종무원을 두고 태고종이라고 하였다.

현재 두 종단은 한국 불교의 큰 축을 이루고 있으며 특히 조계종의 젊은 승려들은 불교계의 오래된 폐단인 어용성에서 벗어나 진보적 의식을 갖고 대중 속으로 파고들어 불교 대중화에 더욱 힘쓰고 있다. 한국 불교 종단은 이외에도 천태종, 진각종, 관음종 등 여러 종파가 있으며 제가끔 교단이 추구하는 바를 향해 노력을 기울이고 있다.

조계종과 태고종의 비교

	조계종	태고종
종명	대한 불교 조계종	한국 불교 태고종
종조	도의국사	태고국사(보우국사)
소의경전	금강경과 전등법어	금강경과 화엄경
주지 임명	4년 주기 본사에서 임명(공찰)	사자상승(스승으로부터 물려 받음)
결혼 여부	불인정	인정
등록 사찰	2,199개(2004 통계자료집)	3,000여 개(전통 사찰 94개)
승려 수	12,674명(2004 통계자료집)	5,000명(자체)

02 한국 불교의 종파

한국 불교의 역사와 종파

한국 불교의 특성

호국護國 불교와 통불교通佛敎는 한국 불교를 대표하는 특성이다. 먼저 호국 불교의 특성을 짚어 보자면 한국 불교는 전입 초기부터 정권과 상당히 밀착되어 있음을 알 수 있다. 삼국은 물론 통일신라, 고려와 억불 정책을 펴던 조선 시대까지 왕들은 민심을 모으기 위해 적극적으로 불교 활용에 나섰다.

인도에서 불교가 처음 생겨났을 때 불교는 출세간出世間적인 해탈을 추구하는 종교였으므로 정치와 밀접한 연관을 지녔다고 보기는 어렵지만 권력이 적극적으로 후원하는 아쇼카왕 시대 이후에는 어느 정도 관련이 있었음을 시사한다.

중국의 경우 역시 초기에는 왕에게 경의를 표하지 않아도 된다는 등 출세간적 성격을 강조하지만 뒤에는 앞다투어 충성을 맹세하는 등 국가 권력에 확실하게 예속된 것을 발견할 수 있다.

이렇듯 국가 차원에서 벗어날 수 없었던 불교는 특히 한국에서 가장 두드러진 호국 불교의 특성을 보이는데 신라 불국토 사상, 고려의 8만대장경, 조선의 승병의 활약 등 면면히 전통으로 이어져 오고 있다. 이와 같이 한국 불교는 왕권 혹은 지배 계급과 밀접한 연관을 맺고 발전을 해 온 것이다.

통불교의 특성을 갖고 있는 한국 불교는 조화와 화해를 강조하고 있으며 총화 불교, 회통 불교, 종합 불교라고도 불린다. 이는 전래 초기에 뚜렷한 종파가 없었기에 다양한 불교 이론을 크게 구별하지 않고 받아들였기 때문이다. 신라 통일 무렵 갈등의 해소 차원에서 원효의 화쟁 사상이 대두되면서 조화와 화해를 강조하는 전통이 계속 이어진다.

원효가 화쟁의 필요성을 느낀 것은 당시 신라에 들어온 다양한 불교 이론들 사이의 다툼을 화해시키려는 목적이었다. 이러한 정신은 고려 시대에 들어오면서 높은 평가를 받는데 선과 교의 갈등이 심화되어 화쟁 사상의 필요성이 더욱 커졌기 때문이다. 조선 시대에 들어서면서 불교는 탄압을 받게 되고 강제로 통합이 일어나 혼합 불교의 성격을 띠게 된다. 17세기 후반 이론적인 회통會通(불경佛經의 어려운 뜻을 잘 통하도록 해석함)보다는 잡신, 미신의 흔적을 보이며 조선 후기의 불교는 전반적으로 완전한 회통을 뜻을 구현해 내지 못한다.

현재 우리나라는 대한 불교 조계종과 한국 불교 태고종이 중심을 이루고 있지만 그 밖에도 군소 종파가 많은 편으로 제가끔 독특한 종풍을 지니고 있다. 대부분이 참선과 교학을 겸하고 있으며 율종이나 밀교, 정토교의 내용도 포용하고 관음 신앙과 약사 신앙, 미륵 신앙 등도 포함하고 있다. 이렇게 서로 다른 교리를 모두 섭렵하고 있는 통불교는 우리나라에서만 볼 수 있는 고유의 특성이다.

원효의 화쟁 사상

원효는 특정 종파에 치우치지 않고 〈화엄경〉, 〈반야경〉, 〈열반경〉, 〈해심밀경海深深密經〉, 〈아미타경〉 등 대승 불교 경전 전체를 섭렵하여 통달한 승려로 그의 화쟁 사상은 한국 통불교 사상의 원형이 되고 있다. 전체 불교를 하나의 진리에 귀납하고 정리하여 자기 분열이 없는 보다 높은 입장에서 불교 사상 체계를 세웠는데 이러한 조화 사상을 화쟁 사상이라고 한다.

〈십문화쟁론十門和諍論〉은 화쟁 사상을 단적으로 보여 주는 원효의 핵심적인 저술로 여러 이설異說을 십문으로 모아 정리하고 회통함으로써 일승불교一乘佛敎(모든 중생이 부처와 함께 성불한다는 석가의 교법) 건설을 위한 논리적 근거를 제시하였다.

대한 불교 조계종

대한 불교 조계종은 한국 불교를 대표하는 종파로 1950년대 불교 정화 운동의 과정을 거치면서 성립되었다. 1천7백 년의 역사를 지니고 있는 한국 불교사는 태고종, 천태종 등 다수의 종파가 출현하였는데 그중 조계종曹溪宗의 종맥宗脈이 가장 길다.

조계종은 신라 말 고려 초 구산선문九山禪門에서 기원한다. 통일신라 말 불교가 교학에 치우쳐 승풍僧風이 정체되었을 때 **도의**道義국사가 중국에서 선법을 전수해 구산에서 선풍이 크게 일어났고 이어 고려 시대 구산선문이 흥망을 거듭하여 통합된 것이 바로 조계종이다. 고려의 대부분 종파들이 중국 종명을 그대로 사용한데 비해 조계종은 중국에서는 찾아볼 수 없는 한국 불교의 고유한 종명이다.

고려 시대 형성된 조계종은 일제강점기를 거치면서 부침을 거듭하다가 1941년 조선 불교 조계종으로 재건되었고 해방 이후 1962년 일제의 잔재인 대처승을 승단에서 정화하여 통합 종단인 대한 불교 조계종으로 재출발하게 되었다. 조계종의 핵심적인 종지宗旨(교의와 취지)는 석가세존의 **자각각타 각행원만**한 교리를 근본으로 삼으며 **직지인심 견성성불 전법도생**을 이룸에 있다.

도의국사

통일신라 시대의 승려. 우리나라에 최초로 중국의 남종선南宗禪을 전했으며 당나라에 들어가 주당에게 법을 얻고 해덕왕 13년 귀국하여 신라에 선법禪法을 전했다. 구산문九山門 가지산 선맥禪脈의 제1조로 제자 염거 화상에게 법을 전하고 입적하였다.

자각각타自覺覺他 : 자신도 깨닫고 타인도 깨달음으로 인도하는 것

각행원만覺行圓滿 : 깨달음을 원만하게 이루어지게 하는 것

직지인심直指人心 : 사람의 마음을 교화하고 수행하여 부처의 지위를 성취하는 것

견성성불見性成佛 : 자기 자신의 본래 모습을 깨닫는 것

전법도생傳法度生 : 중생을 바른 길로 인도하고 불법으로 제도하는 것

조계종의 소의경전所依經典(개인이나 종파에서 신행信行, 교의敎義상 근본으로 삼는 경전)은 금강경金剛經과 전등법어傳燈法語이다. 조계종이 금강경을 소의경전으로 삼는 이유는 금강경이 존재의 실상인 공空에 대한 가르침으로 6조 조계혜능 선사께서 항상 곁에 두고 읽었고 제자들에게도 금강경을 널리 의지하라고 했기 때문이다.

전등법어의 전등이란 전법傳法(부처의 가르침을 전함)과 같은 말로 등이 차례차례로 커져서 꺼지지 않은 것처럼 법法(교敎)을 받아서 계속 전해 끊어지지 않는 것을 말한다. 다시 말해 전등법어는 석가로부터 법을 전해 받은 가섭존자(석가의 10대 제자 중 한 사람)를 비롯해 역대 조사祖師들의 가르침을 의미한다. 대한 불교 조계종의 소의경전은 선종의 전통을 이어받고 있는 조계종의 특성을 잘 나타내고 있는데 조계종의 종헌에서는 금강경과 전등법어 외에 기타 경전 연구와 염불 지주持呪 등을 제한하지 않으며 화엄, 법화, 정토, 밀교 등 불교의 다양한 측면을 인정하는 통불교적 전통을 인정하고 있다.

조계종은 1962년 대한 불교 조계종이라는 하나의 종단으로 출범해서 전국에 3천여 사찰을 갖고 있으며 이 사찰은 25개 교구로 구분되어 관리되고 있다. 조계사는 현재 조계종을 대표하는 사찰로서 달마대사로부터 시작된 선종의 맥을 꾸준히 이어가고 있다.

한국 불교 태고종

한국 불교 태고종은 1945년부터 계속된 비구승과 대처승의 분규로 인해 1970년 조계종에서 독립한 종단으로 대한 불교 조계종 다음으로 널리 퍼진 한국 불교 종단이다.

종조는 태고太古(보우普愚)국사로 그 이름을 따서 1970년에 등록하고 산중山中 불교에서 대중大衆불교로 발족한 종래의 한국 불교 조계종과 통합한 종단이다. 종지는 조계종과 비슷한데 석가세존의 자각각타, 각행원만한 교리를 근본으로 삼으며 태고 종조의 종풍宗風을 널리 전해 견성성불과 전법도생을 이룸에 있다.

　태고종은 금강경과 화엄경華嚴經을 소의경전으로 삼고 있는데 금강경은 금강과 같은 굳센 지혜로 열반(성불)에 이르는 첩경을 근간으로 하는 가르침을 말한다. 그리고 화엄경은 모든 것들(일체법一切法) 중 나라고 할 만한 것이 아무것도 없는(무아無我) 이치를 터득하여 존재 자체의 본성이 없음을 깨닫는 공관空觀에 의한 연기緣起(91쪽 참조)의 이치를 설명하고 있다.

　태고종이 다른 한국 불교와 다른 특징은 교임敎任제도에 있는데 여러 가지 사정으로 인하여 출가할 수 없는 사람이 자신의 수행 도량을 마련하여 수행과 교화 활동을 하는 것을 말한다. 또한 결혼과 가족 생활을 영위할 수 있으며 개인의 사찰 소유를 인정하고 있다.

　조계종이 참선, 간경(경을 본다는 뜻)을 위주로 하는데 비해 태고종은 기도와 교화를 위주로 하며 최근 소규모 사찰 수가 급증하고 있어 대표적인 지방분권적 종단으로 급신장하고 있는 추세이다.

대한 불교 천태종

　약 1400년 전 수나라의 지자智者대사에 의해 창시되었으며 천태산에서 만들어졌다고 해서 천태종이라는 이름이 유래되었다. 천태 교학이 우리나라에 들어온 것은 1097년 삼국 시대 초기이며 고려 숙종 2년 대각국사 의천이 개경의 국청사에서 천태 교관을 선포함으로 처음으로 세워졌다. 이후 조선 시대 억불정책에 의해 세종 6년에 다른 종파와 함께 폐합되어 없어진 것을 상월원각대조사가 다시 일으켜 세워 1966년 개창을 선포했다.

천태종의 종지는 삼제원융三諦圓融의 이치를 한 마음으로 바라보는 일심삼관一心三觀으로, 삼제원융이란 우주에 존재하는 모든 것은 공空, 가假, 중中 세 개의 진리를 모두 가지고 있는데 이 세 개의 진리는 각각 나머지 두 개의 진리를 모두 그 속에 갖추고 있다는 것을 말한다.

법화경은 천태종의 소의경전으로 그 내용은 부처의 가르침의 최후 목적은 모든 중생이 부처가 되게 하는 것(회삼귀일會三歸一)이며 부처의 깨달음은 영원하다(구원실성久遠實成)는 것이다.

조계종이 참선을 통해 해탈의 경지에 오르는 것에 중점을 두는 반면 천태종은 그 중심을 교종에 두고 있으며 불교를 학문적으로 연구하여 해탈을 이루는 데에 주력한다.

한국·중국·일본 3국에 같은 이름의 종단이 있는 것은 천태종뿐으로 총본산인 소백산 구인사는 1945년 상월원각대조사에 의해 창건되었으며 국내 최대의 관음도량으로도 유명하다.

조사전

한국 천태종이 중국 천태산 법청사에 세운 것으로 오른쪽 대각국사 의천과 가운데 지자대사, 왼쪽에 상월조사상이 봉안되어 있다.

상식으로 꼭 알아야 할

세계의 종교

지은이		역사연구모임
옮긴이		최용훈
발행인		신재석
발행일		2판 2쇄 발행 2009년 9월 10일
기획		김미경
편집		안은주 · 김경희

펴낸곳		삼양미디어
등록번호		제 10-2285호
주 소		서울시 마포구 서교동 394-67
전 화		02 335 3030
팩 스		02 335 2070
홈페이지		www.samyang$m$.com

ISBN | 978-89-5897-136-8 (03300)

잘못 만들어진 책은 구입하신 서점에서 바꾸어 드립니다.